全国高等院校家具专业统编“十三五”规划教材

家具质量管理与检验

王 巍 石 祎 主 编
刘保滨 副主编

中国轻工业出版社

图书在版编目（CIP）数据

家具质量管理与检验/王巍，石祎主编．—北京：中国轻工业出版社，2017.6

全国高等院校家具专业统编“十三五”规划教材

ISBN 978-7-5184-1344-7

Ⅰ.①家… Ⅱ.①王…②石… Ⅲ.①家具-质量管理-高等学校-教材②家具-质量检验-高等学校-教材
Ⅳ.①TS664

中国版本图书馆 CIP 数据核字（2017）第 060542 号

责任编辑：陈　萍

策划编辑：林　媛　陈　萍　　责任终审：劳国强　　封面设计：锋尚设计

版式设计：宋振全　　责任校对：吴大鹏　　责任监印：张　可

出版发行：中国轻工业出版社（北京东长安街 6 号，邮编：100740）

印　　刷：河北鑫兆源印刷有限公司

经　　销：各地新华书店

版　　次：2017 年 6 月第 1 版第 1 次印刷

开　　本：787×1092　1/16　印张：13.25

字　　数：330 千字

书　　号：ISBN 978-7-5184-1344-7　定价：42.00 元

邮购电话：010-65241695　传真：65128352

发行电话：010-85119835　85119793　传真：85113293

网　　址：http://www.chlip.com.cn

Email：club@chlip.com.cn

如发现图书残缺请直接与我社邮购联系调换

141083J2X101ZBW

前　言

产品质量是企业市场竞争的核心因素，企业若没有品质保证的产品就没有在市场立足的资本。为了做好品质管理工作、保证有过硬的产品质量，就必须抓好保证家具产品质量的每一个环节。

家具企业的类型不同，企业质量管理的侧重点也不同，如代工企业和订单加工企业，质量管理的重点在于物料采购的质量管理、生产过程中的质量管理以及成品质量管理；而自主研发企业质量管理的重点是新产品设计开发的质量管理、物料采购的质量管理、生产过程的质量管理、销售过程的质量管理、成品的质量管理等。本书以不同类型企业在质量管理上的侧重点不同为主线，结合家具的类型说明企业的质量管理与检验。在编写的过程中编者本着由简入繁的原则，较为全面地介绍了代工企业、订单加工企业、自主研发企业中，板式家具、实木家具、软体家具从设计开发到产品销售全过程的质量管理、检验的内容和方法。

本书由王巍、石祎任主编，刘保滨任副主编。王巍编写项目一中任务二、项目二中任务二、项目三中任务一、任务三；石祎编写项目一中任务一、项目二中任务一、项目三中任务四及附录；刘保滨编写项目一中任务三、项目二中任务三；衣明编写项目三中任务二、任务五；卢忠伟编写项目一中任务二的主要工序工艺规程部分。全书由王巍负责统稿。

本书在编写的过程中，得到了齐齐哈尔华鹤集团金鹤门业发展有限公司质量部经理卢忠伟、北京欧嘉璐尼家具有限公司人力资源部经理周玲的帮助，在此一并致以衷心的感谢。

由于编者水平有限，书中的疏漏在所难免，殷切希望广大读者对书中疏漏之处予以批评指正，对全书内容不妥之处提出宝贵意见！

编者

2016 年 12 月

目　录

项目一　代工企业板式家具生产的质量管理与检验的方案设计与实施

知识目标

1. 掌握板式家具生产物料采购供应的质量检验要点、供应商的选择以及原辅材料的验收标准；

2. 了解板式家具生产制造方法和程序以及生产过程的质量职能；

3. 掌握板式家具基本制造过程质量管理的内容（物资管理、设备管理、工序文件变更管理、工序质量控制点的设置、工序控制方法的运用、质量可追查性）和基本任务；

4. 掌握板式家具基本制造过程质量控制的主要环节。

技能目标

1. 能够根据产品特征确定采购种类；

2. 能够制定原辅材料验收标准；

3. 能够制定制造过程质量控制方案；

4. 能够制定相应生产设备的作业指导书；

5. 能够设置质量控制点并制定工序质量控制标准；

6. 能够进行产品试装检验。

任务一　采购过程中质量管理的方案设计与实施

任务目标：

知识目标：

（1）了解供应商的选择与评价以及对供应商的控制要点；

（2）掌握对供应商产品的质量控制方法。

技能目标：

（1）能够制定原、辅材料的采购计划及验收标准；

（2）能够评价采购产品的质量。

任务描述：

任务提出：

能够根据企业的具体情况（本任务中以办公桌产品为例，进行采购过程中的质量管理方案设计与实施）确定采购物料的种类以及编制采购计划，制定采购产品的验收标准。

任务分析：

首先根据企业生产的产品（特点和数量）确定采购物料的种类和数量，然后编制采购计划，最后制定物料验收标准。

知识准备：

一、采购计划

1. 采购计划编制流程

采购计划编制流程如图 1-1 所示。

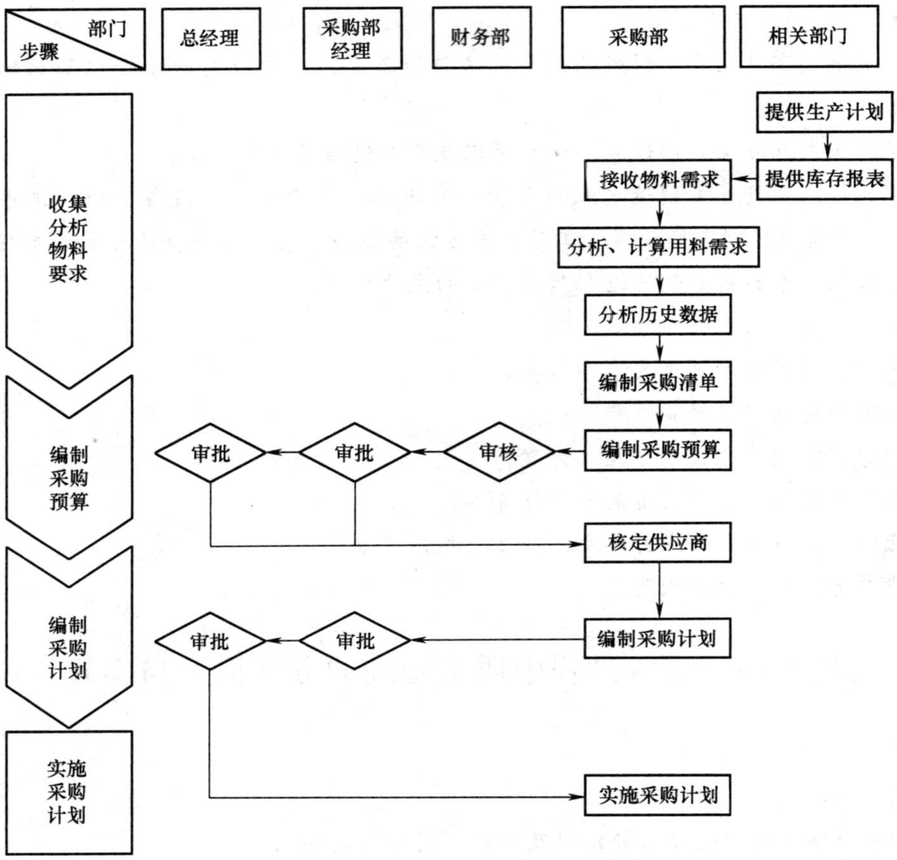

图 1-1　采购计划编制流程

2. 采购计划管理单位及部门职责

① 销售部负责提供已预订的销售订单清单及销售预测计划；

② 质量管理部、技术部负责提供下期生产计划中所需的物料清单；

③ 仓储部负责提供仓储物料的存料量及各种物料的安全库存报表；

④ 生产部负责提供不同阶段的生产计划及生产物料需求清单；

⑤ 采购部作为物料采购计划的管理单位负责物料采购计划的编制、采购预算的编制、供应商的认证及管理、采购进度的执行等；

⑥ 财务部负责提供上期或上年度的物料单价，并负责采购部所编制的采购预算及采购费用支出的审核。

3. 采购计划编制要求

① 采购计划的编制依据。采购计划的编制依据主要包括以下七项内容：销售计划、生产计划、其余各部门的物料需求计划、物料库存报表、物料供应商及市场状况、采购计划的历史数据及上期执行情况、企业资金供应能力及采购预算。

② 采购计划的编制原则。编制采购计划要严格按照预算执行并考虑企业的支付能力。编制采购计划要充分考虑采购物料的先进性和适用性，在企业财力允许的情况下，适度提高采购物料的余量和品质。编制采购计划时充分考虑采购物料与其成本的支出，按照降低成本的要求，确定采购物料的技术参数。编制采购计划时还应按照物料的轻重缓急分为不同的等级，对重点采购物料或急需物料要确保优先采购的原则。

③ 采购计划的内容。采购计划的内容主要包括：采购物料的数量、技术规格、技术参数及要求；采购物料的价格及供应商；采购物料在生产中的投入使用阶段；签订采购协议时使用的合同类型；整个采购工作的协调管理工作等。

4. 采购预算的编制

① 企业的采购预算必须与企业整体的预算相符合，不能独立于整体预算。

② 采购计划中的采购预算主要以企业进行生产和经营所需的原、辅材料、外购件、外协件等为主，生产设备和工程材料则另行编制单独的采购预算，不包括在计划期内的采购预算中。

③ 采购预算编制的主要依据包括：计划期间生产所需的物料的种类和数量；预计的物料在期末的库存量；本期计划末结转库存量（结转库存量由仓储部门和采购部门根据各种物料的安全储备量和提前采购期进行确认）；物料计划价格（物料计划价格由采购部门根据采购物料的当前价格，结合可能影响物料价格变化的因素予以确定）。

④ 在编制采购预算时要充分考虑影响采购预算的因素，具体内容包括：采购环境；企业销售计划；本期生产产品用料清单；存量管制清单；物料标准成本的设定；企业的生产效率。

⑤ 采购部门要根据物料采购的具体内容选择包括固定预算、弹性预算、滚动预算、增量预算、零基预算、定期预算等合适的采购预算方法。采购部应采用目标数据与历史数据相结合的方法确定预算数，并据此编制采购预算草案，递交财务部进行审核。

⑥ 采购部应与财务部进行协商，在充分考虑企业的现实情况、市场状况和企业预算整体的基础上，对采购预算草案进行综合平衡。采购部应根据平衡过的采购计划草案编制正式的采购预算，并报主管经理和总经理审批。

⑦ 在编制的采购预算中，采购部必须对预算留有适当的余地，以应付可能出现的紧急采购状况。

二、采购合同

1. 采购合同的执行与控制

① 合同签订后即具有了法律约束力，采购部应及时向供应商发送订购单，供应商及时准备企业所需的物品。

② 采购部应配合质量管理部做好采购物料的进厂验收工作，当所采购的物料不符合合同所约定的质量要求时，采购部应积极联系供应商进行处理。

③ 采购部应建立合同履约的管理台账，对双方的履约进程逐次、详细地进行书面登记，并保存好能够证明合同履约的原始凭证。

④ 对于供应商需要按照样品或图纸加工的物料，如果存在加工过程周期长、变数多、监控过程比较复杂的现象，要求供应商提供进度安排，采购部根据进度安排与供应商进行联络，进行积极协商，确保物料能够及时运送到企业。如果供应商提供的物料将延缓企业的生产，采购部应减少在此供应商处的采购数量并与其他供应商联系，增加采购数量。

⑤ 在合同的执行过程中采购部要处理好与供应商的关系，将供应商视为企业的战略发展伙伴，便于在生产旺季加大物料采购时能够及时供应，在生产淡季时能够缩减或取消物料采购的数量。

⑥ 采购部应本着经济型的原则做好物料的采购进度控制工作，既保证仓库中的采购物料库存最低，同时还能保证采购物料满足生产的需求。

2. 采购合同的修改与终止

① 在合同执行过程中，因供应商的原因造成无法按量供应的采购物料，采购部经调查核实，可与供应商签订新的采购物料的数量规定，作为采购合同的附件进行执行。

② 在合同执行过程中，若外部市场环境发生变化，例如原材料价格或工资出现上涨，供应商无法按合同规定的价格交货，采购部可与供应商进行协商，签订新的供货价格的条款作为采购合同的附件执行。

③ 在合同执行过程中，若因不可抗力导致供应商无法按时交货，采购部经过核实后，可与供应商进行协商签订双方的延期交货规定，作为采购合同的附件执行。

④ 有下列情形之一者，视为合同终止。

第一，因不可抗力导致合同无法继续执行，双方同意取消合同；

第二，因市场环境或需求的变化一方提出取消合同，由双方协商解决赔偿事宜；

第三，出现违背合同条款的状况；

第四，逾期没有履行合同约定的；

第五，发生符合合同条款中合约解除的事项。

3. 合同纠纷的处理与合同管理

① 当企业与供应商所签订的合同出现纠纷时，一般采取如下处理方法。

第一，与供应商协商解决；

第二，请第三方协调解决；

第三，由仲裁机构进行仲裁；

第四，通过法律途径解决。

② 采购合同的签订人员与资料管理人员要遵守合同的管理纪律，有下列情形之一者，企业将根据情节的轻重进行相应的处理。

第一，泄露合同内容；

第二，私自更改合同内容；

第三，丢失合同。

③ 参与采购合同履行与监督的人员违反企业的相关规定，给企业造成经济损失和其他损失的，企业将根据性质与情节轻重对责任人进行行政和经济处罚，情节严重者将依法追究其法律责任。

三、采购作业管理

1. 物料请购管理

① 企业的各物料请购部门应根据部门本身的职权向采购部提出请购申请，具体职权划分如下。生产部——请购计划期间的用料或常备用料；仓储部——请购预备物料或其他物料。请购单见表 1-1 所示。

表 1-1　　请　购　单

请购部门：　　　　　　　　　　　　　　　　　日期：　　年　　月　　日

序号	名称	规格	部门	数量	请购量	库存量	核准量	请购用途原因	交期	预估单价	备注

经手人		审核		核准		采购处回答		物料处回答	

第一联：存根（白）　第二联：采购处（黄）　第三联：物料处（红）

② 请购单的填写

第一，用料部门的经办人员根据用料的预算及库存状况填写请购单，填写时要注明物料的名称、规格、数量、需求日期、请购部门及对物料的特殊要求等，经部门负责人、厂长审批签字后，送采购部门。

第二，如果请购单不只一份，应按照需求日期的先后顺序装订成册后送采购部门。

第三，对于请购重要的材料或由特定供应商供应的材料，物料请购部门应在请购单上特别注明或单独进行请购。

第四，物料紧急请购时，请购部门应在物料请购单的说明栏中注明原因，并使用紧急请购单填写，送采购部门。

第五，物料检验需要精密的设备或繁杂的工序检验后方可采用时，请购部门应在说明栏中注明物料检验所耗费的期限。

第六，请购的审批权限。请购物料的总金额在 10000 元以下时，由部门审批；请购物料的总金额在 10000 元以上时，由采购部、生产部、总经理进行审批，具体金额视企业自身情况而定。

③ 请购单的撤销

第一，请购部门由于工作的失误等原因出现请购单的填写错误并已送到采购部时，请购部门发现后应立即通知采购部，并在已填写好的请购单上写明撤销原因后取回请购单，但其中一联留采购部进行存档。

第二，若采购部门根据错误的请购单已发出订购单，采购部门应积极同供应商进行联系，协商解决，取消订购单或转为其他或相近物料的采购。订购单详见表 1-2。

第三，若因为人为原因造成工作失误，相关人员承担相应的责任。

表 1-2　　　　　　　　　　　　订　购　单

供应商：　　　　　　　　　　电话：　　　　　　　　编号：

送达地址：　　　　　　　　　传真：　　　　　　　　日期：

<table>
<tr><td>序号</td><td>请购编号</td><td>物料编号</td><td>产品名称</td><td>产品规格</td><td>数量</td><td>单价</td><td>金额</td><td>交货日期</td></tr>
<tr><td></td><td></td><td></td><td></td><td></td><td></td><td></td><td></td><td></td></tr>
<tr><td></td><td></td><td></td><td></td><td></td><td></td><td></td><td></td><td></td></tr>
<tr><td></td><td></td><td></td><td></td><td></td><td></td><td></td><td></td><td></td></tr>
<tr><td></td><td></td><td></td><td></td><td></td><td></td><td></td><td></td><td></td></tr>
<tr><td></td><td></td><td></td><td></td><td></td><td></td><td></td><td></td><td></td></tr>
<tr><td colspan="4">总计金额</td><td colspan="5"></td></tr>
<tr><td colspan="4">交货时间：　年　月　　日</td><td colspan="5">付款方式：</td></tr>
<tr><td colspan="9">交货地点：</td></tr>
<tr><td>交货条件</td><td colspan="8">1. 所交物料必须完全依照本企业提供或指定的规格制造，本企业对交货的验收也依照同一规格按标准抽样检查，拒收未经检验或检验不合格产品。
2. 付款条件：交货验收合格后，本企业负责结清订货货款。
3. 送货单上必须清楚注明本订单的编号及货品名称、规格等信息，确保准确无误，欠货数量也要列出并清楚注明补货日期。
4. 送货时必须附上相应的“出厂检验报告”等相关证明。
5. 如交货品质不符合要求或交期延误，使本企业受影响而导致的任何损失均由卖方全部承担。
6. 若因外来原因造成交货困难，请于第一时间与本企业协商，如未经本企业同意而逾期无法交货，本企业不必另行通知而自动取消本订购单，同时保留追讨因延迟交货而导致损失的权利</td></tr>
</table>

经理批示：　　　　　　　　　　采购：　　　　　　　　　　供应商回章：

注：交货条件需本企业与供应商协商后确定。此订购单为四联，第一联：采购存根；第二联：会计存根；第三联：仓库存根；第四联：供应商存根。

2. 采购作业控制

① 采购部人员根据采购合同的约定向供应商发出订购单后，必须对订购单进行跟踪。

② 采购人员按照采购的先后顺序将物料订购单编辑成册，并结合采购进度计划制订每日的跟催计划，填写物料订购跟催表，由企业采购部专人负责，防止出现延期供货的情况，影响生产的进度。物料订购跟催表详见表 1-3。

表 1-3　　　　　　　　　　　　物料订购跟催表

分类：　　　　　　　　　　　　　　　　　　　　　　跟催员：

<table>
<tr><td rowspan="2">订购日期</td><td rowspan="2">订购单编号</td><td rowspan="2">物料编号（规格）</td><td rowspan="2">数量</td><td rowspan="2">单价</td><td rowspan="2">总价</td><td rowspan="2">供应商（编号）</td><td rowspan="2">计划进料日</td><td colspan="3">实际进料日</td></tr>
<tr><td>1</td><td>2</td><td>3</td></tr>
<tr><td></td><td></td><td></td><td></td><td></td><td></td><td></td><td></td><td></td><td></td><td></td></tr>
<tr><td></td><td></td><td></td><td></td><td></td><td></td><td></td><td></td><td></td><td></td><td></td></tr>
<tr><td></td><td></td><td></td><td></td><td></td><td></td><td></td><td></td><td></td><td></td><td></td></tr>
<tr><td></td><td></td><td></td><td></td><td></td><td></td><td></td><td></td><td></td><td></td><td></td></tr>
<tr><td></td><td></td><td></td><td></td><td></td><td></td><td></td><td></td><td></td><td></td><td></td></tr>
</table>

③ 采购人员未能按采购进度采购时，填写“采购进度异常报告单”，注明异常的原因及预计完成日期，经厂长审核后转送请购部门，根据请购部门的意见拟定对策进行处理。

④ 采购的货物到达企业后，采购人员应办理相应的接收手续，并配合质量管理部门对采购的货物进行验收。

⑤ 货款的给付。采购部门将品质部、仓储部签字盖章的“物料验收单”（表 1-4）与“物料入库单”（表 1-5）收集整理后，交财务部门进行核算、付款。若采购来的物料数量有误，则按照实际数量付款。

表 1-4　　物料验收单

日期：　　年　　月　　日

序号	采购产品名称	抽检数量	缺陷程度		缺陷描述	验收结果	备注
			严重	轻微			

注：此表单一式三联，第一联：物料部；第二联：财务部；第三联：采购部

表 1-5　　物料入库单

单位名称：　　　　日期：　　年　　月　　日

序号	名称	规格	单位	数量	采购单/外包单编号	采购/外包数	差异原因	备注
仓库签收		品管部		采购部或计划部		物料部		

注：此表单一式四联，第一联：仓库存根；第二联：物料部；第三联：财务部；第四联：采购部

四、供应商管理

1. 供应商的调查

① 企业的采购人员应随时随地进行市场信息的收集，关注与企业生产所需物料相关的供应商的信息及供应价格，建立供应商调查表，以记录整理潜在或合格供应商的信息。供应商信息详见表 1-6，供应商调查表详见表 1-7，并按表 1-8 的内容对供应商进行实地评鉴。

表 1-6　　　　**供应商资料表**

<table>
<tr><td>供应商代号</td><td></td><td>建表日期</td><td></td><td>承办人员</td><td></td></tr>
<tr><td>公司全称</td><td colspan="5"></td></tr>
<tr><td>公司地址</td><td></td><td>电话</td><td></td><td>传真</td><td></td></tr>
<tr><td>工厂地址</td><td></td><td>电话</td><td></td><td>传真</td><td></td></tr>
<tr><td>创建日期</td><td></td><td>负责人</td><td></td><td>联系人</td><td></td></tr>
<tr><td>注册资金</td><td></td><td>公司证号</td><td></td><td>工厂证号</td><td>营业证号</td></tr>
<tr><td>员工人数</td><td></td><td colspan="4">其中：生产员工：　人；管理员工：　人；品质人员：　人
其他辅助生产人员：　人</td></tr>
<tr><td>主要产品</td><td colspan="5"></td></tr>
<tr><td>月产能</td><td colspan="5"></td></tr>
<tr><td>前置时间</td><td colspan="5">请购单→订购单→供应商备料→供应商生产→运送→点收→企业质检部来料验收→入库</td></tr>
<tr><td>主要检测设备及台数</td><td colspan="5"></td></tr>
<tr><td>主要制造设备及台数</td><td colspan="5"></td></tr>
<tr><td>附加资料</td><td colspan="5">□质量手册　□企业简介　□产品数据　　份　　□报价单　　□其他：</td></tr>
<tr><td colspan="6">以下由本企业内部填写</td></tr>
<tr><td rowspan="3">评估方式</td><td>书面评估</td><td colspan="3">□质量系统通过：　　ISO 900　　认证
□产品具有　　标志　　□客户指定供应商　□市场占有率　　%
□交货时可每批附检验报告　□其他：</td><td rowspan="3">选择评估的主管</td></tr>
<tr><td>样品评估</td><td colspan="3">附检测报告</td></tr>
<tr><td>实地评估</td><td colspan="3">附实地评鉴表</td></tr>
<tr><td>评估结果</td><td colspan="5">□合格　　　□不合格　　　　　　评估者：</td></tr>
<tr><td>核准批示</td><td colspan="5">□核准列入“合格供应商名册”□暂缓　　□其他：
核准者：</td></tr>
</table>

表 1-7　　　　**供应商调查表**

调查时间：　　年　　月　　日

序号	调 查 内 容	备注
1	企业名称：	
2	企业地址：	
3	法人代表：	
4	法人代表联系方式：	
5	企业电话：　　　　　　传真：	
6	业务联系人：　　　　　电话：	
7	企业性质：	
8	成立时间：	
9	注册资金：	
10	月生产能力：	
11	企业人数：	
12	主要产品名称：	
13	机器设备情况(数量、状况、先进程度)：	
14	质量体系的认证情况：	
15	交货期控制及其承诺：	

调查意见：

调查者：

审核意见：

审核：

表 1-8　　　　　　　　　　供应商实地评鉴表

供应商名称：　　　　　　　编号：　　　　　　　　　　　评鉴日期：

	负责人	主要产品类型	员工人数	联系人
基本数据				
	质量政策			
	主要生产设备及台数			
	主要检测设备及台数			
	以上数据同供应商确认			

项目	评鉴内容	优	良	中	差	得分
一般原理	1. 质量目标是否明确					
	2. 担任生产工作的员工是否参加过适当的培训					
	3. 工作环境是否清洁、整齐、有秩序					
检验与测试	1. 进料检验是否有检验规范、是否记录					
	2. 制造过程中检验是否有检验规范、是否记录					
	3. 最终检验方式是否恰当，是否有检验规范、是否记录					
	4. 检验与测试状况是否恰当的标示					
	5. 不合格品是否在管制状况下					
	6. 质量异常是否做出适当的回馈纠正					
	7. 检验仪器的精度是否符合产品规格要求					
生产管制	1. 是否建立制造流程图以及作业指导书是否齐全					
	2. 生产是否规范					
	3. 工作区域是否整洁，工人下班前是否对工作环境进行清理					
	4. 工人操作是否规范，工具使用前是否确认其使用状况					
	5. 工人下班前是否对设备进行简单维护					
	6. 是否提供产品搬运工具以避免产品损坏变质					
库存出货	1. 仓库是否清洁，适当标示，料、账是否一致					
	2. 产品出货前是否检验及依照客户的要求作标示					
	3. 库存有无积压情况，生产管制排程计划是否依据出货交期安排					
	4. 紧急订单的处理能力如何					
合计						
评语及其他意见						

评鉴单位签署							
采购		生产		工程		品管	

注：评鉴内容每项 5 分，优的系数为 1；良的系数为 0.8；中的系数为 0.6；差的系数为 0.4；比照评鉴内容评定供应商的等级（优、良、中、差）并按系数给供应商打分。

② 供应商调查表内容的建立。供应商调查表包括供应商的基本资料（包括供应商的名称、资质、法人代表、联系方式、注册资本、是否进行直销等）；供应商的物料供应状况；供应商供应的物料品质状况；供应商的专业技术能力；供应商的生产能力；供应商的管理水平；供应商的财务及信用状况。

③ 采购人员寻找潜在的供应商的途径。其中包括：企业与供应商的历史交往记录；供应商的商品目录；相关行业的行业期刊；企业固定供应商的介绍；销售代理的介绍；企业的销售代表；网络搜索等。

④ 凡是愿意与企业建立供应关系且符合条件的供应商，都应制作供应商调查表，并不定时进行填写，作为供应商评价的依据。

⑤当供应商调查表中的供应商的相关条件发生变化时，采购人员应及时更新供应商调查表，并不定时进行填写，作为供应商评价的依据。

⑥对于与企业目前存在供应关系的供应商，采购人员应做好与供应商发生每次供应关系的详细记录，并将相关内容及时填入供应商调查表中。

2. 供应商的评审

① 采购人员应不断地对新的及现有的供应商进行评审，淘汰不符合条件的供应商。

② 合格的供应商应符合的条件。

第一，供应商应有合法的经营许可证和与企业规模相等的综合实力；

第二，供应商已建立起质量体系并通过了验证；

第三，供应商具有良好的信用和良好的售前、售后服务能力和服务意识；

第四，供应商能够满足企业所需物料的供应和紧急物料的供应；

第五，供应商所提供的供应物料在同等价格的产品中质量占优，在同等质量的产品中价格更便宜；

第六，供应商所提供的供应物料的样品通过试用并合格；

第七，供应商若为代理商则应调查其生产厂商是否符合以上条件。

③ 供应商评审小组成员构成及职责。供应商的评价工作由供应商评审小组负责。评审小组由采购主管、质量主管、技术主管及财务经理等人员组成。

④ 供应商的评审内容包括能力（供应生产能力、创新能力、财务能力、配送能力、技术水平等）、质量（供应商对提供物料质量的控制、产品质量的稳定性、产品的质量认证等）、价格（采购价格的稳定、采购的相对价格、付款条件等）、时间（供应商提供物料的生产周期、订货周期、交货周期、紧急物料的交货时间等）、服务（供应商所提供的售前、售后、订单跟踪服务等）、其他（供应商的抗风险能力、人员的稳定性、安全方面的措施等）。

⑤ 对于企业临时的且提供物料的总金额在10000元以下的供应商，可直接由采购部对其进行审核，报采购部经理批准即可，具体金额视企业自身条件而定。

⑥ 对于企业的长期合作供应商，必须到其生产地进行实地评审，得出评审结果。

⑦ 供应商的评审时间。普通供应商一般的评审周期为一年；提供重要材料的供应商至少每半年评审一次；与企业签订长期供应合同的供应商至少每季度评审一次。

3. 供应商的考核

① 由采购部对列入《合格供应商名单》中的所有供应商进行考核。

② 考核方法。对供应商实行评分分级制度，满分为100分。90～100分为一级供应商，80～89分为二级供应商，70～79分为三级供应商，69分以下为不合格供应商。

③ 考核项目和评分标准。对供应商的考核项目及评分标准如表1-9所示。

表 1-9　　供应商的考核项目及评分标准表

考核项目	权重	总分	评分标准
质量状况	0.6	60 分	60×(合格批数/总交货批数)
交付情况	0.2	20 分	20×(按时交货批数/总交货批数)
服务质量	0.1	10 分	配合度、送样速度、纠正措施回复、超额运费
价格水平	0.1	10 分	偏高 3 分、居中 3 分、居下 9 分
总计	1	100 分	

④ 考核频率。关键、重要材料的供应商每月考核一次，普通材料的供应商每季度考核一次。

⑤ 考核结果的处理。考核结果在 90 分以上的供应商，优先采购。考核结果在 80～89 分的供应商，要求其对不足部分进行整改，并将整改结果以书面形式提交，采购部对其提交的纠正措施和结果进行确认及存档。考核结果在 70～79 分的供应商，要求其对不足部分进行整改，并将整改结果以书面形式提交，采购部对其提交的纠正措施和结果进行确认，并决定是否对其采购，或是减少采购量，其结果应报主管副总及总经理审批。对考核结果在 69 分以下的供应商，应从《合格供应商名单》中删除，并终止对其采购。考核标准和考核结果由采购人员书面通知供应商。

⑥ 对合格供应商的质量监督。质量管理部和采购部应保存合格供应商的供货记录，对于批量产品不合格应及时通知供应商，对供应商提出警告；连续两批产品不合格则暂停采购，另选供应商或待其提高产品质量后再进行采购。对不合格的供应商，应取消其供货资格，并修订《合格供应商名单》。合格供应商名单如表 1-10 所示。

表 1-10　　合格供应商名单

编号	供应商名称	供应物料	合格日期	下次评估日期	备注

制表：　　　　　　　　审批：

五、原材料验收标准

1. 刨花板的验收标准

刨花板的验收标准企业可以自行制订，也可以依据国家标准制订。但企业制订的验收标准必须高于国家标准。下面介绍的刨花板验收标准为国家标准。刨花板厚度允许偏差，如表 1-11 所示；刨花板表面质量，如表 1-12 所示；刨花板对角线差，如表 1-13 所示；刨花翘曲度允许偏差，如表 1-14 所示；A 类刨花板优等品物理力学性能指标，如表 1-15 所示；A 类刨花板一等品物理力学性能指标，如表 1-16 所示；A 类刨花板二等品物理力学性能指标，如表 1-17 所示。

表 1-11　　刨花板厚度允许偏差

公称厚度	A类				B类	
	优等品	一等品		二等品		
	砂 光	未砂光	砂 光	未砂光	未砂光	砂 光
≤13	±0.20	+1.20 +0.30	±0.30	+1.20 0	+1.20 +0.30	±0.30
>13～20	±0.20	+1.40 +0.30	±0.30	+1.60 0	+1.40 +0.30	±0.30
>20	±0.20	+1.60 +0.30	±0.30	+2.00 0	+1.60 +0.30	±0.30

注：长度和宽度允许偏差为 0～5mm。刨花板边缘不直度不超过 1/1000（mm/mm）。

表 1-12　　刨花板表面质量

缺陷名称		A类			B类
		优等品	一等品	二等品	
断痕、透裂		不许有			
金属夹杂物		不许有			
压痕		不许有	轻微	不显著	轻 微
胶斑、石蜡斑、油污斑等污染点数	单个面积大于 $40mm^2$	不许有			
	单个面积 10～$40mm^2$ 的个数	不许有		2	不许有
	单个面积小于 $10mm^2$	不计			
漏砂		不许有		不计	不许有
边角残损		在公称尺寸内不许有			
在任意 $400cm^2$ 板面上各种刨花尺寸的允许个数	≥$10mm^2$	不许有	3	不计	
	≥5～$10mm^2$	3	不计	不计	
	<$5mm^2$	不 计	不计	不计	

表 1-13　　刨花板两对角线差

板长度/mm	允许值/mm	板长度/mm	允许值/mm
≤1220	≤3	>1830～2440	≤5
>1220～1830	≤4	>2440	≤6

表 1-14　　刨花翘曲度

厚度/mm	允许值/%			
	A类			B类
	优等品	一等品	二等品	
>10	≤0.5	≤0.5	≤1.0	≤0.5
≤10	不测			

表 1-15　　**A 类刨花板优等品物理力学性能指标**

项　　目		公称厚度/mm				
		≤13	>13～20	>20～25	>25～32	>32
静曲强度/MPa		≥16.0	≥15.0	≥14.0	≥12.0	≥10.0
内结合强度/MPa		≥0.40	≥0.35	≥0.30	≥0.25	≥0.20
表面结合强度/MPa		≥0.90				
吸水厚度膨胀率/%		≤8.00				
含水率/%		5.0～11.0				
游离甲醛释放量/(mg/100g)		≤30				
密度/(g/cm³)		0.50～0.85				
密度偏差/%		≤±5.0				
握螺钉力	垂直板面/N	≥1100				
	平行板面/N	≥800				

表 1-16　　**A 类刨花板一等品物理力学性能指标**

项　　目		公称厚度/mm				
		≤13	>13～20	>20～25	>25～32	>32
静曲强度/MPa		≥16.0	≥15.0	≥14.0	≥12.0	≥10.0
内结合强度/MPa		≥0.40	≥0.35	≥0.30	≥0.25	≥0.20
吸水厚度膨胀率/%		≤8.00				
含水率/%		5.0～11.0				
游离甲醛释放量/(mg/100g)		≤30				
密度/(g/cm³)		0.50～0.85				
密度偏差/%		≤±5.0				
握螺钉力	垂直板面/N	≥1100				
	平行板面/N	≥800				

表 1-17　　**A 类刨花板二等品物理力学性能指标**

项　　目		公称厚度/mm				
		≤13	>13～20	>20～25	>25～32	>32
静曲强度/MPa		≥15.0	≥14.0	≥13.0	≥11.0	≥9.0
内结合强度/MPa		≥0.35	≥0.30	≥0.25	≥0.20	≥0.20
吸水厚度膨胀率/%		≤8.00				
含水率/%		5.0～11.0				
游离甲醛释放量/(mg/100g)		≤30				
密度/(g/cm³)		0.50～0.85				
密度偏差/%		≤±5.0				
握螺钉力	垂直板面/N	≥1100				
	平行板面/N	≥800				

2. 中密度纤维板的验收标准

企业可以自行制订中密度纤维板的验收标准，也可以依据国家标准制订。但企业制订的验收标准必须高于国家标准。下面介绍的中密度纤维板验收标准为国家标准。中密度纤维板的外观质量要求如表1-18所示；尺寸偏差、密度及偏差和含水率要求如表1-19所示；干燥状态下使用的家具型中密度纤维板（MDF-FN REG）性能要求如表1-20所示；中密度纤维板甲醛释放量限量如表1-21所示。

表1-18　　中密度纤维板的外观质量要求

缺陷名称	缺陷规定	允许范围		
		优等品	一等品	合格品
局部松软	直径≤50mm	不允许		3个
边角缺陷	宽度≤10mm	不允许		允许
油污	直径≤8mm	不允许		1个
分层、鼓泡、炭化		不允许		

表1-19　　尺寸偏差、密度及偏差和含水率要求

性能		公称厚度范围/mm	
		≤12	＞12
厚度偏差/mm	不砂光板	－0.3～＋1.5	－0.5～＋1.7
	砂光板	±0.20	±0.30
长度与宽度偏差/(mm/m)		±2.0	
垂直度/(mm/m)		＜2.0	
密度/(g/cm³)		0.65～0.80(允许偏差为±10%)	
板内密度偏差/%		±10.0	
含水率/%		3.0～13.0	

注：每张砂光板内各测量点的厚度不应超过其算术平均值±0.15mm。

表1-20　　干燥状态下使用的家具型中密度纤维板（MDF-FN REG）性能要求

性能	公称厚度范围/mm						
	≥1.5～3.5	＞3.5～6	＞6～9	＞9～13	＞13～22	＞22～34	＞34
静曲强度/MPa	30.0	28.0	27.0	26.0	24.0	23.0	21.0
弹性模量/MPa	2800	2600	2600	2500	2300	1800	1800
内结合强度/MPa	0.60	0.60	0.60	0.50	0.45	0.40	0.40
吸水厚度膨胀率/%	45.0	35.0	20.0	15.0	12.0	10.0	8.0
表面结合强度/MPa	0.60	0.60	0.60	0.60	0.90	0.90	0.90

表1-21　　中密度纤维板甲醛释放限量

方法	气候箱法	小型容器法	气体分析法	干燥器法	穿孔法
单位	mg/m³	mg/m³	mg/(m²·h)	mg/L	mg/100g
限量值	0.124	—	3.5	0.7	8.0

甲醛释放量应符合气候箱法、气体分析法或穿孔法中的任一项限量值，由供需双方协商选择。

如果小型容器法或干燥器法应用于生产控制检验，则应确定其与气候箱法之间的有效相关性，即相当于气候箱法对应的限量值。

3. 辅助材料验收标准

（1）玻璃类

玻璃尺寸及允许偏差如表 1-22 所示。

表 1-22　　尺寸及允许偏差

<table>
<tr><th>项　目</th><th>试件规格</th><th>允　许　值</th></tr>
<tr><td>尺寸要求</td><td colspan="2">所有玻璃尺寸以设计部资料为准</td></tr>
<tr><td rowspan="4">尺寸偏差
（有设计要求的以设计要求为准）</td><td rowspan="2">长度≤1500mm，厚度≤10mm</td><td>长宽公差±1mm</td></tr>
<tr><td>厚度公差±0.3mm</td></tr>
<tr><td rowspan="2">长度>1500mm，厚度>10mm</td><td>长度公差±1.5mm</td></tr>
<tr><td>厚度公差±0.5mm</td></tr>
<tr><td>特殊项目</td><td colspan="2">对内嵌玻璃只允许负公差</td></tr>
</table>

外观质量要求

① 普通玻璃。不允许爆边、缺角、裂纹、结石、光学变形，允许 $1m^2$ 内有宽度 0.1mm 以下、长度 20mm 以下的划伤 1 处，直径 1.5mm 以上气泡不允许有，直径 1.5mm 以下的气泡每块最多 3 个。带布纹的要求布纹纹路清晰，玻璃平整，无波浪、压痕，要求磨边的其形状和要求参照设计图纸，斜边平直光滑，无烂边、烂角，弯曲度为弓形的不超过 0.2%，波形的不超过 0.1%。

② 镜类。用多道镀层的螺口镜制作，不允许划伤、气泡、爆边、缺角、裂纹、无透底、黑边、污渍；长度 10mm 内的暗划伤不得超过 3 个；无光学重影及变形。异形及需切角玻璃镜类，应以技术资料或样板为准。技术资料及样板未注明要求的以供需双方协调解决。

（2）五金类

① 外观要求。所有五金件表面清洁干净，无污脏，无杂物，外包装符合相关要求。

② 焊接要求。焊接处平整、光滑；无脱焊、虚焊、焊穿、气孔、裂纹等质量缺陷。

③ 铆接要求。铆接处应无漏铆、脱铆；铆钉头圆滑、端正无锤印。

④ 漆膜要求。表面光滑，光亮度一致；无剥落；无返锈；无粘漆；无流挂、露底、划伤、毛刺、色差等缺陷。

⑤ 电镀层要求。表面光洁；镀层均匀一致；无剥落；无返锈；无针孔裂纹；无花斑；无划痕、镀层流痕等缺陷。

⑥ 安全性要求。在接触人体或收藏物品的部位不得有突出的毛刺或刃口棱角，应砂平或砂圆，一般要求圆角处理，$R2$。

⑦ 管材和冲压件要求。不允许有裂缝、脱层；铆钉位端面圆滑；无尖角和毛刺。

⑧ 颜色要求。以公司设计要求检验（对照标准样板）。

⑨ 不锈钢抛光要求。抛光无痕；光泽自然柔畅。

⑩ 满足结构性能、形状及尺寸要求。外观形状正确，无变形，滑动部位滑动灵活、顺畅，所有涉及尺寸的五金件应严格按照设计部技术资料为准。

（3）胶黏剂

在家具生产中，胶黏剂是必不可少的重要材料，如板材的拼接、零部件结合、饰面材料胶贴等，都需要采用胶黏剂，胶黏剂的质量对家具产品的质量起着非常重要的作用。

在家具生产中，胶黏剂无论是自产自用还是外购供应，为控制或评定胶黏剂的质量，保证生产过程中的工艺稳定性和胶合强度的稳定性、可靠性，在使用之前均应对胶黏剂的质量进行检验和测定。一般来说，胶黏剂的质量指标主要包括：外观、固体含量、黏度、pH、固化速度或固化时间、活性期（适用期）、贮存期、游离甲醛等有害物质含量等。

胶黏剂质量的检验可根据胶黏剂的相关标准，如《GB/T 14074—2006 木材胶黏剂及其树脂检验方法》《GB/T 14732—2006 木材工业胶黏剂用脲醛、酚醛、三聚氰胺甲醛树脂》《GB 18583—2008 室内装饰装修材料胶黏剂中有害物质限量》或产品说明书中的相关规定。

第一，外观质量的检测。外观是指用肉眼观察待测样品的颜色、状态、均匀性等物理性能。外观质量检测时，按 GB/T 6678—2003 和 GB/T 6680—2003 的规定进行取样。取样时宜将试样搅拌均匀，保证样品的代表性。各单元被抽取数量应基本相同，总抽取样品数量不少于三次检验所需要的量；若需保留样品则应增加保留样品数量。外观质量检验应观察样品颜色、透明度、分层、机械杂质、悬浮凝聚物等。操作步骤如下：将 20ml 试样倒入干燥洁净的试管内，在 25±1℃的水浴中静置 5min 后，在自然散射光或日光灯下对光观察。如样品温度低于 10℃，试样产生异常时，允许用水浴将试样加热到 40～50℃，保持 5min，自然冷却到 25±1℃，保持 5min 后进行外观检验。观察分层现象需静置 30min 后进行。

第二，黏度的测定。黏度的测定是采用旋转黏度计测量的方法进行检测。旋转黏度计测量的黏度是动力黏度，它是基于表观黏度随剪切速率变化而呈可逆变化的原理进行测定。取样方式与数量同外观质量检测相同。操作时，同种试样应该选择适宜的相同转子和转速，使读数在刻度盘的 20%～80%，将盛有试样的容器放入恒温浴中，使试样温度与试验温度平衡并保持试样温度均匀；将转子垂直浸入试样中心部位，并使液面达到转子标线，开动旋转黏度计、读取旋转时指针在圆盘上不变时的读数。每个试样测定三次。取三次试样测试中最小一个读数值，精确到 1MPa·s。结果按黏度计读数进行计算，以 Pa·s 或 MPa·s 表示。

第三，pH 的测定。pH 又称酸碱度，是氢离子浓度的负对数值。由于 pH 关系到树脂胶黏剂的贮存稳定性，而且影响到胶黏剂的固化时间，因此它也是一项很重要的质量标准。取样方式与数量同外观质量检测相同。操作时，按酸度计说明书要求浸泡其玻璃电极，同种试样应选择与其 pH 相近的两种标准缓冲溶液校正酸度计。用量筒量取 50ml 试样倾入烧杯中，作为测定 pH 的试样；当试样黏度大于 20Pa·s 时，则用量筒量取 50ml 试样和 25ml 蒸馏水倾入同一烧杯，用玻璃棒将其搅拌均匀后作为试样；干性的树脂，称 5g 粉碎的树脂试样在烧瓶中，用量筒量取 100ml 蒸馏水倾入烧瓶，回流，回流约 5min 后作为试样；将盛有试样的烧杯放入恒温水浴中，将其温度达到平衡后，将玻璃电极用蒸馏水冲洗干净并擦干，再用试液洗涤电极，然后插入试样中进行测定。在连续三个试样中，若三个 pH 的差大于 0.2，则应重新取三个试样再次测定，直至 pH 的差值不大于 0.2 为止；取三个试样 pH 的算术平均值作为最后试验结果，精确到 0.1pH 单位。

第四，固体含量的测定。固体含量是胶黏剂在一定温度下，加热后剩余物质量与试样原质量的比值百分数。测试方法均采用烘箱法，但干燥条件、温度与时间因胶黏剂种类不同而不同。

第五，固化速度或固化时间的测定。胶黏剂的固化时间是指胶黏剂制成后，在一定温度下，从液状变成凝胶状的时间。胶黏剂的固化时间是影响胶合件质量、生产率和成本的重要因素。

第六，活性期（适用期）的测定。胶黏剂的活性期是胶黏剂制成后，在室温（23±2℃）条件下，从液状变成凝胶状的时间，也是胶黏剂从各组分混合均匀开始，到能维持其可用性能的时间。活性期是实际使用检验胶黏剂质量的重要工艺指标，对涂胶、组坯、陈放等工艺操作，以及胶合质量等有重要影响。

第七，贮存期的测定。胶黏剂的贮存期是指胶黏剂在规定条件下贮存后，仍然保持使用性能稳定的时期。试样在进行初始黏度测定后，分别称取试样 10g（精确到 0.1g）于试管中，试样 400g（精确到 0.1g）于锥形烧瓶中，按照规定的温度（脲醛树脂 70±2℃，酚醛树脂 60±2℃），将试管和锥形烧瓶放入恒温水浴中，试样的上液面应在低于水浴液面 20mm 处。记下开始时间，10min 后，盖紧塞子，每小时取出试管观察一次试样的流动性。每隔一小时从锥形烧瓶中取出试样冷却至 20℃，测定黏度，计算黏度变化率。直至黏度增长到 200％时为止，记录处理时间 t，以小时（h）为单位。树脂黏度增长到 200％所需时间 t（h）即代表树脂贮存稳定性。脲醛树脂以 $t\times10$、酚醛树脂以 $t\times6$ 所得数值，即相当于密封包装的树脂在温度为 10～20℃，阳光不直接照射处贮存的天数。

第八，游离甲醛等有害物质的测定。有些胶黏剂在施工固化期间会释放游离甲醛、苯、甲苯、二甲苯、挥发性有机化合物 VOC、氨等有害物质，这些有害物质如果超量释放，必将对人们的健康带来极大危害，因此必须对胶黏剂中释放或挥发出的有害物质加以限制。其测定方法可参照《GB/T 14074—2006 木材胶黏剂及其树脂检验方法》。

4. 包装材料验收标准

（1）纸箱

① 规格尺寸。以设计部技术资料为标准。内径尺寸公差：长度、宽度、高度取样方式与数量同外观质量检测相同。操作时，允许偏差＋5mm。

② 纸质要求。对照样板，纸质坚硬牢固，平整光滑，防潮效果好。

③ 外观要求。纸箱文字印刷清晰正确，外观美观，无漏印、错印，字体颜色符合要求，开口、压线位置正确，纸皮厚度 6～8mm，纸皮正面颜色符合样板要求。

（2）珍珠棉

① 幅面宽度。按标准执行；厚度 0.5mm；密度≥25kg/m^3。

② 要求厚薄均匀，表面柔软光洁，弹性、韧性好。

（3）封箱胶、美纹纸

规格、尺寸、黏度与样板相同，要求黏度高，附着力强，不脱层，不易断。

5. 其他材料类

（1）封边条

① 外观质量要求。木纹、颜色与样本色一致，印刷纹路清晰，每卷接口 2 个以下，表面无杂质、黑斑。

② 规格尺寸及偏差。规格尺寸以设计部资料为准，厚度偏差±0.03mm，宽度偏差±0.2mm。弹性、韧性应符合样板要求，不易折断。

（2）砂纸、砂带类

规格型号应与采购的规格型号一致。要求耐水性强，砂粒锋利，磨削持久。

任务实施：

1. 来样分析

分析讨论来样产品的结构、使用的材料，制定采购计划。采购计划的内容主要包括：采购物料的数量、技术规格、技术参数及要求；采购物料的价格及供应商；采购物料在生产中的投入使用阶段；签订采购协议时使用的合同类型；整个采购工作的协调管理工作等。

2. 制订产品验收标准

根据采购计划列出采购物品的种类，并制订相应的验收标准。并根据验收标准对来料进行检测，检测结果填写在来料检测记录表中。来料检测记录表如表 1-23 所示。

表 1-23　来料检测记录表

序号	产品名称	检 验 内 容	缺陷程度		缺陷描述
			轻微	严重	

《家具质量管理与检验》学习任务书

<table>
<tr><td>任务</td><td colspan="2">采购过程中质量管理的方案设计与实施</td><td>所属项目</td><td>代工企业板式家具生产的质量管理与检验的方案设计和实施</td></tr>
<tr><td rowspan="2">学习目标</td><td>能力目标</td><td colspan="2">知识目标</td><td>素质目标</td></tr>
<tr><td>能够制定板式家具生产质量管理控制计划，能够制定原、辅材料的采购计划及验收标准</td><td colspan="2">了解供应商的选择与评价以及对供应商的控制要点；掌握对供应商产品的质量控制方法</td><td>养成严谨的工作作风、实事求是的工作态度；提高团队意识和与人协作共事的能力</td></tr>
<tr><td>任务描述</td><td colspan="4">通过查阅资料，分析办公桌的结构，结合代工企业特点，制定原材料采购计划以及来料验收标准，并对主要原材料进行检验</td></tr>
<tr><td>学习产品</td><td colspan="4">来料验收标准</td></tr>
<tr><td>学习步骤</td><td colspan="4">以学习小组为单位，共同完成任务；各小组组长认真组织本组组员：
1. 认真研究确定工作方案；
2. 查阅资料，分析代工企业的特点；
3. 确定代工企业板式家具原辅材料采购计划；
4. 确定采购的种类；
5. 制定办公桌来料检验标准；
6. 向其他学习小组展示本组的来料检验标准，接受其质询；
7. 按照“检验标准”对主要原材料进行检验</td></tr>
<tr><td>学习要求</td><td colspan="4">1. 组长真正起到组织作用，组员要有通力协作、尽职尽责、顾全大局的精神；
2. 提出问题，独立（小组）解决问题；
3. 相互尊重、相互交流、相互学习；
4. 勤于思考，善于总结（知识）</td></tr>
<tr><td>信息来源</td><td colspan="4">1. 计算机网络系统；
2. 来料检验标准、实木锯材板料检验标准；
3. 学习资料</td></tr>
<tr><td>参考资料</td><td colspan="4">1. 教材：《家具质量管理与检验》；
2. 参考资料：国家标准和企业标准</td></tr>
</table>

单元学习考核

表 1-24　　任务学习评价表

学生姓名		班级		组别	
序号	评估项目	评估内容	评估标准		评估等级
1	任务 完成情况 （60 分）	任务准备 （10 分）	优：课前准备充分，学习笔记记录全面，方法步骤多 良：课前准备充分，学习笔记记录全面 及：课前准备基本能满足要求，有学习笔记记录 不：课前准备不充分，没有学习笔记记录		□优 □良 □及 □不
		任务进度 （10 分）	优：完成任务速度快，并能保证质量 良：能在规定时间内完成任务，并能保证质量 及：能在规定时间内完成任务，但不能保证质量 不：不能在规定时间内完成任务		□优 □良 □及 □不
		完成步骤 （10 分）	优：采购计划设计准确，详细 良：采购计划设计准确 及：能够完成采购计划设计 不：没有完成		□优 □良 □及 □不
		完成质量 （30 分）	优：具有完整的各类产品验收标准 良：各类产品的标准基本完整 及：验收标准不完整 不：没有完成		□优 □良 □及 □不
2	基本素质 （10 分）	团队协作 （4 分）	优：在完成任务过程中能够主动帮助同学，共同提高 良：在完成任务过程中能够互相帮助 及：在完成任务过程中能够帮助同学，但有不愿意回答同学问题的情况 不：在完成任务过程中不能帮助别人，不愿意回答同学的提问		□优 □良 □及 □不
		劳动纪律 （6 分）	优：能遵守公司管理制度，不迟到、早退，无违纪行为 良：能遵守公司管理制度，不迟到、早退，但有事、病假 及：能遵守公司管理制度，有迟到、早退现象 不：不能遵守公司管理制度，劳动纪律出现重大问题，取消成绩		□优 □良 □及 □不
3	总结报告 （10 分）	综合评价报告中是否详细说明在任务完成过程中掌握了什么知识、学会了什么技能、发现了什么技巧、出现了什么问题、问题得到了怎样的解决等			□优 □良 □及 □不
4	总评意见 （20 分）	综合评价学生是否掌握学习目标里要求的知识、技能、方法，是否有探索精神和创新意识			□优 □良 □及 □不
教师评语					
成绩		教师签名		日期	
备注	各等级权重：优＝1，良＝0.8，及＝0.6，不＝0.5				

任务二　生产过程中质量管理的方案设计与实施

任务目标：

知识目标：

（1）掌握产品的生产工艺流程；

（2）了解产品生产设备的操作规程；

（3）掌握质量控制点的设置方法并且掌握质量控制点的验收标准。

技能目标：

（1）能够制定产品的生产工艺；

（2）能够确定生产产品的主要设备，制定设备的操作规程；

（3）能够设置质量控制点，并且确定质量控制点的验收标准。

任务描述：

任务提出：

根据企业的具体情况（本任务中以办公桌产品为例，进行生产过程中的质量管理方案设计与实施）确定生产工艺流程，生产中主要设备的操作规程，主要工序的控制，工序控制点的验收标准。

任务分析：

首先根据企业生产的产品确定生产工艺流程，然后编制主要工序的工艺规程，最后设置主要工序控制点，并制定工序质量控制点的验收标准。

知识准备：

一、生产过程中的质量管理

将一个理想的产品设计由图样变成实物，是在生产制造过程中实现的。工业产品在生产车间工艺加工全过程（即从投料开始到制成成品的整个制造过程）的质量管理称为制造过程的质量管理。产品在生产制造过程中，其质量高低要受到操作者、原材料、机器设备、方法、工具、环境等多种因素的影响，只有对这些因素实施有效控制，才能使产品质量达到质量标准。因此，生产制造过程质量管理的重点是保证形成一个能稳定生产合格产品的生产系统，变事后检验为事前控制。

1. 制造过程的质量管理职能

生产制造是以经济的方法，按质、按量、按期、按工艺要求，生产出符合设计规范的产品并能稳定控制其质量的过程。生产制造的质量管理是实现设计意图、形成产品质量的重要环节，也是实现企业质量目标的重要保证。

（1）制造过程质量管理的含义

制造过程质量管理就是要建立一个控制状态（生产的正常状态）下的生产系统，以便能够稳定地、持续地生产符合设计质量的产品，并能够保证合格（符合规格标准）产品的连续性和再现性。

加强生产制造过程的质量管理是企业不容忽视的重要工作，其管理思路可概括为下列4条：

第一，质、量、期三位一体。按质、按量、按期完成计划是生产制造的首要任务，而完成这一任务的主要依据则是工艺标准、制造质量控制计划和生产作业计划，这三者必须事先协调、平衡，不可偏废。生产工艺无疑应是生产制造的法规，工艺管理乃是现场质量管理的主导。控制物流、组织均衡生产和文明生产则是开展现场质量管理的基本条件。所以，工艺与生产管理是制造过程质量管理的基础。

第二，按质量职能办事。企业必须明确各有关部门服务、生产现场的质量职能。各负其责，制造过程的质量管理通常以车间为主体，以工艺管理为主导，由检验部门进行执法，由设备、工装、计量、供应、生产、劳资、安全等部门分别履行其质量职能。质量管理部门负责协助企业领导分解落实各有关部门的质量职能，并对跨部门的质量管理活动进行协调，但不能替代任何专业管理部门具体实施其质量职能。

第三，点、线、面相结合。即对关键、特殊工序的重要质量特性和部位设立工序质量控制点，实行重点管理；对重要生产线以控制点为核心，连点成线建立重要生产线的现场质量控制系统；对所有工序均按生产工艺规定运用各种质量控制方法进行全面控制。

第四，预防和把关相结合并以预防为主。实现控制影响工序质量的各种因素，把质量隐患消除在发生不合格品之前称为预防；对产品和零部件实行严格的检验，防止不合格品流入下道工序或入库出厂，杜绝不合格产品出厂称为把关。提倡预防和把关结合，特别要强调以预防为主，防患于未然，做到既管工序因素，又管制造结果。

（2）制造过程的质量职能及活动

制造过程的质量职能是为了实现设计质量标准，保证制造出来的产品符合设计意图，加强对影响工序质量的各种因素的管理与控制，以便高质量、稳定和经济地生产制造出用户满意的产品。制造过程的质量职能主要体现在以下 3 个方面：

第一，严格贯彻执行制造质量控制计划。根据技术要求及制造质量控制计划，建立责任制，对影响工序质量的因素进行有效控制。

第二，保证工序质量处于控制状态。运用控制手段，找出产生质量问题的原因，采取纠正措施，使工序恢复到受控状态，以便保证产品质量稳定，符合制造质量控制计划规定的要求。

第三，有效地控制生产节拍和确保均衡生产。严格按期、按量组织生产，有效地控制生产节奏，维持正常的生产秩序。适时开展预防、协调活动，及时处理质量问题，以便均衡地完成生产任务。

制造过程的质量控制职能活动主要有以下几项：明确质量责任；合理组织生产；加强岗位培训；提供设备保障；保证物资供应；严肃工艺纪律；执行“三自一控”（自检、自分、自作标记、控制自检正确率）；控制关键工序；加强在制品管理；加强质量信息管理；组织文明生产；搞好技术文件与资料的管理；严格工艺更改控制；加强检查考核。

2. 生产技术准备的质量管理

产品在制造之前，必须做好准备工作，这种准备工作也就是通常所说的生产技术准备工作。生产技术准备历来是产品制造阶段的一项重要的和丰富的工作内容，没有必要的和充分的生产技术准备就不能从根本上保证制造过程的质量，也就无法保证最终的产品质量。

生产技术准备是根据产品设计要求和生产规模，把材料、设备、工装、能源、测量技术、操作人员、专业技术人员与生产设备等资源系统地、合理地组织起来，明确规定生产制造方法和工艺过程正常进行，使产品的制造质量稳定地符合设计要求和控制标准的全部活动。生产技术准备工作是直接影响产品制造质量的主要的系统要素。

当产品设计定型之后，生产技术准备工作的质量对确保制造质量、提高工作效率、降低制造成本、增加经济效益将起到决定性的作用。尤其是在市场竞争机制下，新产品从开发设计到正式投产的周期越来越短，因此，如何在确保工艺准备质量的前提下缩短工艺准备的周期，已经成为十分重要的课题。生产技术准备质量管理主要内容如下：

（1）制订制造过程的质量控制计划

制订制造过程质量控制计划是指编制工艺技术文件，保证各生产作业按规定的方法和顺序在受控条件下进行。这里所指的受控条件包括对材料、生产设备、工艺方法、计算机软件、人员及有关的物资、通用设施和环境进行适当的控制，应以作业指导书（工艺规程）的形式规定各项作业或各道工序的具体内容。

为了对产品的制造质量实施有效控制，在产品批准投入批量生产之前，必须由工艺部门对生产制造过程的质量进行统筹安排，制订质量控制计划，以确保产品制造在受控的状态下进行。

制订制造过程的质量控制计划涉及工艺准备的各项职能活动，计划的内容视实际需要选择、确定。通常包括下列主要方面：

① 审查、研究产品制造的工艺性，确保生产过程的顺利进行。

② 确定工艺方法、工艺路线、工艺流程和计算机软件。

③ 选择与质量特性要求相适应的设备，配备必要的仪器、仪表、测量工具等。

④ 对采用的新材料、新工艺、新技术、新设备进行验证。

⑤ 设计、制造、验证专用工装、储运工具和辅助设备。

⑥ 确定产品的主要质量特性，制订工序质量控制计划。对关键工序、部位和环节实行重点控制，对于重点控制的质量特性设置工序质量控制点。编制必要的产品检验计划，明确检验程序、方法、手段、标准等。

⑦ 培训操作人员，对特殊工序的操作与验证人员进行资格培训、考核与认可。

⑧ 判定合格的材料消耗定额与工时定额。核算能源需要用量，分析其供应的安全性与可靠性。

⑨ 确定在产品形成适当阶段的合适的验证，对所有特性和要求明确接收标准。

⑩ 对零部件和产成品放行、交付和交付后的活动实施进行控制。

⑪ 研究改进制造过程质量和工序能力的措施和方法。

⑫ 确定和准备制造过程的质量记录图表、质量控制文件与质量检验规范等。

（2）验证工序能力

工序能力是体现工序质量保证能力的重要参数，是指工序能够稳定地生产出合格产品的能力，也即工序处于受控状态下的实际加工能力。

在制造过程中，工序是产品质量形成的基本环节，因此，在制订制造过程质量控制计划的基础上，需要对生产工序的实际加工能力是否符合产品规范进行验证，即验证工序能力。

第一，工序能力的验证要点。对产品质量有重大影响的、与产品或工序特性有关的作业，对这些作业进行适当控制，以保证有关的特性在技术条件允许的范围内，并在必要时进行及时调整。

第二，工序验证能力的内容包括：材料、设备以及计算机系统、软件、程序和人员。

第三，工序能力验证活动一般有三个层次。单工序验证：主要是对关键工序的工艺文件、工艺装备和生产设备进行验证；零部件单条生产线的验证：在单工序验证的基础上，对零部件全过程生产线进行验证，重点是该线的质量控制系统和组织生产方案规定的内容，以保证投产前后新产品零部件的质量水平；产品全部生产线的验证：是从全局出发，对产品的质量控制系统和组织生产方案进行验证，以确认其质量保证能力以及各生产线间的协调性。

当然，要保证工序能力稳定地符合产品规范的要求，除了验证之外，关键还在于控制，即进行工序质量控制。

（3）制定工艺文件

工艺文件是产品制造过程中用来指导工人操作的技术文件，是企业安排生产计划、实施生产调度、劳动组织、材料供应、设备管理、质量检验、工序控制的重要依据。

通常，工艺文件除工艺规程外，还有验证规程、工装图样、工时定额表、原材料消耗定额表等。此外，根据质量要求，为了进行重点控制，还应有工序质量控制点明细表、工序质量分析表、作业指导书、检验计划、检验指导书等。根据产品生产的需要，在可能的情况下还应该增加工艺评定书和技艺评定准则等必要的文件。当采用数控设备或计算机控制和测试时，还应编制和维护计算机软件，并使之成为受控工艺文件的组成部分。

工艺文件的形式有：工艺流程图、工艺过程卡、工艺文件卡、操作规程、工艺守则、检验卡、工艺路线等。采用何种形式的工艺文件，应视企业的产品类型、生产规模、生产方式特点而定。

（4）人员准备

一切事物中，人是最宝贵的。在产品的制造过程中，每个岗位上的每一个人都懂得应该做什么和如何去做这两件最基本的事情，那么产品质量就有了根本保证。

第一，操作人员的组织与培训。在新产品正式投产之前，必须对承担该产品生产的操作人员，特别是关键工序的操作人员进行培训。培训的内容包括：责任感方面的企业精神教育，必须掌握的工艺技术知识，产品的技术要求，技术要求和操作工序之间的关系，违反工艺设计规定的操作规程所产生的严重后果，预防缺陷和质量控制的方法等。

第二，操作人员的选择和配备。合理地使用人力资源也是企业科学管理的一项重要内容。企业要根据工艺设计对操作人员的要求以及工序的重要性，从工作责任心、考核的技术等级、实际操作能力等方面选择操作人员，并按生产岗位制定和执行配备计划。

第三，特殊工序操作人员的资格认定。对特殊工序（也称特种工艺）的操作人员，在新产品投产前必须进行培训，考试合格后取得工艺操作证书后才能上岗操作。

（5）物资和能源准备

中国有句古话："兵马未动，粮草先行"，组织新产品生产就是一场战役，除了人员准备外，物资准备也是另一个重要的环节。

物资是指原材料、外购件、外协加工件等。企业根据工艺设计制订的材料消耗定额和市场预测以及用户订货的数据编制物资供应计划。对物资（外购物品）的采购要进行严格的质量控制，将外购货品按对产品质量影响的程度分类进行质量认定（如关键类、重要类、一般类）。对供方、分供方要进行必要的选择和管理。

企业产品生产所需要的能源（一般包括水、电、气、暖）就像人需要的空气一样，是绝对不可缺少的，企业进行能源准备，也是根据工艺设计所指定能源消耗定额和年产量来编制需求计划，其中降低能源消耗是质量管理的重点。

（6）机械装备准备

机械装备准备包括提供工艺生产设备和工艺装备两个方面的内容。一方面，企业要根据工艺设计要求、工艺加工方法和工艺参数等，设计或选择工艺生产设备。另一方面，企业要按工艺设计配备足够的工艺装备，即工艺加工所需的刃具、夹具、模具、量具、检具、辅助工具等，根据工艺装备系数合理确定工艺装备的品种、数量。

机械装备准备是组织产品投产的一项重要的物质基础，只有做好这项工作，才能从根本上保证产品的质量和数量。

（7）对加工环境的准备

生产技术准备的质量管理，除了上述各项工作之外，还应注意对加工环境（如辅助材料）的准备，使之有利于产品质量的提高。在对质量特性起重要作用的地方，应控制加工中使用的水、压缩空气和辅助材料等，并定期进行检查，以保证加工环境的稳定性。如果生产环境（如温度、湿度、光照度、清洁度等）对产品质量有重要影响时，则应规定一定的限度，并进行控制和检查。

3. 基本制造过程的质量管理

基本制造过程的质量管理是指从材料进厂开始到形成最终产品的整个过程对产品质量的管理与控制，是产品质量形成的核心和关键的阶段，其质量职能是根据产品设计和工艺文件的规定以及制造质量控制计划的要求，对各种影响制造质量的因素实施控制，以确保生产制造出符合设计意图和规范质量，并满足用户或消费者要求的产品。

基本制造过程的质量管理的基本任务是：严格执行制造过程质量控制计划，实施制造过程中各个环节的质量保证，确保各工序处于受控状态，保证工序的质量水平；有效地控制生产节拍，及时处理各种质量问题，建立稳定地生产制造系统；严格贯彻设计意图和执行技术标准，均衡地按照规范和图样的要求组织生产，使产品达到质量标准。

基本制造过程的质量控制的主要环节包括以下几个方面：加强工艺管理，执行工艺规程或作业指导书的规定；加强预防，严格质量把关，强化过程检验；坚持文明生产和均衡生产；应用统计技术，掌握质量动态，开展失效模式及影响分析，减轻已识别的风险；加强不合格品的控制；建立产品标识，实施防误措施和可追溯性过程的控制（质量可追查性）；综合运用工序质量控制方法，建立健全工序质量控制点；验证状态的控制，规定并实施产品防护（包括标识、搬运、包装、贮存和保护）；制造过程的质量经济分析。

制造过程质量管理的内容主要涉及物资管理、设备管理、工序文件更改管理、工序质量控制点的设置、工序控制方法的运用、防误措施和质量可追查性 7 个方面。

（1）物资管理

物资（或物料）是企业生产资料的重要组成部分，是保证企业的生产经营活动顺利进行、达到预期目标的物质基础。根据质量管理的要求，企业生产制造过程物资管理的要点包括：

第一，在投产前确保所有的材料、外购零部件均应符合相应的规范和质量标准。不合格的不投料、不生产、不装配。因此，应有严格而又科学的进货检验。所谓严格，是指不合格品一律不准放过；所谓科学，是指检验方法必须科学。并且在确定检验数量时，要认真权衡成本对产品质量的影响。

第二，在生产过程中，注意物资（材料、毛坯、半成品、成品、工具等）的合理堆放和摆置，贮存期间应妥善保管，严禁发生磕碰、划伤、生锈、变质、混料等情况的发生，以保证各种物资的适用性。

第三，在物资流转过程中（整个生产制造过程的物流运动），应明确和保持物资的识别标识（如打号、印记等，现在设备、技术先进的企业常采用条码技术，即产品从设计到生产到销售都采用统一条码，有利于产品的识别），以确保其能够及时、快捷、顺利识别，并保持各种物资质量状况的可追溯性。

（2）机器设备管理

机器设备是工业企业生产的物质技术基础，是企业固定资产的重要组成部分。常言道："工欲善其事，必先利其器"。从质量管理的角度看，设备质量的好坏直接影响产品的质量，加强质量管理，保持设备加工精度的稳定性，对于提高产品质量有着直接的意义。按照质量管理的要求，生产制造过程中设备管理的主要工作是：

第一，在使用前对所有的生产设备（包括机器、夹具、工装、工具样板、模具、计量器具等）严格检验其准确度和精密度，并特别注意工序控制中使用的计算机及其软件的维护。

第二，根据生产的产品特点和工艺要求，合理配备设备并根据生产任务确定设备负荷。为设备创造良好的工作条件和配备具有一定熟练程度的操作者，建立健全使用与保养设备的规章制度（如岗位责任制、安全操作规程、定期检查维护规程等），保证设备的正确使用。

第三，建立设备资料，做好设备编号登记和各种状态记录，加强设备的日常管理。在设备停用期间应注意合理存放和维护保养，定期进行检查和再校准，以确保其准确度和精度。

第四，为了有效地对设备进行预防性保养，应拟定设备保养计划，并认真组织计划的实施，以确保设备具有和保持持续而稳定的工序加工能力。尤其特别注意对产品质量有关键影响的设备或工序质量控制点的设备。

第五，为了保证设备的良好状态，首先要依靠生产员工正确使用和认真保养，及时消除隐患，使设备完好率保持在90%以上；其次要有专门的设备检修队伍来为生产服务，经常巡回检查设备，及时发现和消除设备隐患，预防设备故障的产生，对发生故障的设备要及时进行修理，保证生产制造过程顺利进行，从而保证产品质量。

（3）工艺文件更改管理

现场使用的工艺技术文件，必须按照质量管理的要求严格实施控制。保证各种文件齐全、正确、统一、清晰，这是强化生产制造过程的质量管理所必不可少的。

现场生产用到的工艺文件，难免有所更改。特别是多品种小批量生产的企业，改动的频率和次数更高。为了有的放矢地组织更改，避免出现混乱，工艺更改的管理应注意：

第一，明确对工艺更改的责任和权限，以及审批程序，必要时还需经用户同意。

第二，需要对设计文件进行更改时，应按规定的程序及时修改工艺，包括相应的设备、工具、材料等。

第三，对工艺文件的更改，要保证更改内容和形式的正确性、准确性、统一性和一致性。

第四，在每次工艺更改后，应对产品进行评价，用以验证更改后的产品质量是否达到预期效果。

第五，由于工艺更改而引起的工序与产品特性之间的变化，应写进有关技术文件，及时通知相关部门和人员。

（4）工序质量控制点的设置

工序质量控制点是指在质量活动中需要重点进行控制的对象或实体。就产品而言，它可以是硬件产品的关键部位或零件，也可以是软件产品的环节或程序，还可以是流程性材料的重要工艺过程；在服务过程中，它可以是关键部门、关键人员和关键因素。

工序质量控制点具有动态性。也就是说，随着过程的进行，工序质量控制点的设置不是永久不变的。例如某环节的质量不稳定因素得到了有效控制，处于稳定状态，这时该控制点就可以撤销，而当别的环节、因素上升为主要矛盾时，就需要增设新的工序质量控制点。

在什么地方设置工序质量控制点，需要对产品的质量特性要求和制造过程中各个工序进行全面分析来确定。设置工序质量控制点时，一般应考虑以下因素：

第一，对产品的实用性（性能、精度、寿命、可靠性、安全性等）有重要影响的关键质量特性、关键部位，应设置工序质量控制点；

第二，对在工艺上有严格要求，对下道工序有重要影响的关键质量特性、部位，应设置工序质量控制点。

第三，对质量不稳定、出现不合格品较多的项目，应设置工序质量控制点。

第四，对紧缺物资或可能对生产安排有重要影响的关键项目，应设置工序质量控制点。

一种产品在生产制造过程中应设置多少个工序质量控制点，要根据产品的复杂程度，以及技术文件上标记的特性分类、缺陷分级的要求而定。工序质量控制点一般可分为长期型和短期型两种。对于设计、工艺方面的关键、重要项目必须长期重点控制；而对于工序质量不稳定、不合格品较多或用户意见较多的项目，或因为材料供应、生产安排等在某一时期有特殊要求的，则要设置短期工序质量控制点。

当技术改进项目的实施、新材料的使用、控制措施的标准化等经过一段时间有效性验证后，控制点可以相应撤销，转入一般的工序质量控制。如果一种产品的关键特性、关键部位和重要因素都设置工序质量控制点，得到了有效的控制，则这种产品的符合性质量就有了保证。同时，工序质量控制点还可以收集大量有用数据、信息，为质量改进提供依据。所以，设置工序质量控制点，加强工序管理，是企业建立生产现场质量体系的重要环节。

设置工序质量控制点时，一般可按照以下步骤进行：

第一，结合有关的质量体系文件，按照质量要求明确关键环节和部位，然后在程序文件和操作指导书中明确需要特殊控制的质量体系和主导因素。

第二，由设计、工艺和技术等部门分别确定本部门所负责的工序质量控制点，然后编制工序质量控制点明细表，并经批准后纳入质量体系文件中。

第三，编制工序质量控制点流程图，在明确关键环节和工序质量控制点的基础上，要把不同的工序质量控制点根据不同的流程阶段划分编制出工序质量控制流程图，并以此为依据在生产现场设置质量控制点和质量控制点流程站。

第四，编制工序质量控制点作业指导书，根据不同的工序质量控制点的特殊质量控制要求，编制出工艺操作卡或自检表与操作指导书。

第五，编制工序控制点管理办法。工序质量控制点虽然单独存在但又有很强的相关性，必须统一综合管理，制定管理办法，解决接口问题。

第六，正式验收工序质量控制点。

以上做法和编制的文件都要与质量体系文件相结合，并经过批准正式纳入质量体系中有效运转。

（5）工序控制方法的运用

工序控制就是要判断加工过程是否符合各种规定的标准，以及判断生产制造过程是否稳定。如果发现偏差，就要分析原因，及时采取措施，以保证稳定生产合格品。这是保证制造质量的最有效的措施。

由于工序能力受到许多因素的影响，而且各种工序的主导因素也不相同，因此不可能对各种工序都采用同一种模式来进行控制。而应该根据各种工序的主导因素，通过工序标准化，使设备、材料、方法、人员和环境等因素的变化尽量控制在某一范围内，并采取相应的工序控制方法，如控制图、调查表法、工序能力指数分析法等方法来对这些因素进行控制，可以有效地控制工序质量。

（6）产品制造的防误措施

经验表明，产品的质量事故往往不只限于技术方面的原因，人为的因素也常常占有很大的比例。一些技术不稳定或人为因素造成的生产过程失控，使某些重要的质量特性的缺陷潜伏下来，造成在使用中出现重大故障，酿成严重损失。对于这些差错，应力求避免或降至最低程度。同时，为了防止类似故障的发生，就必须找出产品上可能潜在的缺陷，产品制造过程的防误措施就是为了解决上述问题而提出的。

差错往往是由于误操作或疏忽而引起的，这种人为的差错可以通过采用机械化、自动化等方式，或采用一些相应的装置，使误操作或疏忽造成的人为差错不发生或使差错降至最低程度。这些防止差错产生的方法，我们统称为防误措施。常见的防误措施主要有以下几种；

第一，保险措施。进行连锁程序设计：如为了保证作业 A 的实施，把后续作业 B 安排在作业 A 的基础上进行，只要作业 A 没有完成，就无法进行作业 B；设置报警或截断装置：一旦生产过程中断或发生其他反常现象时就可发出信号，如果运转一切正常，它就不发出信号；设置接触报警信号；为了接触故障而采取的一切补救措施已经实现并可以恢复正常生产后，就发出信号，以示故障已经解除，可以继续生产；设置确保安全的装置：这些装置不仅起保证本工序安全操作的保险作用，而且还可以检查前道工序的工作质量，如当本工序操作失误，或输入不正确的材料或零件时，机器就自动停机，以确保人身安全。

第二，感官的扩大。安装指示物和定位装置，以便精确定位，弥补靠人工感官定位的不足；适当增加照明强度，从而增加可见度，避免发生视觉差错；实行遥控观察，如闭路电视，可不受距离、热度、烟幕、灰尘等影响，更能清楚地观察加工情况；利用多种识别代号和信号，以防止物件或产品的混淆，增强识别和反应的可能性。

第三，多重把关。要经过多重检验。要经过多重批准。

第四，倒数检查程序。采用倒数计时系统，如检验装配系统以倒序方式检验装配工作是否全部进行完毕等。

（7）制造过程中的质量可追查性

可追查性又称可追溯性，是指根据记载的标志，追踪实体的历史、应用情况和所处场所的能力。生产制造过程中的质量可追查性是指具有鉴别产品及其由来的能力。具体来说，它就是指在制造质量形成的过程中，运用科学的管理手段，准确掌握各个因素对质量的影响，明确每个部门、每个班组以及每个人员的质量责任，做到质量情况有据可查，最终保证产品质量。

实施证明，在制造过程中，往往由于一些技术不稳定因素或人为因素造成生产过程失控，其结果使某些重要质量特征的缺陷潜伏下来，以致在以后的使用中出现重大故障，造成严重损失。一些重大产品往往因为个别零件缺陷造成质量事故，致使大量产品停止使用，直至把该零件全部更换为止。为了防止这些质量问题的发生，查考缺陷零件的制造批次和日期，就要求制造过程的质量具有可追查性的特点。

制造过程的质量有可追查性的好处在于：

① 可以加强对质量波动的观察、控制，保证只有质量合格的材料和零件才能进入最终产品，只有合格产品才能出厂。

② 便于进行质量分析，查明缺陷的起因和责任者，进一步改进质量，并使维修和补救费用最少。

③ 可以在精确无误的基础上回收质量可疑的产品，不用大量回收或全部回收，避免造成制造企业和用户的重大经济损失。

④ 通过提供各种明显标志，避免产品混淆。

一般说来，制造过程中的质量可追查性有以下几种方法：

第一，批次管理法。对于重大、精密产品加强批次管理，保证零件、部件、组件批次标志清楚、记录齐全，达到质量信息可追查性。这类产品往往价值很高，使用中出现质量危险很大，因此在组织生产时，从零件、部件、组件起，分批投入，在它们上面标注产品的批次号码，同时记录有关质量信息。当产品装配时，完整地整理出各零部件的批次。产品出厂时，应该注以连续编号。这样，如果某产品出现事故，并确定由某零件故障引起的，则从批次号中很快就可以知道该零件的初始状态、加工者、制造日期，以及生产制造情况。如果需要更换该可疑零件，则可以派有关人员到装有该批次零件而正在使用的产品上进行更换。同时，工厂应保存用户的名单，以便查找。

第二，日期管理法。对于连续生产、价值较低的产品，一般采用日期编号作为可追查的标志。由于生产的特点，各种不同来源的原材料不定时地陆续投入加工过程，所以没有形成自然批量。日期编号以一些重要工作，如打包、最后试验、最后装配等发生的日期为基础，记录实际投产的材料、制造期间的加工条件，以及试验结果。因为这些产品具有连续生产的性质，不可能精确地辨别投入一批新材料或改变加工方法的起止日期，所以只能采用这一方法。

第三，连续编号管理法。在消费品和工艺产品制造中广泛采用连续编号来区别单位产品的生产、制造和装配情况，而且其质量保证制度也与这些连续编号相联系。

（8）文明审查管理

企业的文明生产水平代表了企业经营管理的基本素质，良好的生产秩序和整洁的工作场所，是保证产品质量的必要条件，是消除质量隐患的最好途径。

企业文明生产是制造过程质量管理的重要内容。国内外成功企业总结其经验，都在坚持文明生产方面取得共识。事实也是如此，当你踏进一个成功企业的大门，就会感到自己像一个工作精力旺盛的人一样，正准备去投入令人精神振奋的工作。但目前，做不到文明生产，是我国很多家具企业普遍存在的共同问题。国外不少外商来我们国家的一些家具企业考察时，都认为我国的一些家具企业文明生产还很欠缺。事实上，我们的很多家具企业都懂得没有文明生产，就不会有好的产品质量的道理。为此，我们有必要学习和借鉴国外的成功经验，结合我国家具企业的实际情况加以应用。

日本不少企业家认为，制造过程的质量管理，最基础的工作是“5S”活动。所谓“5S”是包含了以下5个方面内容的缩写：整理（Seiri）、整顿（Seiton）、清扫（Seiso）、清洁（Seiketsu）、素养（Shitsuke）。随着这一管理方法的应用，也有人提出了“6S”管理，它是“5S”的基础上再增加“安全（Safety）”所延伸出来的提法。

日本的企业由于实施了“5S”活动，给工作者创造了一个安全、清洁、愉快的生产现场。因为每个人要在企业（车间、生产现场或工作场所）工作8小时或更长时间，环境对企业每个成员都是十分重要的。当然“5S”活动的主要目的在于保证质量、降低消耗、增加收益。正因为如此，日本很多企业对“5S”活动十分重视，他们并不把它看成是一时一事，而是下决心要长期坚持和保持下去，并且定期评价，在不断改进中形成适合本企业的“5S”管理标准。

（9）现场生产管理

现场生产的管理又称现场管理，就是对全部生产过程的经济活动进行组织、监督调节工作，检查加工件是否按照计划和规定进行生产，如发现不符合计划和规定要求之处，要及时采取措施予以纠正。生产家具的企业或车间，应该重点抓好以下几项管理工作：

第一，建立岗位经济责任制。家具企业生产的根本任务就是用最少的人力和物力消耗，最大限度地为社会提供财富，以满足人民群众不断增长的物质文化生活的需要。实行经济责任制和推行全面质量管理，都是为了实现这一根本任务，以使企业达到高质量、高效率、低成本、低消耗、安全文明、经济效益高的目的。经济责任制是以提高经济效益为目的，责任、权利、利益紧密结合的生产经营管理体制。实行岗位经济责任制是把企业职工的经济利益同他们所承担的责任和经济效益联系起来，使企业或车间的全体人员都能以主人翁的态度去努力提高产品质量、降低成本、改善经营管理、提高经济效益。这也正是全面质量管理的目的和任务。

第二，做好质量基础工作。全面质量管理的目的就是以预防为主，来确保产品质量。为了实现这一目的，家具企业的生产应该通过整顿，做好以下几项基础工作：

① 整顿和健全原始记录。质量管理是以数据为基础的活动，而数据是直接从原始记录上得到的。没有原始记录，就没有可靠的数据，也就不能及时得到质量信息，做出正确判断，并采取积极的预防措施。没有数据就无法进行数理统计工作，也必然会影响责任制

的贯彻和质量改进。为了使所取得的数据真实可靠，具有一定代表性，原始记录本身设计的好坏也有一定的关系。目前有些家具企业，对原始记录还没有给予应有的重视，记录表格五花八门，实用性差，而且记录不健全，达不到管理的目的。因此，必须整顿和健全原始记录。整顿的原则是：既有利于加强责任制又便于收集数据，并使数据具有实际的分析价值。为提高家具企业产品质量，必须加强原始记录的记载和规范。以下是某家具企业生产过程中常用的原始记录表。即：生产计划表，如表 1-25 所示；生产计划变更通知单，如表 1-26 所示；订单修改通知书，如表 1-27 所示；上下工序产品移交单，如表 1-28 所示；生产班组用的半成品竣工通知单，如表 1-29 所示；半成品入库单，如表 1-30 所示；个人质量统计表，如表 1-31 所示，用于考核个人质量；班组质量状况汇总表，即班组月份质量统计表，如表 1-32 所示，是车间分析当月产品质量的依据；车间用于上报的产品质量完成情况统计表，如表 1-33 所示。

表 1-25 **生产计划表**

计划部门： 日期：

序号	订单号	客户	产品名称	下单数量	日产量	需求日	开始日期	完成日期	备注

表 1-26 **生产计划变更通知单**

编号： 部门 日期：

产品编号	生产部门	原计划			变更计划			备注
		品名	数量	生产日期	品名	数量	生产日期	

表 1-27 **订单修改通知书**

序号	品名	预计交期	订单数量	单位	单价	客户订单	备注

主管经理		生产经理		生产主管		业务经理		业务主管		业务经办	

第一联：营业联 第二联：生产管理联

表 1-28　　**上下工序产品移交单**

客户姓名：　　　　　　　　　　　　订单编号

接单日期：　　　　下单日期：　　　　生产完工日期：

工序名称	应交日期	实交日期	交接人签字	备注
备注	1. 每个单货上下工序交接时必须确认签字：须含姓名、日期			
	2. 单随货走，上工序货不全，下工序不予接单(特殊情况须注明理由)			
	3. 上下工序之间执行三检："自检""互检""专检"			
	4. 各工序交接时须质检员经质检合格后方可交接，相关责任人负责签字交接			
	5. 货完工后入库登记并将单转交给订单部责任人保管			

表 1-29　　**半成品竣工通知单**

____组　　　　　　　　年　月　日　第　号

通知单号	图样号	半成品名称	单位	本日产量	入库数量	检验数			说　明
						抽检数	合格数	退修数	

半成品库______　　检验______　　制单______

表 1-30　　**半成品入库单**

序号	半成品名称	规格	数量	入库人	入库日期	备注

表 1-31　　**个人质量统计表**

姓　名		抽检总数		上月平均合格率	%
班　组		合格总数		本月平均合格率	%
工　序		返修总数		复　核	
生产总数		报废总数		检　验	

日期	零部件名称	生产数	检验数	次品数	报废数	质量问题分类				备注

表 1-32　　　　月份各班组质量状况汇总表

序号	班组名称	生产数量	检验数	返修数	报废数	返修状况		合格率，%	返修率，%	报废率，%
						已修	未修			

表 1-33　　　　车间产品质量完成情况统计表

序号	品名	计算单位	指标名称	检验数		合格数		不合格数		完成情况		与计划比		备注
				本月	累计	本月	累计	本月	累计	本月	累计	本月	累计	

② 做好废次品的统计分析工作。家具的废次品，是指不符合技术标准规定，而且不能按原定用途使用的半成品或成品。对于这类废品或次品，必须进行分类、统计、分析和研究，并找出报废原因，采取预防措施。首先，根据有关质量的原始记录，对废次品的种类、数量、损失金额数、产生原因和责任者等，进行分类和加以统计，并将各类数据资料汇总编制成表。其次，在分类统计的基础上组织班组进行深入分析，包括废次品状况的动态分析、废次品状况的类比分析、废次品情况的结构分析、废次品的因果分析等。通过分析，掌握废次品情况，找出原因，采取措施，避免再次发生。另外也可用排列图法和因果法对废次品进行统计与质量分析，这些方法对于找出造成废次品的真正原因以及明确改进措施、改善产品质量具有一定作用。

③ 建立产品质量档案。对于废次品的统计分析资料及重大质量事故的分析处理资料，必须加强管理，建立完整的质量档案，并统一编号和进行保管。质量档案由工厂的检验部门或质量管理部门负责整理。在档案中，除注明时间、地点和责任者外，还要对产生废次品的原因或事故发生的原因作详细记载，并记录所采取的措施和达到的效果，不仅可供以后借鉴，也有助于发现和掌握废次品产生变化的规律，有计划地采取防范措施。

④ 定期召开质量动态分析会。组织各方面人员参加各种分析会，是发扬生产技术民主的一种有效的组织形式，也是保证和提高产品质量的一种手段。这种会议可以是班组的、车间的和整个企业的，原则上每月召开一次。会议内容一般为：将本月质量指标的实际完成情况和存在的问题，与原定计划或上月、上年同期的情况进行分析比较，总结经验，找出差距，研究改进措施；检查质量措施的实施和车间、班组 PDCA 循环的情况；

检查工艺规程、质量标准、原始记录的贯彻执行情况；检查质量管理（简称QC）小组的活动情况，研究并协调处理QC小组在质量攻关中所遇到的问题。对以上研究和检查的问题，应使用专门的表格进行记录，并放入质量档案，如表1-34所示。

表 1-34　　质量问题分析表

序号	问题	原因	措施	负责人	完成日期

日期　　　　制表

第三，严格执行工艺规程，不断提高产品质量。工艺就是加工技艺，即合理的加工技术与方法。通过一定的工艺和各种加工设备，将原材料加工成产品的过程就叫工艺过程。工艺过程中各项有关规定叫作工艺规程。工艺规程是对生产的规定，是每个操作者必须严格遵守的。

任何生产制造过程中，质量管理的核心问题都是如何采取有效措施使生产过程经常处于稳定受控状态，以保证和提高产品质量。因此严格贯彻执行生产工艺规程，加强工艺管理也是生产过程中质量管理的一个重要环节。

另外，加工工艺本身也有个质量问题。尽管影响产品质量的工艺因素多种多样，但总不会超出操作者、原材料、设备、操作方法和环境等这几个方面的因素。产品加工过程的这些因素，对产品质量产生综合作用，也影响着产品质量的产生和形成。因此，提高加工工艺的质量是很重要的。企业的技术部门应该经常研究生产中各种因素的变化规律，及其与产品质量波动之间内在联系，不断改进和革新工艺，以提高加工工艺本身的质量。

在家具行业，由于家具生产的工艺性差，机械化程度不高，工艺落后，长期以来，小生产的习惯势力还较强。因而有的企业对工艺的作用尚未予以应有的重视，甚至不设置工艺技术员，使工艺处于无人过问的状态。这对于开展质量管理，提高产品质量是非常不利的。因此，家具行业一定要改变不重视工艺的现状。只有加工工艺的质量有了保证，才能对保证产品质量起到事半功倍的效果。必须加以高度重视。

第四，建立工序质量控制，加强对半成品的检验。全面质量的重要原则是以预防为主，在产品的生产过程中进行工序把关，及时发现质量差错和问题，防患于未然，确保产品的质量。由于家具产品的品种多、零部件的规格多，制造工艺的工序多，所以进行工序质量控制和加强对半成品的检验，就更有一定的作用和意义。

第五，掌握质量信息，开展信息反馈。质量信息是指反映产品质量和产、供、销各环节工作质量情况的基本数据、原始记录，以及产品使用过程中反映出来的各种情报资料。把质量信息如实地反映出来，并及时传送给有关部门或人员的过程叫质量信息反馈。质量信息，是调查研究产品质量的第一手资料；是质量管理的耳目；是加强质量管理工作中不可缺少的一环。当前，在家具供过于求的情况下，有的产品已经出现滞销的苗头。加强信息管理，开展信息反馈更具有现实性和重要性。所以每个家具企业在生产经营活动的全过程中，都必须通过质量信息源不断发出质量信息，用以揭示工程能力因素和工作质量上存在的问题，推动各方面的管理工作，使产品做到适销对路，优质、安全、高产、低能耗。

建立内外质量信息反馈管理网。在企业总经理的领导下，质量管理都要组织设计部门、计划采购、供销部门和生产部门间建立质量信息反馈管理网，定期搜集市场和产品制造过程中的质量信息。

质量信息反馈工作大体上可以分成 5 步，并循环进行：

① 收集信息。用户、下道工序及检验部门是产品制造过程中提供质量信息的来源，质量信息反馈组织的成员采用各种方式，广泛收集质量信息资料。例如，与检验部门合作，定期提供产品质量信息；召开检验人员座谈会，访问用户、销售商或下工序的有关人员等。

② 分析情况。对收集到的各种质量信息要进行整理，并由有关部门领导组织专业研讨会，进行认真分析解剖，并做出初步判断。

③ 查找原因。运用排列图法和因果图法，找出主要问题和主要原因，分析原因和结果的关系。

④ 列出重点。质量信息反馈小组要将需要重点反馈的项目登记在反馈登记表上。

⑤ 采取对策。由企业领导或负责生产技术的总经理召集有关职能部门参加会议，将反馈项目落实到部门或个人，并接受部门制定详尽改进计划，明确进度，报质量信息反馈小组备案。各部门在采取措施的过程中，要做好详细记录，并把改进后的样品或资料报信息反馈小组。企业要组织鉴定或召开现场会，并将有效的信息加以标准化。对在解决质量问题中做出贡献的部门和个人，给予表彰或奖励。对没有按进度完成的反馈项目的单位或个人，则应承担行政和经济方面的责任。

二、板式家具生产工艺流程

以覆面材料加基材的板式家具生产工艺流程为例，如图 1-2 所示。

三、板式家具生产工艺流程简介

1. 裁板

（1）加工精度

由于现代板式家具生产中的裁板工艺是直接裁出精（净）料，因此对于裁板的尺寸加工精度要求很高，其裁板精度要在±0.2mm 以内，一些高精度的裁板设备可以保证加工精度控制在±0.1mm 以内。

（2）主锯片与刻痕锯片的要求

现代裁板除要求尺寸加工精度高以外，还要求在裁板时板件的背面不许有崩茬。裁板加工缺陷是锯片易在切削力、切削方向的作用下产生崩茬，而设置刻痕锯片是解决裁板时不出现崩茬的最佳方法。即在主锯片切削前，刻痕锯预先在板件的背面锯成一定深度的锯槽，这样主锯片在裁板时就不会出现崩茬的问题。刻痕锯锯切深度为 2.3mm，刻痕锯片的转向与主锯锯片的转向相反。在一些裁板设备中，刻痕锯还带有“跳槽”功能，即刻痕锯从板件的背面跳到板件的边部和正面锯成一定深度的锯槽，主要用于软成型封边、后成型包边后的侧边裁边处理。

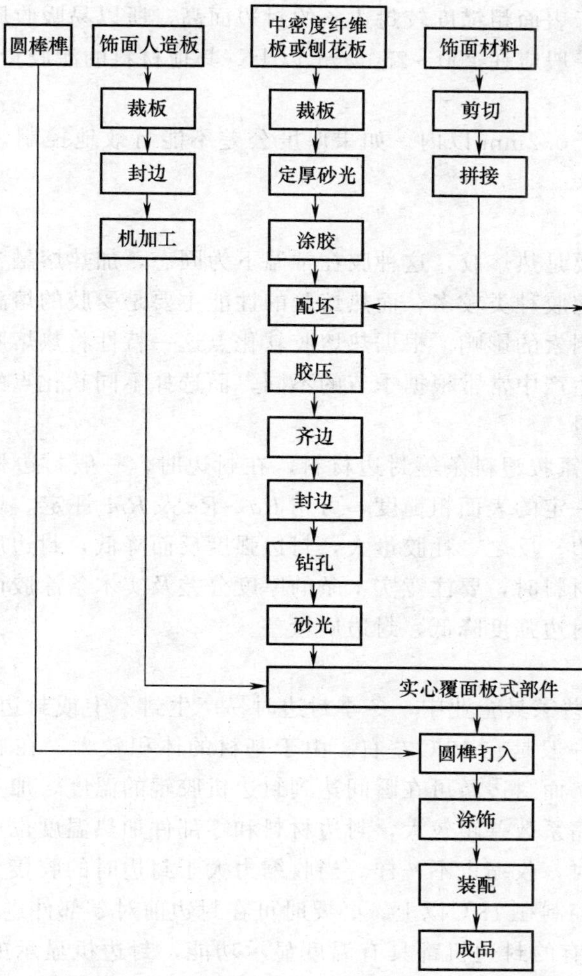

图 1-2　板式家具生产工艺流程

理论上，主锯片的锯路宽度要等于刻痕锯片的锯路宽度，但是由于设备在加工过程中的各部分误差及传输部分的间隙等，使两个锯路发生偏差。因此在实际生产中，主锯片的锯路宽度要小于刻痕锯片的锯路宽度，一般为 0.1～0.2mm。如主锯片的锯路宽度大于刻痕锯片的锯路宽度时，刻痕锯不起作用；如主锯片的锯路宽度过小或刻痕锯片的锯路宽度过宽时，会在板件的边部产生刻痕锯片的锯痕，边部呈现阶梯状，板件封边后会出现过量的胶黏剂淤积的现象。

2. 钻孔

钻孔时要求孔径大小要一致，这就要求钻头的刃磨要准确，不应使钻头形成椭圆或使钻头的直径小于钻孔的直径，形成扩孔或孔径不足等现象。钻孔的深度要一致，这一点要求钻头的刃磨高度要准确，新旧钻头不能混合放置在一个排座上，而要将新旧钻头分别触在不同的排座上。孔间尺寸要准确以保持孔间的位置精度，在一个排座上，钻头间距是确定的，一般不会出现偏差，但是排座之间的尺寸是人为控制的，易出现位置间的误差。

3. 封边工艺

(1) 基材边部质量和厚度公差

中密度纤维板和刨花板由于表面粗糙度较封边条的封边面高，所以易吸收胶黏剂中的溶剂而产生缺胶，因此涂胶量一般应在 200～250g/m^2 以上（其他材料的涂胶量应为150～200g/m^2）。

基材的厚度公差应控制在±0.2mm 以内。如果厚度公差不能有效地控制，在修边时会铣掉贴面材料而裸露出基材来。

（2）胶黏剂的种类和质量

现代封边机使用的胶种主要是热熔胶，这种胶在常温下为固态，加热熔融为流体，冷却后迅速固化而实现封边。热熔胶种类较多，而热熔胶的性能主要是受胶的熔融黏度、软化点、热稳定性和晾置时间等因素的影响。根据热熔胶软化点这一特性将热熔胶分为高温热熔胶和低温热熔胶。在封边生产中常常根据季节的不同，而选择不同软化点的热熔胶。

（3）封边材料的种类和质量

对于 PVC、ABS 以及三聚氰胺塑料条等封边材料，在封边时，一般封边材料的胶接表面必须经过处理，使之具有一定的表面粗糙度，可用 Ra、Rz 及 Rm 评定。表面光洁度过高，胶合强度较低，不宜封边。反之，耗胶量大，封边强度反而降低，封边质量差。

在封实木条、单板等封边材料时，要注意实木条的厚度公差及实木条涂胶面的表面粗糙度，表面太粗糙耗胶量大，封边强度降低，封边质量差。

（4）室内温度及机器温度

① 室内温度。在北方的一些家具企业中，冬季封边时易产生封不上或封边强度较低。这主要是因为北方的车间温度一般是在 15℃左右。由于基材的体积较大，在通过封边机时，基材的温度不能迅速提高，而封边条可在瞬间达到封边机胶辊的温度，加上封边时封边材料和零部件的材料热胀冷缩系数差距较大，封边材料和零部件加热温度也不一样，使两种材料热胀率不同，当冷却时，收缩也不一样。当收缩力大于封边时的胶接力时，导致封边条脱落。因此室内温度要控制在 18℃以上。必要时可在封边前对零部件进行预热。

② 机器温度。现在几乎所有的封边机都具有温度显示功能，封边机显示的温度必须等于或大于（一般可大于 5T）热熔胶完全熔化的温度。如采用高温热熔胶时，机器温度应控制在 180～210℃。

（5）进料速度

现代自动封边机的进料速度为 18～24m/min，有一些自动封边机的进料速度可达到 120m/min，而手动的曲线封边机的进料速度为 4～9m/min。对于自动封边机的进料速度是可以根据封边强度、封边条的厚度来调整的。

（6）封边压力

自动直线封边机和软成型封边机的加压方式不同，但原理是一致的。热熔胶是需要快速胶合的胶种，其胶合压力应根据使用封边材料的种类、厚度及基材的材质等决定。对于自动直线封边机通常采用气压方式加压，压力一般取 0.3～0.5MPa，软成型封边机因压料辊的形式与自动直线封边机略有区别，除了采用一定压力外，还要考虑每个小压辊弹簧压力的影响。

（7）修边和齐端质量

现代直线封边机由于加工的需要，在通过封边机压辊后，常配有前后齐端、上下粗修和精修、跟踪上下修圆角、砂光、铲刮和抛光等装置。现代自动软成型封边机除以上的配置外，有些还配有铣边型和软成型压辊装置。在生产中企业常常忽略的一些问题是：

① 齐端锯、修边铣刀的变钝问题。这直接影响齐端和修边质量，特别是在修边时，因封边机可修边的倒角为 30°，而实际生产中常常选择的修边角度为 20°，刃具不锋利将导致修边的表面光洁度下降。同时修边时刃具的切削力与工件移动时产生了一个向外的斜下或向外的斜上方的合力，此力会削弱封边条与被胶接工件的强度。有些企业在购买封边机后不知道可以刃磨此刃具，以至于从没有刃磨过。刃具的刃磨方法同其他同类型刃具刃磨方法一致。对于采用快换刀头、刀片的齐端锯和修边铣刀是不能刃磨的，要定期进行更换。

② 与齐端锯、修边铣刀同轴的跟踪导向轮同轴度不高或加在刀轴上的压力不足，导致齐端、修边高低不平，质量不高。

③ 跟踪修圆角的刀轴和同轴导向的万向轮调整不好，使跟踪修圆角的刃具修边、修角易出现高低不平，表面光洁度低，质量不高，有时还需要手工辅助修整。

4. 试装

对木工完毕后以及成品出货前的产品进行试装，木工试装每批不同型号及品种各一套，成品出货前试装不同批次不同型号及品种各一套。

① 根据图纸设计要求，检查部件配件是否齐全。

② 检查部件加工是否缺少工序。

③对于组装完毕的产品全面检查如下内容：

a. 产品整体结构是否牢固；

b. 产品整体外观是否弯曲、倾斜、变形；

c. 产品部件是否有漏孔、漏槽等，孔位是否有严重偏差影响装配效果；

d. 产品部件是否有开裂处；

e. 产品部件规格是否与图纸相符，连接处是否有较大缝隙；

f. 柜桶是否在同一水平面上，分缝是否一致；

g. 门是否在同一平面上，板面是否有色差。

④ 试装结果评定标准：

a. 整体产品试装完毕后，着地平稳，推摇时内部各部件不动，只有产品整体摇动，视为牢固；

b. 产品装配须顺利、自然，连接板件能自然锁紧，凡需大力压、扭，使工件变形才能装上的判为不合格；

c. 门、柜桶启闭、进出自然，不紧不碰，否则为不合格；

d. 其他配件（如背板，玻璃，镜片等）能轻松装配，不影响其功能；

e. 五金配件无变形生锈，趟门推拉顺畅，门铰推拉无声音。

⑤ 试装确认：

a. 试装结果正常，符合图纸要求，由品管填写“试装检验报告”；

b. 当试装结果确认为不合格时，应将“试装检验报告”结果及时通知有关生产部门返工；

c. 属结构方面的返工原因，改正后必须重新进行试装检查确认。

5. 包装

① 包装时应小心轻放，不得碰、划伤或损坏产品。

② 包装时箱内必须保持紧密，板件间须用保护层（泡沫或珍珠棉）隔开，不可直接互相碰擦（五金配件包须装入纸盒用泡沫或珍珠棉与板件隔开），整装产品的包装必须紧密安全。

③ 入箱板件（配件）不得漏包、多包，每次排料装箱最后一包时，对现场进行清理检查，凡少件、多件、错件（包括板件、五金配件、说明书）时，本批为不合格，必须全部拆包进行检查。

④ 每次排料装箱第一包必须按照清单首检，同时对垫护及纸箱标识检查，检验员专检后方开始批量装箱。

⑤ 玻璃门板（面板）的包装须打骨木框架加固保护。

⑥ 需在箱外注明特别标示时，须明确标在箱外正面显目处，不得在箱外乱写乱涂，保护纸箱的整洁性及美观性。

⑦ 胶纸的封签要紧密、均匀、牢固、无脱胶、飞边、漏封等现象。

⑧ 每批产品由检验员确认合格后，盖合格章方可入库，否则视为不合格不可入库。

四、主要工序的工艺规程

1. 裁板工序的工艺规程

裁板工序的工艺规程如表 1-35 所示。

表 1-35　　裁板工序的工艺规程

项目	工作内容	工作方法	质量(工作)标准
产前准备	审阅技术文件	1. 认真审阅图纸； 2. 核对代加工工件是否符合加工要求	1. 清楚代加工部件的颜色、纹理、规格尺寸及相应的技术文件要求； 2. 每种部件严格按数量下料，特殊部件纹理方向与部件长度方向一致
	设备检验调整	1. 检查锯片； 2. 接通电源，检查设备； 3. 检查主锯和引锯上下位置是否合适；把 18mm 厚 MDF 不完全锯开，用卡尺测量主锯和引锯的锯路的宽度； 4. 检查安全设置； 5. 试加工：锯切与待用料相同的边角料	1. 锯齿锋利，锯片加紧牢固； 2. 空载运行 2～3min，确认正常方可使用，若有异常及时排除，解决不了的报请设备维修人员处理； 3. 安全罩及分刀夹紧牢固； 4. 检查无崩茬、涨边、掉角等质量缺陷
		1. 用卷尺测量宽度和长度； 2. 用卷尺测量对角线； 3. 目视表面的四条边	1. 规格尺寸小于等于 600 的误差在 0.2mm，大于 600 的误差在 0.3mm； 2. 对角线长度小于等于 700 的误差 0.3mm，大于 700 的误差 0.5mm； 3. 每 1m 允许有 0.5×0.5 崩茬两处
生产过程	批量加工	1. 按图纸尺寸先加工大规格部件； 2. 一次锯切厚度范围一般不超过 70mm； 3. 毛边板需齐边，齐边后靠紧靠尺加工； 4. 加工 60mm 以下部件要采用辅助设施； 5. 加工过程中轻拿轻放； 6. 锯片及时刃磨； 7. 完工部件平放在不能产生划压痕的工艺架上	1. 自检合格经质检员确认后方可批量加工； 2. 16mm 厚三块为宜，24mm 厚两块为宜； 3. 靠尺侧面与平台成 90°； 4. 用手送料板推着靠尺侧的材料进行锯切； 5. 掸灰干净，避免划伤； 6. 每更换一次锯片后，需要新调整主锯和引锯的位置； 7. 工艺架的长度与部件相适应，码放产品不能超过 1400mm

续表

项目	工作内容	工作方法	质量(工作)标准
产后工作	完工产品处理		摆放到专用工艺架上，要求整齐，方正
	技术文件	随部件转序	摆放从上向下数第三、四层板件之间，外露2/3，位于东或北
	刀刃具	卸下锯片送还刃具室	检查无缺陷
	设备保养	清扫设备	达到“5S”要求
	作业现场整理	清扫现场	达到“5S”要求
	完工记录	做好记录	字迹清楚，内容正确

2. 封边工序工艺规程

封边工序的工艺规程如表1-36所示。

表1-36　封边工序的工艺规程

项目	工作内容	工作方法	质量(工作)标准
产前准备	技术文件	熟读技术文件	明确规格尺寸、材质、色泽，并确定使用封边条的长度及质量
	工具准备	量具：卷尺	检验工具无损坏，精度良好
	刃具准备	检查所使用刀刃具的质量	刃具锋利，表面无碳化物质，热熔胶等杂质及时清理
	工装	准备毛掸、边条上料器	毛掸干净无胶迹，边条上料器无损坏并且辊轮灵活
	材料	1. 互检待加工板件的质量； 2. 检验封边条的宽度是否正确	1. 板件边缘无崩茬现象，表面无划伤，板件开料锯路垂直； 2. 封边条宽度大于待封边板件宽度4mm
	设备检验调整	1. 明确所使用设备的技术参数； 2. 检查并清除设备磕碰划伤的各种因素； 3. 检查涂胶量是否合理，温度设置是否正确； 4. 封边压辊是否与板件垂直或符合要求； 5. 调整封边机传送带、断头、修边符合样板； 6. 设备预热，允许环境温度：10～40℃	1. 设备技术参数； 2. 无磕碰划伤的各种因素； 3. 涂胶量为0.2kg/m²；温度设置为190～210℃　(最高210℃)； 4. 压辊垂直符合要求； 5. 按板件厚度调整传送带，断头准确； 6. 设备预热前，查看环境温度
	作业现场整理	清理作业现场，清除影响正常工作的不利因素	各种材质封边条分类摆放明确，待加工产品利于正常生产，并且不能占用消防通道
生产过程	首件加工	1. 上板时轻拿轻放，用手托拿，避免用手把棱角处损坏； 2. 封边、修边要符合样板要求； 3. 自检	1. 封边牢固，齐头无过切或留头现象，边条与被封边板件无明显胶缝，修边无崩茬，修边刀痕宽度小于1mm，特殊材质修边刀痕宽度小于0.5mm； 2. 加工位置准确，精度符合要求

续表

项目	工作内容	工作方法	质量(工作)标准
生产过程	批量加工	1. 首件加工检查质量和设备运转正常后,方可批量加工; 2. 扫条码,核对封边条材质; 3. 拿料时一端拿起,然后用手托起上料,避免拿起板件的棱角与其他板件推拉产生划伤的现象; 4. 副机手严格检验封边及划槽的位置、精度、质量; 5. 封边后产品摆放整齐	1. 板件无划伤现象; 2. 副机手在发现有封边崩茬、不实等现象时,及时反馈给主机手停止加工,修理后再继续加工; 3. 封边后产品一端齐头码放整齐
	质量处理和注意事项	对不合格品及时交给班组长处理,不允许转到下一工序;时常检查热熔胶池内有无异物,并及时清理	
产后工作	完工产品处理	封边后将板件摆放整齐,码放在工装车上送至下道工序	摆放规矩整齐,并将下料单压于板件上端三、四块板件之间
	技术文件	填写后同板件转到下道工序	应写清操作者及作业时间
	刀刃具处理	需刃磨的锯片返给刃具室,不需刃磨的放在工具箱里	
	设备清理保养	按设备保养要求	达到设备"一、二级保养"要求,每天下班前针对胶辊、压辊清理干净,对机罩内前切、后切及上下修边所留下的木屑清扫干净
	作业现场清理	按"5S"要求	达到"6S"标准
	完工产品记录	填写工票	字迹工整,内容清晰准确

3. 打孔工序的工艺规程

打孔工序的工艺规程如表1-37所示。

表1-37　　打孔工序的工艺规程

项目	工作内容	工作方法	质量(工作)标准
产前准备	技术文件: 1. 产品结构整体图; 2. 产品零部件图纸; 3. 需要产品大样图的必须要有	1. 按工艺要求检查技术文件; 2. 认真阅读技术文件	1. 技术文件齐全、内容准确; 2. 读懂技术文件、全面了解工艺要求; 3. 掌握加工方式、方法; 4. 掌握零部件用料标准; 5. 掌握几何尺寸及公差范围
	材料情况	互检上道工序产品的材质、数量、规格尺寸是否与技术文件相符,确认有无对称加工部件	材质、规格尺寸正确、数量标准、质量符合标准、要求对称加工的产品部件按要求分类码放
	生产工具:摇柄、扳手、铅笔、蜡笔、毛刷; 检验工具:卡尺、卷尺、直角尺	检查工具是否齐全、完好	符合工具、计量器具管理要求

续表

项目	工作内容	工 作 方 法	质量(工作)标准
产前准备	刃具:正反转钻头	1. 检查钻头规格; 2. 检查刃磨程度	1. 规格符合技术文件要求; 2. 钻头锋利
	设备调整检验	1. 装卡钻头; 2. 调整压板压力; 3. 调整钻盒方向; 4. 调整基准挡块; 5. 空车运行 1～2min; 6. 其他执行设备操作规程	压板压力适当,先压紧,后钻削
	作业现场调整	1. 准备工艺架或工装车及垫条; 2. 整理周围环境	1. 工装车四周必须用软片包好; 2. 垫条等宽等厚
生产过程	首件加工	1. 画线:(1)用卷尺从左右分别量出垂直直线;(2)用卡尺从基准面往上量出水平线;(3)水平线与垂直线的交叉点,即钻头的中心点(孔位) 2. 依据(中心点)孔位调整钻头的顶点进行首件加工; 3. 自检规格尺寸、结构的零部件试配,自检合格后找本工序质检员进行首检,首检合格后方可批量加工	1. 孔距:≤150mm　公差±0.15mm 孔距:>150mm　公差±0.2mm 2. 孔深:五金件孔 公差+0.25mm 定位孔(结构 孔)公差+0.5m,−0 3. 孔径:公差+0.1mm,−0 4. 与基准面边尺寸:定位孔、五金件孔公差±0.15mm 5. 孔内缘光滑、无烧焦、外表崩茬程度不超过 0.5mm
	批量加工	1. 精选材料纹理、色差,选择加工的基准面边; 2. 随时清理工作台面,使用毛刷除去表面粉尘等杂物; 3. 经常检查钻头的磨损情况; 4. 因故停机或更换刃具重新加工时,按首件加工程序执行	
	完工产品记录	核对数量、填写工票	字迹清晰,内容准确,符合车间下达的填写规范
	刃具处理: 1. 刃磨 2. 保管	卸下钻头交刃具管理员修磨,修磨后取回放置刃具箱内	取送时与刃具管理员交底清楚,共同确认外观有无破损及刃磨质量
	设备清理保养	按设备保养的有关要求执行	符合标准
	作业现场清理	按"5S"管理的有关要求执行	符合标准

4. 包装工序的工艺规程

包装工序的工艺规程如表 1-38 所示。

表 1-38　　包装工序的工艺规程

项目	工 作 方 法	质量(工作)标准	检验方法
包装前准备	班组长将当日准备包装的产品明细表交给包装操作者	每位操作者必须清楚产品批号、型号名称、色泽、数量、尺寸及左右手等具体要求	如有不明及时找班组长、工艺员进行解决

续表

项目	工 作 方 法	质量(工作)标准	检验方法
包装前准备	1. 准备好裁纸刀、刀片、纯棉色布、印戳、打包器； 2. 将所用工具置于操作台上便于取放的位置； 3. 软片架摆放至易拿取的位置，将软片使用工装裁好	1. 所用工具清洁、无灰尘、杂质； 2. 检验操作台上的软包是否合格无破损、防止划伤产品表面	目视，手感检验
	1. 凭领料单到仓库领取纸箱、苯板、护角、胶带、螺丝、胶皮塞块等，并分别放置在便于取放的位置； 2. 将待加工产品运到操作台边便于操作的位置； 3. 检查包装箱标识的内容及质量； 4. 确认待加工产品是否为工序质检员检验完毕合格产品	1. 材料齐备，无遗漏； 2. 包装箱标识上的产品批号、型号名称、色泽、数量等内容与包装明细一致	目视检验
	1. 清理作业现场的环境卫生； 2. 将与包装无关的杂物清理出作业现场； 3. 合理摆放产品及所用工具、工装、产品等	1. 环境清洁、无杂物； 2. 物品摆放合理、过道畅通、便于加工	班组长检查
包装过程中	1. 在擦拭产品尚未包装之前，应对产品进行互检，如发现不合格产品要及时将产品挑出并单独放置，然后找班组长或质检员、工艺员等进行鉴定处理； 2. 在打包时，有不慎划破或有污染的软片、纸箱应重新包装或使用胶带粘牢	挑选及时、不合格或无印戳不予包装	互检
包装完成后工作	将使用后的包装明细(技术文件)交还班组长处存放	包装明细(技术文件)保管干净、完整，不得有丢失、污染、破损等现象	班组长检查
	将工具清理后放回工具箱内保存	保管良好，不丢失	
	1. 将软包操作台清理干净，检查软包位置有无破损，及时处理； 2. 工装车放回车间指定位置，有序摆放	工作台、工装车表面清洁干净无杂质	
	1. 将剩余的胶带、塞块由包装人员整理完后，妥善保管、待用； 2. 将剩余的产品、纸箱等处理整齐、有序摆放	保管良好，不作他用	
	1. 清扫作业现场卫生； 2. 整理现场的物料摆放	1. 现场清洁无杂物； 2. 物料摆放整齐，过道畅通	
	1. 产品完工后，底下面上码放整齐，检查胶带是否粘贴牢固且无飘飞现象； 2. 将产品按垛摆放到车间指定位置，填写好转序单后通知仓库及时转运	1. 码放高度不超标、胶带牢固不飘飞； 2. 码垛时平拿轻放、禁止扔包； 3. 摆放时保证纸箱面朝上	
	1. 产品完工后，将包装产品的名称、数量、型号、批号详细填写在工票上，交给班组长； 2. 将入库单存根联交给车间统计员	1. 字迹工整，内容翔实准确； 2. 送交及时	

五、主要设备的操作规程

操作规程一般指有权部门为保证本部门的生产、工作能够安全、稳定、有效运转而制定的，相关人员在操作设备或办理业务时必须遵循的程序或步骤。操作规程的具体内容视企业的具体情况而定。下面介绍几种板式家具常用设备的操作规程。

1. 裁板锯（开料锯）

① 每天上班前先要清理工作面，调试靠尺，看有无移动、变形，要保证尺寸准确。

② 凡须补料的由生产部主管同意、填写“返工补件单”，开料员须看到补料单后方可给予补料。

③ 检查锯片是否锋利，滑轨是否流畅。开机先听声音是否正常，如有异常情况要及时关闭机器。

④ 用废板调试刻痕锯，保证刻痕锯跟主锯吻合，刻痕锯的锯路要比主锯宽，保证刻痕锯锯路宽度比主锯片锯路宽度≤0.1mm，肉眼能看到一条刻痕锯路。两面都无崩茬现象。

⑤ 检查整张板材有无缺陷，板面是否整洁，如有缺陷或划伤要避免使用到成型板上去，尽量合理处理掉有缺陷或划伤部分。

⑥ 先核对料单，要遵从先大后小、先长后短的原则，合理利用每块板材。小料要优先考虑下脚料，尽量争取无浪费。下脚料码放整齐，宽度大于60mm、长度大于300mm的料头要保留；小于要求的下脚料放进垃圾箱，当天送到垃圾场。

⑦ 成品料尺寸与料单符合，刻痕锯大小要符合要求，对角线误差小于2mm，两面无崩茬、划痕。

⑧ 没用完的板材要归位，工作面附近不能堆放料头。要经常检查尺寸误差，看机器有无移走现象。要随时检查板材的切割情况，如出现崩茬现象要及时换锯片，保持锯片锋利，确保切割质量。

⑨ 注意安全，不能为了方便便将保护罩取下，随时清理工作面，当板件小于100mm时要使用推板架或用下脚料推过去，严禁用手野蛮操作。定期保养机器，使机器随时保持最佳状态。

⑩下班前先要清理机器，用气泵将机器整体吹干净。关掉电源阀，防止静电腐蚀机器，增加机器使用寿命。将部件码放整齐，板材要归位，将工作区域打扫干净，并做好余料收回。

2. 排钻

① 开机前先检查设备是否正常，工作面有无异物，用手摸一下排钻上的托条有无锋利突出部分，防止划伤板面。

② 气压是否达到要求，垂直于水平方向钻头的深度是否合适，速度要适中。检查安全阀门是否正常工作，防止工作时出现阀门失灵。推动垂直钻排，看滑动是否轻巧，经常清理滑轨，保持轨道上的清洁，不得用脚踏在滑轨上。

③ 调试机器，保持机器的准确度。工作途中要定期检查孔位的误差，严格按照要求控制在0.2mm以内。深度误差不超过0.5mm。

④ 检查部件是否合格，尺寸与料单是否吻合。

⑤ 加工部件时要按照要求打孔，需要连接的部位一定要连接，尽量给组装带来方便。

⑥ 加工时先要调整钻头的数量、大小、位置、深度，关闭不用的排钻组，加工完第一块板件后要仔细测量孔位的数量、大小、位置、深度是否符合要求，仔细调整误差，成

批加工时要定时测量，防止机器有移走现象。

⑦ 孔位周围无崩茬，发现崩茬及时处理。如是板材原因及时上报，如是刀具原因及时更换；部件轻拿轻放，严禁划伤、磕碰，加工完成部件码放整齐，未加工完成的部件靠墙竖放，脚下垫地毯，防止磕伤。

⑧ 钻头要做专用箱，在里面打上孔，每个钻头都要在箱内固定，使用时轻拿轻放，防止互相磕碰，人为损坏钻头要追究责任。更换钻头要以旧换新，排钻钻头不外借。使用时应注意，新旧钻头不能混用。

⑨ 注意安全，防止手部夹伤，经常检查线路，防止线路老化，定时打开气压阀放水。经常保养机器，擦掉表面污垢，需要加润滑油的位置要经常加润滑油。下班要切断电源，防止静电腐蚀机器，增加设备使用寿命。

⑩ 下班前将机器打扫干净，用气泵吹掉表面灰尘，整个工作区域的卫生要干净、整洁，使大家有一个良好的工作环境。

3. 封边

① 上班前清理机器，检查刀具。看机器有无异常现象。

② 打开机器后调整温度，夏天热溶胶温度要达到 200℃，冬天 180℃。当温度未达到设定要求时严禁开动机器。

③ 封边前先用废板调试机器，达到工艺要求后才可以封边。胶量控制要均匀，铣刀角度要合适，切刀跟踪要准确。

④ 封边前先检查部件数量尺寸与料单是否吻合，表面有无划伤、磕碰、崩茬，有质量问题及时与下料组联系，不合格部件要退回。

⑤ 封边要严实，胶线要均匀，不能出现明显的胶线。铣刀铣出的边要圆滑。整体要平整光滑。

⑥ 要严格按照料单工艺要求封边，分清薄厚。先封薄边，后封厚边。全是一样厚的边时要先封上下，再封前后。轻拿轻放，注意不要划伤、磕碰。

⑦ 每次新进的封边条在使用前先要与板材进行色差比对，出现色差时要及时上报。

⑧ 注意安全，在工作状态下严禁将手靠近铣刀、切刀，时刻注意不能将手放到传送带上。经常查看胶盒中剩余胶量，随时添加，保证胶盒不干烧。

⑨ 下班前将机器打扫干净，整体用气泵吹干净。定期清理机器上的污垢，不留死角。各个部位经常加润滑油，保证润滑。下班后切断电源，防止静电腐蚀机器，增加机器使用寿命。

⑩ 在加工完成后板件要码放整齐。工作面周围不能出现废料和垃圾。

4. 修边

① 时刻保持工作台清洁，防止异物划伤部件。

② 检查质量，看部件有无质量问题，发现问题及时与上道工序沟通，严格控制产品质量，杜绝不合格品进入本道工序。

③ 整个修边过程要流畅，修过的部件手感细腻、圆润无凸起部分，四角要倒角。

④ 清理板面污渍，部件修完边后要干净、整洁。修边完成后要对板面进行修补一些细小的损伤。修补的色粉颜色要调试与板面颜色一致。对重要部位的修补要征得领导同意，如台面、侧板、门板等。

⑤ 轻拿轻放，严禁野蛮操作，码放要整齐，每工作台码放高度不得超过 80cm。

⑥ 下班前清理工作区域卫生，打扫干净，保持工作环境的舒适性。

5. 试装

① 首先打扫干净工作区域，地面要铺地毯。地面无螺丝、木屑、石子等可能划伤板面的硬物。

② 详细了解图纸，了解组装工艺，所需五金、配件、玻璃要先到位。

③ 将部件拉到组装区域后要先检查质量，不合格产品部件退回相应的工序，不合格产品包括：有明显划伤、磕碰、尺寸与料单不符、封边不严、胶线过大、修边不圆滑、修补痕迹明显、孔位错位、孔位尺寸有误等。

④ 砸胶母时用力要均匀，不许伤及部件表面，每件产品必须试装。组装成整体后所有螺丝要上到位，锁扣要锁紧。所需五金件及玻璃都必须装上，确认合格后才可以拆卸。

⑤ 门板、抽屉缝隙要均匀，按要求每条缝隙要一致，不大于 2mm，不小于 1.5mm。抽屉滑轨抽拉要灵活，没有阻塞现象。需要拆卸的五金件表面保护膜不能被破坏，拆卸后要回复原样。

⑥ 推拉柜门板要挂上，试推动看是否流畅，有无噪音，上下防撞垫要安装到位。

⑦ 所有拉手要安装到位，确认尺寸无误后方可包装。

⑧ 整体组装完毕且质检检查合格后拆卸，板面保持整洁，轻拿轻放，防止划伤、磕碰。

⑨ 下班之前清理工作区域卫生，将掉在地上的螺丝、五金分类拣起放好，地上不允许有螺丝钉等小件存在。经常清理地面，防止有异物破坏部件。

⑩ 将多余的五金件入库，或者做一个专用箱子保管，下次领料时扣除已有的，坚决杜绝浪费，五金件应按所需数量包装。

6. 包装

① 包装为生产的最后一个环节，对质量的要求一定要严格，所有不合格的产品不能包装。

② 包装台必须清洁，每包装一包要清理一次台面。

③ 部件上五金件若影响包装则要摘除，包括锁扣、连接件、铰链等，防止在运输过程中划伤板面。

④ 包装前先检查板件，如发现质量问题及时与组装联系。自己无法确定的问题及时向领导汇报，汇报后在领导做出决定前可以拒绝包装。如不汇报所有责任由打包人自己负责。一经包装，再出现的质量问题与组装无关。

⑤ 板件在包装前要经过严格的清理，表面无污渍、划痕、胶渍。严格按照要求使用环保清洁剂清理，打开包装后发现板件不清洁要追究包装人员的责任。

⑥ 重要板件表面要用棉纸隔离，易碎物件要钉木箱或打夹板。

⑦ 包装胶带粘贴要美观、牢固，不能到处乱贴。

⑧ 包装完毕后贴上产品明细单，标明包数，方便查找。

任务实施：

1. 图样分析

分析讨论产品的结构制定生产工艺，并绘制生产流程图。

2. 设置质量控制点

根据产品生产的工艺过程，找出重点工序，并加以控制。制定工序质量控制点质量验收标准。制定结果填写在工序质量控制表中。工序质量控制表，如表 1-39 所示。

表 1-39　　工序质量控制表

序号	工序名称	检验项目	检验内容及标准	检验周期	备注

质量控制点是生产质量控制的重点，设置质量控制点就是要根据生产项目的特点，抓住影响工序施工质量的主要因素，对工序活动中的重要部位或薄弱环节，事先分析影响的原因，并提出相应的措施，以便进行预控。

家具制品可能产生的质量问题主要是：尺寸（长、宽、厚、公差），材质（含水率、变形、开裂、纹理、色泽、厚度公差等），工艺质量（表面光洁度、胶合耐久性、结构的严密性、拆卸与装配性等）。在家具制造工业中，这一类型质量问题比其他工业部门更为普遍。所以，相对来说，家具生产中的工序质量管理就更为复杂和困难。因此，对于家具产品，必须进行工序质量控制和半成品检验，以提高产品的合格率。加强工序质量控制，应从以下三个方面入手：

第一，确定关键工序，建立控制点。由于家具的加工过程由许多道工序组成，如板式家具生产工艺过程包括裁板、封边、打孔等工序，在经过整个生产流水线的加工过程后，缺陷总是会越来越严重。因此，只检验最后的制品是不够的。而是必须严格控制整个生产过程中每一道工序的加工质量，即从第一道工序起就进行质量检验。例如，裁板时，如果将长度定错了，那么这批材料经过封边、钻孔等工序，直到装配时发现不符合图样，只得将其另作他用或储存起来留待以后使用，这就在工时和材料利用率上都造成了不应有的损失，最终必然会降低企业的利润。各家具企业的生产方式不同，采用的控制计划也不尽相同。所以，对于家具生产，必须进行工序质量控制。这要根据各自的特定情况进行重点控制，设置必要的检验点，编制相应的工艺、检验文件，并对制造过程中的关键工序和特殊工序实施监督手段，以确保制造过程按计划执行，使工序处于受控状态。

第二，制定半成品标准。标准是检验的依据，要使每道工序合格，就应明确每个零部件的质量要求。所以企业的技术部门在产品投产前，应定出半成品标准，并使每个操作者都能了解。半成品标准包括规格、尺寸和允许公差以及材质缺陷的允许范围等。一般来说，半成品的质量要求应随着成品标准的修订而改变，半成品的质量标准应该高于成品的质量标准，以保证最终产品的质量。

第三，设立班组兼职的检验员。为了做到工序间层层把关，做到不合格的零部件不流入下道工序，不合格的半成品不使用。除质量检验部门对一些关键工序设立专职检验员以外，还应依靠班组的力量建立自检制度。按照班组的大小，推荐 1～2 名责任心强的人员作为本班组的质量员，负责检验本班组的加工制品和上道工序流入的制品。班组检验应以流动检验为主，重点检验加工前的原材料，上工序流入的半成品和各机台加工完毕的零部件，各机台的操作人员也应做好首件产品的检验和加工过程中的检验。如果发现不合格品，应及时向班组长反映，查明原因，采取措施。将影响质量的因素排除后，再继续生产。班组检验员要与班组长密切配合，除负责本工序、本班组工人的抽检外，在一定范围内还担负着执行工序监督的职能。

3. 生产过程质量检验

生产过程质量检验主要包括自检、互检和专检三个部分。

自检是指在制造过程中每一位生产者均应对所生产的产品进行自检，有质量异常问题应及时解决，如遇到特殊或重大异常时需要及时报告。车间主管负责督促各位生产者实施自检，并设置车间质检员对每道工序产品进行抽检，如遇到异常情况应当及时处理。

互检是指加工工序接到上道工序的加工制品时，应检查上道工序产品的质量是否合格后再进行加工作业，若上道工序制品不符合质量要求，可以拒绝接收该制品。

专检是指质量管理部门专职检验人员对各个工序产品进行检查。对于批量较大、工艺简单、不容易出问题的工序进行抽检；对于原材料特殊、价格昂贵、工艺复杂、容易出问题的工序进行全检。成品在入库前需要进行专检，并在专检合格后方能入库。专检人员要做到对整个产品的生产过程质量加以控制。

牛津管理评论消息指出：在管理中，大家都看中结果。但是没有过程，哪来的结果呢？因此对于产品品质的控制，只有紧跟了过程控制，才能控制品质。所谓的过程控制要做到首检控制、巡检控制和终检控制。

首检控制。在产品生产前必须要求操作者对在投入生产的物料都要仔细核实，要确认设备是否稳定完好，然后小批量生产 2～3 个部件进行检验，确认生产合格后才能批量生产，如果不合格要查找原因。

巡检控制。在生产过程中，管理人员和质量管理人员要对加工的零部件进行抽检，要用大部分精力关注生产中的薄弱环节，如：新员工、关键设备、关键岗位等。

终检控制。在工作结束时，对于最后的产品要重点控制，往往这时员工的心态比较急躁，这时容易产生不合格产品，因此要严格加以控制。

4. 生产车间工艺文件管理

① 工厂各车间都应有工艺规程和生产操作规程，操作过程复杂的工段必须有岗位作业指导书。

② 新产品或新工艺规程和操作规程，由技术部负责组织编写，总经理批准实施。

③ 对原产品供应规程和操作规程的修改由技术部组织，生产人员配合进行。

④ 技术部应对工业规程和操作规程的事实进行监控，对工序质量偏离控制范围的情况及时进行纠正。

5. 生产过程的工艺管理

① 在车间的生产过程中，技术部应派工艺员在生产现场进行巡检，监督、指导工艺规程与生产操作规程的实施。

② 生产中出现不合格品时，应迅速查明原因，并做出以下有效处理。

第一，若属于工艺本身原因，现场的工艺员应及时上报技术部，由技术部根据工艺的更改办法进行工艺的更改。

第二，属于工艺执行的原因时，现场的工艺员上报技术部后，技术部负责制定更改措施和预防措施。

第三，不合格品与工艺无关时，现场的工艺员应协同相关部门进行解决，提供与工艺相关方面的帮助。

③ 关键过程管理

第一，关键过程是指对产品质量有重大影响或不稳定的过程。质量不稳定或重要的产品在必要时由技术部设置关键过程，由车间对工艺参数实行连续监控，车间定期对过程能力进行综合评价，技术部定期检查。

第二，关键过程的能力达不到要求时，由技术部和生产车间组织人员查明原因，及时采取纠正措施及提高过程能力。

第三，短期查不出原因时，技术部应组织人员进行技术攻关，确保生产过程处于受控状态。

《家具质量管理与检验》学习任务书

任务	生产过程中的质量管理的方案设计与实施	所属项目	代工企业板式家具生产质量管理与检验的方案设计和实施
学习目标	能力目标	知识目标	素质目标
	能够制定产品的生产工艺；能够设置质量控制点，并且确定质量控制点的验收标准	掌握板式家具的生产工艺，了解生产设备的操作规程；掌握质量控制点的设置方法并且掌握质量控制点的验收标准	养成严谨的工作作风、实事求是的工作态度；提高团队意识及与人协作共事能力
任务描述	通过查阅资料，分析板式家具产品的结构，结合代工企业特点，制定产品的生产工艺，设置质量控制点，并对主要工序产品进行检验		
学习产品	工序质量控制点的验收标准		
学习步骤	以学习小组为单位，共同完成任务；各小组组长认真组织本组组员： 1. 认真研究确定工作方案； 2. 查阅资料，分析代工企业的特点；分析桌类家具的结构特点； 3. 确定桌类家具生产工艺； 4. 确定桌类家具的生产设备并制定相应的操作规程； 5. 确定质量控制点的验收标准； 6. 向其他学习小组展示本组的工序质量控制点检验标准，接受其质询； 7. 按照“检验标准”对主要工序产品进行检验		
学习要求	1. 组长真正起到组织作用，组员要有通力协作、尽职尽责、顾全大局精神； 2. 提出问题，独立(小组)解决问题； 3. 相互尊重，相互交流，相互学习； 4. 勤于思考，善于总结(知识)		
信息来源	1. 计算机网络系统；2. 学习资料		
参考资料	1. 教材：《家具质量管理与检验》； 2. 参考资料：国家标准和企业标准		

单元学习考核

表 1-40　　任务学习评价表

学生姓名		班级		组别	
序号	评估项目	评估内容	评估标准		评估等级
1	任务完成情况（60分）	任务准备（10分）	优：课前准备充分，学习笔记记录全面，方法步骤多 良：课前准备充分，学习笔记记录全面 及：课前准备基本能满足要求，有学习笔记记录 不：课前准备不充分，没有学习笔记记录		□优 □良 □及 □不
		任务进度（10分）	优：完成任务速度快，并能保证质量 良：能在规定时间内完成任务，并能保证质量 及：能在规定时间内完成任务，但不能保证质量 不：不能在规定时间内完成任务		□优 □良 □及 □不
		完成步骤（10分）	优：工艺制定准确，工序质量控制点设置准确 良：工艺制定准确，能够设置工序质量控制点 及：能够制定产品生产工艺，但没能将重点工序加以控制 不：没有完成		□优 □良 □及 □不
		完成质量（30分）	优：具有完整的工序质量控制点验收标准 良：工序质量控制点的标准基本完整 及：验收标准不完整 不：没有完成		□优 □良 □及 □不
2	基本素质（10分）	团队协作（4分）	优：在完成任务过程中能够主动帮助同学，共同提高 良：在完成任务过程中能够互相帮助 及：在完成任务过程中能够帮助同学，但有不愿意回答同学问题的情况 不：在完成任务过程中不能帮助别人，不愿意回答同学的提问		□优 □良 □及 □不
		劳动纪律（6分）	优：能遵守公司管理制度，不迟到、早退，无违纪行为 良：能遵守公司管理制度，不迟到、早退，但有事、病假 及：能遵守公司管理制度，有迟到、早退现象 不：不能遵守公司管理制度，劳动纪律出现重大问题，取消成绩		□优 □良 □及 □不
3	总结报告（10分）	综合评价报告中是否详细说明在任务完成过程中掌握了什么知识、学会了什么技能、发现了什么技巧、出现了什么问题、问题得到了怎样的解决等			□优 □良 □及 □不
4	总评意见（20分）	综合评价学生是否掌握学习目标里要求的知识、技能、方法，是否有探索精神和创新意识			□优 □良 □及 □不
教师评语					
成绩		教师签名		日期	
备注		各等级权重：优＝1，良＝0.8，及＝0.6，不＝0.5			

任务三　成品质量检验

任务目标：

知识目标：

（1）掌握板式家具成品检验的内容；

（2）掌握成品质量检验的方法。

技能目标：

（1）能够制定成品检验方案；

（2）能够进行成品的质量检验。

任务描述：

任务提出：

能够根据企业的具体情况的生产特点（本任务中以办公桌产品为例，进行成品质量检验）确定成品检验项目并编制成品检验方案，对桌类家具进行质量检验。

任务分析：

首先根据企业生产的产品（办公桌）确定成品检验项目，然后编制成品检验方案，最后对成品（办公桌）进行检验。

知识准备：

家具质量检验是利用各种测试手段，按技术标准规定的各项指标，对家具零部件及产品进行检测，最终确定出质量的优劣和对产品进行质量监督。通过质量的检测，用科学的数据反映出产品的实际质量水平，划分出质量等级，促使优质产品得到进一步发展和提高，不合格的劣质产品停止生产，只得退出销售市场。这样可使生产企业树立质量观念和加强质量管理，同时也为消费者购买家具时提供了参考依据，保障了消费者的利益。

一、家具质量检验概述

1. 质量检验的分类

家具产品质量检验分为型式检验和出厂检验。

（1）型式检验

对产品质量进行全面考核，即对标准中规定的技术要求全部进行检验。凡有下列情况之一时，应进行型式检验。

第一，新产品或老产品转厂生产的试制定型鉴定；

第二，正式生产后，如结构、材料、工艺有较大改变，可能影响产品性能时；

第三，正常生产时，定期或积累一定产量后，应周期性进行一次检验，检验周期一般为一年；

第四，产品长期停产后，恢复生产时；

第五，出厂检验结果与上次型式检验有较大差异时；

第六，国家质量监督机构提出进行型式检验的要求时。

型式检验采用抽样检验的方式，将母样编号后随机抽取检验子样的方式进行检验。木家具和金属家具单件产品母样数不少于 20 件，从中抽取 4 件，2 件送检，2 件封存。成套产品的母样数不少于5套，从中随机抽取2套，1套送检，1套封存。如果送检样品中有相同结构的产品或单体，则可从中随机抽取2件。沙发和弹簧软床垫类软体家具，从3个月内生产的产品库存中抽取样品，沙发母样数应大于10件（套），弹簧软床垫应大于20件，将母样编号后，从中随机抽取4件，2件送检，2件封存。

漆膜理化性能检验用的试件，木家具和金属家具试件一般在受检产品上直接取得，也可在与受检产品相同的工艺条件下制作的试样上进行试验。金属家具进行漆膜性能检验的试作尺寸和数量见表1-41。

表1-41　金属件漆膜性能检验试样

测试内容	试样材料	试件数/块	试件厚度/mm	试件大小/mm
漆膜硬度	玻璃板(光平面)	3	3～5	100×100
漆膜附着力	马口铁板	3	0.20～0.30	50×100
漆膜冲击强度	马口铁板	3	0.20～0.30	50×120
漆膜耐腐蚀	普通低碳薄钢板	3	0.8～1.5	70×150
漆膜光泽度	玻璃板	3	2～3	20×90
漆膜耐湿热	普通低碳薄钢板	3	0.8～1.5	70×150

（2）出厂检验

在产品进行型式检验合格的有效期内，由企业质量检验部门进行检验。单件产品和成套产品全数进行检验，但当检查批数量较多全数检验有困难时，也可以进行抽样检验。

2. 检验项目

家具质量检验项目包括外观检验、理化性能检验和力学性能检验三项。

3. 质量检验的方法

不同检验项目应采用不同的方法进行检验，以确定产品是否合格。

木家具和金属家具外观检验时，应在自然光或光照度300～600lx的近似自然光（例如40W日光灯）下，视距为0.7～1m，由三人共同检验，以多数相同结论为测定值，测定时采用多种测量工具。

理化性能与力学性能测试需要采用相应的检测仪器和试验设备进行测定。

二、家具外观质量检验

1. 家具产品零部件的尺寸与形状位置的检验

为保证家具产品的质量和零部件尺寸、形状的正确，需要对其主要尺寸、尺寸公差及行位公差等作规定并进行检验。

（1）产品的外形尺寸和功能尺寸

产品外形宽、深、高尺寸的极限偏差，木家具和金属家具（非折叠式产品）均为＋5mm，但有的产品宽度上的极限偏差定为＋5mm，深度和高度的极限偏差定为＋3mm，这根据使用条件和要求而定。配套或组合的产品极限偏差应同取正值或负值。

（2）弹簧软床垫的尺寸及其公差

长度和宽度尺寸的测定是将床垫水平放置在平板上，沿其长、宽方向在对应围边的一组测量位置上，各安放一矩形垫块，沿水平方向施加2N力，使矩形垫块紧贴在围边的规定位置上，两相应矩形垫块之间的距离即为床垫在该测量位置的长度和宽度。实测 3 个规定位置长度和 4 个规定位置宽度，计算其平均值。

高度尺寸的测定是将床垫水平放于平板上，分别测定床垫围边上下缝线的距离 $H1$～$H8$ 并算出 8 个实测的平均高度值 H。

测量弹簧床垫外形尺寸时，需使用矩形垫块，其测量表面是一刚性的矩形平面。矩形垫块的尺寸分别为长 100＋0.5mm，宽 45＋0.5mm。床垫放置于平板上，平板应水平安放。其尺寸为 1900mm×2400mm，平板的平面度应小于 3mm 以满足测量的要求。

2. 形状位置的检验

（1）家具产品及零部件上有关形状位置的基本术语

① 翘曲度。是指产品（部件）表面上的整体平整程度。

② 平整度。是指产品（部件）表面在 0～150mm 的局部平整程度。

③ 邻边垂直度。是指产品（部件）外形为矩形时的不矩程度。

④ 位差度。是指产品中门与框架、门与门、门与抽屉、抽屉与框架、抽屉与抽屉相邻两表面间的距离。

⑤ 水平偏差。是指折叠桌产品的桌面与地面的平行程度。

⑥ 圆度。是指产品圆管弯曲处的挤压或拉伸的变形程度。

（2）家具产品及部件形状和位置公差检测方法

① 翘曲度测定。应采用误差度不大于 0.1mm 的翘曲度测定器具。测定时，将器具先后放置在被测部件表面对角线上，分别测量对角线中点与基准直线的距离，以其中一个最大距离为翘曲度测定值。

② 平整度测定。采用误差不大于 0.03mm 的平整度测定器具。测定时，将仪器放置在试件的被测表面，分别选择不平整程度较严重的三个部位，测量 0～150mm 长度被测表面与基准直线间的距离，以其中一个最大值为平整度测定值。

③ 邻边垂直度测定。应采用每米误差不大于＋0.6mm 的 3m 钢卷尺（或钢直尺）。测定时用钢卷尺（或钢直尺）测量矩形试件的两条对角线，其差值即为邻边垂直度测定值。

④ 位差度测定。应采用误差不大于 0.1mm 的位差度测定器具。测定时，应选择门与框架（门与门、门与抽屉、抽屉与框架、抽屉与抽屉）相邻两表面间距离的最大部位，在该相邻表面上，器具的测量面对另一相邻表面进行测量（并沿着该相邻表面再测量一个或一个以上部位），当测得都是正（或负）值时，以最大绝对值为位差度测定值。但当设计时要求门（或抽屉）与框架相邻表面间为某一距离时，应在每次测量的量值上扣除该距离。

⑤ 水平偏差测定。用钢卷尺测量方桌面每组对边中点的离地高度，圆桌面分别测量圆周上最高一点和过圆心相对称另一点的离地高度。其差值与边长（或直径）的比值即为水平偏差测定值。

⑥ 平行度测定。应采用误差不大于 0.1mm 平行度测定仪器。测定时，可任选框架、门、抽屉中某一前表面的任意一边为测量基准面。用平行度测定仪器测出测量基准面和与其相邻表面之间的最大间距和最小间距，然后取两个间距的差的绝对值即为平行度测定值。

⑦ 地脚着地平稳性测定。应用塞尺，测定时，将试件放置在平板上，使三个地脚着

地，测量另一个地脚与平板之间的距离，即为地脚着地平稳性测定值。

⑧ 分缝测定。应采用塞尺进行测量。测定抽屉的分缝时，应将抽屉紧靠一边，测量另一边的最大分缝以及左右和上下的分缝；门的分缝测定时，应分别测量门四边分缝的最大部位，取所有抽屉和门在某一边的分缝最大值，即为分缝的测定值。

⑨ 抽屉下垂度、摆动度测定。应采用每米误差不大于＋0.6mm 的 3m 钢卷尺（或钢直尺）和长度大于 700mm、直线度不大于 0.2mm 的钢尺。测定时，钢尺放置在试件测量部位相邻的水平面和侧面上，测量试件在伸出总长的三分之二时，抽屉面水平边的自由下垂和抽屉两侧边左右摆动的值。测得的最大值即为下垂度和摆动度的测定值。

⑩ 圆度测定。金属家具中用 0.02mm 精度的游标卡尺测量圆管弯曲段中部最大管径和最小管径，其差值即为圆度测定值。

三、家具表面覆面材料剥离强度的测定

家具零部件如果采用质量较次的木材或刨花板、纤维板等人造板作为基材时，形成表面质量低劣，因而常常在这些材料的表面覆贴一些装饰单板、具有各种花纹图案的浸渍胶膜纸以及 PVC 塑料薄膜、织物等硬质或软质的覆面材料，以增加美观，改善家具产品的表面质量，提高家具的档次。

1. 表面硬质覆面材料剥离强度的检验

以木材或木质材料为基材，表面覆贴刚度大于或等于 0.1N·m、厚度小于 2mm 的覆面材料胶压成的零部件，应进行剥离强度试验，以确定覆面胶压的质量。

（1）试件

① 试件形状与尺寸。国标中规定的硬质覆面材料剥离强度试验的试件形状与尺寸如图 1-3 所示。

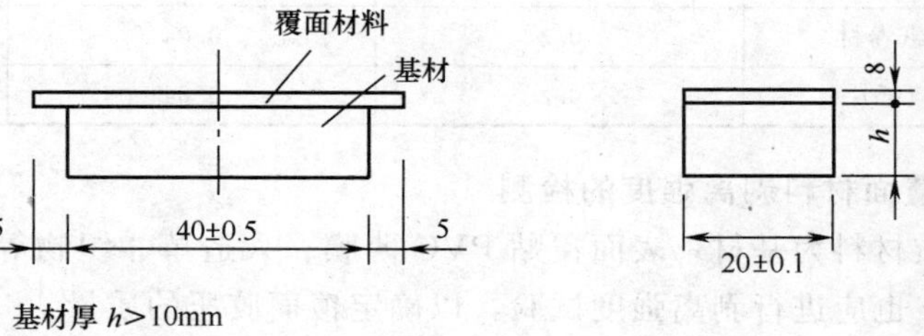

图 1-3　硬质覆面玻璃强度试验的试件

② 试件数量。规定试件的数量不得小于 16 个。

③ 试件要求。第一，锯取试件，不能破坏覆面材料，并把残留的基材清除；第二，端面应平整，与侧面互相垂直；第三，覆面材料没有脱胶现象；第四，覆面材料的纤维方向与试件长度方向一致；第五，试件在 20±2℃和 60%～70%相对湿度条件下放置 48h 后方可进行试验。

④ 试件制取。胶合好的试材在室内放置一定时间再制取试件；热压陈放时间应大于 48h；冷压陈放时间应大于 72h。试材可以是家具生产中的胶合产品，也可以采用相同材料、相同胶合条件下专门制作。

（2）试验方法

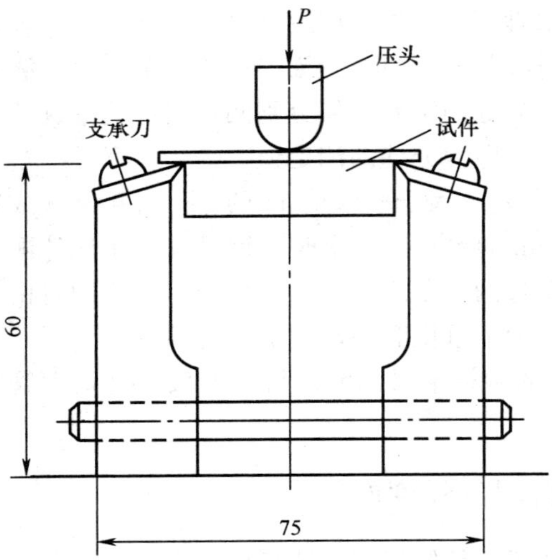

图 1-4　硬质覆面材料试验方法

① 试验设备与刀具。力学试验机；夹具；游标卡尺；外径千分尺。

② 试验方法。试件安装于夹具上使试件的中心线与力学试验机压头的中心线重合。以 0.4～0.5mm/s 匀速加载，记录覆面材料剥离或破坏瞬间的最大破坏载荷 P 及破坏程度。如图 1-4 所示。

③ 试验结果的计算。用下式计算剥离强度，计算所有试件剥离强度的计算平均值。

$$q=(P/2b)\times 10^3$$

式中　P——破坏载荷，N

b——试件宽度，mm

常用硬质覆面材料的刚度，如表 1-42 所示。

表 1-42　常用硬质覆面材料的弹性模量和刚度

材料		最低厚度/mm	弹性模量/(N/m²)	刚度/(N·m)
刨制薄木	红木	0.4	0.072	0.46
	核桃木	0.4	0.07	0.45
	水曲柳	0.8	0.096	4.8
	柞木	0.8	0.103	5.2
旋制单板	桦木	0.55	0.125	2.07
装饰板		1.00	0.18	18.00
封边用双层浸渍纸卷材		0.3	0.04	0.11
封边用 2～3 层浸渍纸片材		0.3	0.04	0.11

2. 表面软质覆面材料剥离强度的检测

以木材或木质材料为基材，表面覆贴 PVC 薄膜、人造革、织物等软质覆面材料胶压成的家具零部件，也应进行剥离强度试验，以确定覆面胶压的质量。

(1) 试件

① 试件形状与尺寸。国标中规定的软质覆面材料剥离强度试验的试件形状与尺寸，如图 1-5 所示。

② 试件数量。规定试件的数量不得小于 16 个。

③ 试件要求。第一，锯取试件，不能破坏覆面材料，并把残留的基材清除；第二，端面应平整，与侧面互相垂直；第三，有 10％覆面材料脱胶时应剔除；第四，试件在 20±2℃ 和 60％～70％相对湿度条件下放置 48h 后方可进行试验。

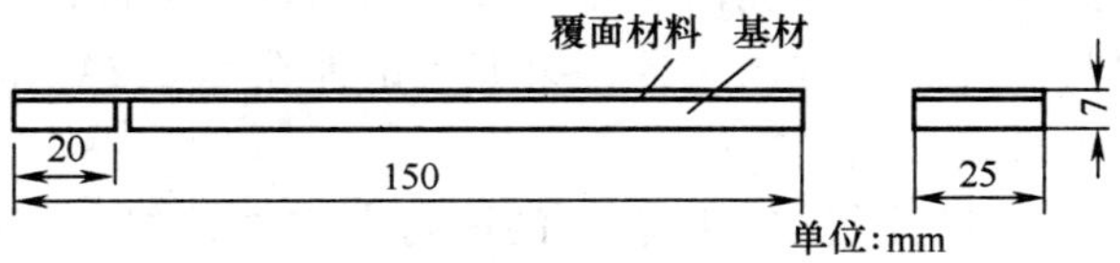

图 1-5　软质覆面材料剥离强度试验试件

④ 试件制取。胶合好的试材在室内放置一定时间再制取试件；热压陈放时间应大于

48h，冷压陈放时间应大于72h。试材可以是家具生产中的胶合产品或采用相同材料、相同胶合条件下专门制作。

（2）试验方法

① 试验设备与刀具。力学试验机（最大负载500N，相对误差不大于＋1%）；夹具；游标卡尺（0.02mm）测试件宽度；外径千分尺（0.01mm）测覆面材料厚度。

② 试验方法。沿锯口处将覆面材料反转180°用手工剥离至离试件末端40～45mm处，如图1-6所示。试件夹紧于上下夹具上，如图1-7所示。以0.2～0.8mm/s匀速下降，剥离长度为20～30mm。

记录剥离强度最大值P及胶合面上的破坏程度。

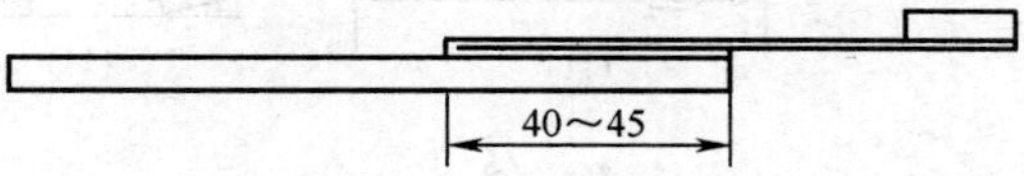

图1-6　试件手工剥离

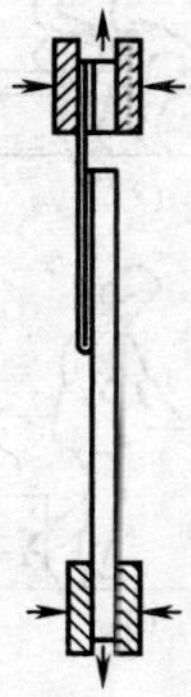

图1-7　试件夹在夹具中

③ 试验结果的计算。用下式计算剥离强度，计算所有试件剥离强度的计算平均值。

$$q=(P/2b)\times 10^3$$

式中　P——破坏载荷，N

b——试件宽度，mm

四、家具力学性能检验概述

1. 家具力学性能试验的分类与分级

（1）产品力学性能试验的依据

模拟家具在人们正常使用和习惯性的误用情况下可能经受到的载荷作为力学性能试验的基本依据，从而确定各类家具应具有的强度指标。

家具在日常使用过程中，常会出现一些非正常的使用情况，如图1-8所示。其受力情况有的影响家具的结构刚度、结构强度，有的影响家具耐久性和稳定性。所以根据在正常使用和非正常但可允许的误用情况下所受到的各种载荷来对各类家具进行力学性能试验，规定出各类家具进行强度、耐久性和稳定性试验的项目和试验方法。

（2）家具力学性能试验的分类

按在预定条件下正常使用和可能出现的误用所受到的载荷情况，将试验分为：

① 静载荷试验。检验家具在可能遇到的重载荷条件下所具有的强度。

② 耐久性试验。检验家具在重复使用、重复加载条件下所具有的强度。

③ 冲击载荷试验。检验家具在偶然遇到的冲击载荷条件下所具有的强度。

④ 稳定性试验。检验家具在外加载荷作用下，所具有的抗倾翻的能力。

也可以将静载荷试验与冲击载荷试验统称为强度试验。

图 1-8 家具非正常使用情况

(1) 桌上坐人 (2) 多人集中坐于床板一侧 (3) 重压翻板门上 (4) 门扇上受较大力 (5) 抽屉拉手受大载荷 (6) 柜子被水平推力 (7) 桌子受推力 (8) 床架水平受力 (9) 椅子前后摆动 (10) 椅子扶手受外撑力 (11) 床板经受反复弹压 (12) 椅子后仰 (13) 踩蹬椅子 (14) 柜上端抽屉拉出前倾 (15) 床面受冲击力

(3) 家具力学性能试验水平的分级

根据产品在预定使用条件下的正常使用频数，可能出现的误用程度，按加载大小与加载次数多少将强度和耐久性试验分为五级。如表 1-43 所示。

表 1-43 试验水平分级

试验水平	预定的使用条件
1	不经常使用，小心使用，不可能出现误用的家具，如供陈设古玩、小摆件等的架类家具
2	轻载使用，误用可能性很小的家具，如高级旅馆家具、高级办公家具等
3	中载使用，比较频繁使用，比较易于出现误用的家具，如一般卧房家具，一般办公家具、旅馆家具等
4	重载使用、频繁使用，经常出现误用的家具，如旅馆门厅家具、饭厅家具和某些公共场所家具等
5	使用极频繁，经常超载使用和误用的家具，如候车室、影剧院家具等

（4）家具力学性能试验的要求

① 试验环境。标准试验环境温度 15～25℃、相对湿度 40％～70％。试验位置地面应水平、平整，表面覆层积塑料或类似材料。

② 试验方式。耐久性试验可分别在不同试件上进行，强度试验应在同一试件上进行；测定产品使用寿命时，应按试验水平逐级进行直至试件被破坏；检查产品力学性能标准是否符合规定要求，可直接按试验水平相应等级进行试验。

③ 加载要求。强度试验时加力速度应尽量缓慢，确保附加动载荷小到可以忽略不计的程度；耐久性试验时加力速度应缓慢，确保试件无动态发热；均布载荷应均匀地分布在规定的试验区内。

④ 试验设备及附件。试验设备应保证完成对试件的正常加力，须设有各种加力装置以及加载垫、加载袋、冲击块、冲击锤、绳索、滑轮、重物、止滑挡块等试验所必需的附件。

⑤ 测量精度。尺寸小于 1m 的精确到±0.5mm，大于 1m 的为±1mm；力的测量精度为±5％。

（5）家具力学性能试验的试件

试件应为完整组装的出厂成品，并符合产品设计图纸要求。拆装式家具应按图纸要求完整组装；组合家具如有数种组合方式，则应按最不利于强度试验和耐久性试验的方式组装。所有五金连接件在试验前应安装牢固。

采用胶接方法制成的试件，从制成后到试验前应至少在一般室内环境中能连续放置 7 天，使胶合构件中的胶液充分固化。

2. 家具力学性能试验结果的评定

试验前实测试件的外形尺寸，仔细检查其质量，并记录零、部件和结合部位的缺陷。

试验后对试件尺寸和质量重新作评定，检查以下几个方面：

① 零部件产生断裂或豁裂部位及情况。

② 某些牢固的部件出现永久性松动。

③ 某些部件产生严重影响功能的磨损、位移变形。

④ 五金连接件出现松动。

⑤ 活动部件产生开关不灵活等。

五、桌子力学性能检验

利用测试手段考察家具在正常或非正常使用情况下的强度、耐久性和稳定性，以对家具某些特征的性质有一个估计。对家具进行整体力学性能检验，能为产品实现标准化、系列化和通用化取得可靠的数据和规定出科学的质量指标，有利于根据使用功能的实际要求来合理设计出家具的结构和确定出零、部件的规格尺寸，以提高设计质量。家具产品的力学性能试验是最终的质量检验手段，科学的测试方法和标准可以保证产品具有优良的品质和提高企业的质量管理水平，同时还可将家具的质量和性能真实地反映给用户，便于用户根据自己的使用场合、使用要求和使用方法，从产品的质量及价格等方面综合考虑选购适用的家具。

模拟桌类家具正常或非正常使用以及长期实际使用中所承受的载荷进行试验，以保证产品具有足够的强度和保持其实际需要的功能。

1. 强度试验

（1）静载荷试验

① 主桌面垂直静载荷试验。主桌面垂直静载荷试验见表 1-44，根据《GB/T 10357.1—2013 家具力学性能试验 第 1 部分：桌类强度和永久性》编制。

表 1-44　　主桌面垂直静载荷试验

试验方法		加载值		试验结果评定
		试验水平	静载荷/N	
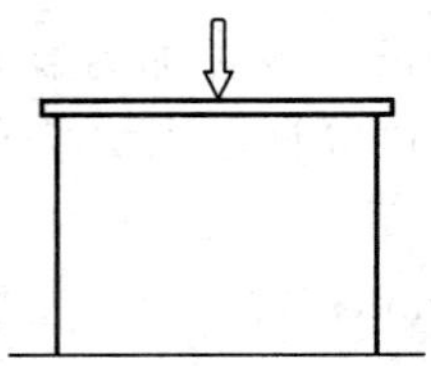	1. 用加载垫在桌面最易发生损坏的部位加载 10 次，每次加力至少滞留 10s； 2. 有多处易损坏部位时，最多选择 3 处进行试验	1 2 3 4 5	500 750 1000 1250 2×900	1. 测定经加载后桌子的整体结构； 2. 评定损坏及产生缺陷情况

② 副桌面垂直静载荷试验。副桌面垂直静载荷试验见表 1-45，根据 GB/T 10357.1—2013 编制。

表 1-45　　副桌面垂直静载荷试验

试验方法		加载值		试验结果评定
		试验水平	静载荷/N	
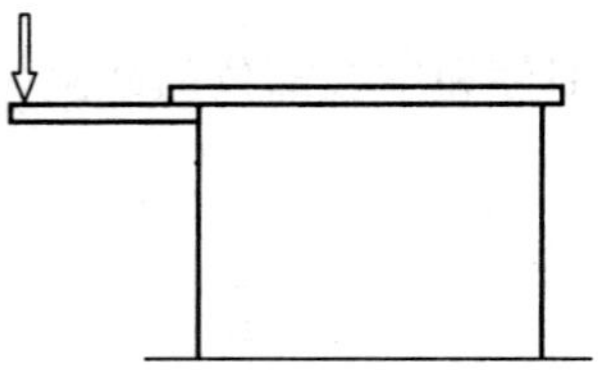	1. 用加载垫在每一副桌面（延伸桌面部分）上最易发生损坏的部位加载 10 次，每次至少滞留 10s； 2. 进行试验时，如桌子发生倾翻，应在主桌面上加重物，使桌子保持平稳	1 2 3 4 5	125 250 350 500 750	1. 测量加载荷后，副桌面的最大挠度及整个桌面结构的最大挠度； 2. 评定损坏及产生缺陷情况

③ 桌面持续垂直静载荷试验。桌面垂直静载荷试验见表 1-46，根据 GB/T 10357.1—2013 编制。

表 1-46　　桌面持续垂直静载荷试验

试验方法	加载值		试验结果评定
	试验水平	均布载荷/(kg/dm^2)	
1. 在桌面上施加均布载荷； 2. 加载后滞留 7 天	1 2 3 4 5	1.0 1.0 1.5 2.0 2.5	1. 测量加载前和加载 7 天后尚未卸载时的桌面挠度，并按二支承间跨距的百分比记录挠度值； 2. 检查桌子整体结构； 3. 评定损坏和产生缺陷情况

④ 桌面水平静载荷试验。桌面水平静载荷试验见表 1-47，根据 GB/T 10357.1—2013 编制。

表 1-47 **桌面水平静载荷试验**

<table>
<tr><th rowspan="2">试验方法</th><th colspan="2">加载值</th><th rowspan="2">试验结果评定</th></tr>
<tr><th>试验水平</th><th>a、b、c、d</th></tr>
<tr><td rowspan="5">1. 高度可调的试件应将其调至最高的位置；
2. 用挡块围住施加水平力一侧的桌腿，如果桌子装有脚轮，应用挡块限制脚轮活动；
3. 把平衡载荷均布加载在桌面上，载荷质量应以刚好能防止桌子在试验时倾翻为宜，但最重不能超过 100kg；
4. 当桌面为矩形时，如图(a)，用挡块围住腿 1 和腿 2，水平载荷施加方向为 a，水平加力 10 次，每次加力应该至少保持 10s，如果桌面均布载荷达 100kg，试验时仍会倾翻，则应把所加的力减少到刚好不致使桌子倾翻的程度，并记录实际所加的值；在第一次和最后一次加载及卸载时，分别测量加载点的位移值 e，见下图(c)；挡块不动，在部位 b 加力 10 次，并测量位移值 e。用挡块围住腿 2 和腿 3，重复上述试验步骤，分别试验和测量加载部位 c 和 d；在试验前和试验后，分别检查桌子的损坏程度；
5. 当桌面为不规则形状时，如图(b)，择取桌子的四条腿为施加水平力的位置和方向的依据，择取桌腿时应选择最不利桌类强度的情况，按照矩形桌面的试验过程，分别试验和测量加载部位 a,b,c,d 如图(b)，在试验前和试验后，分别检查桌子的损坏程度
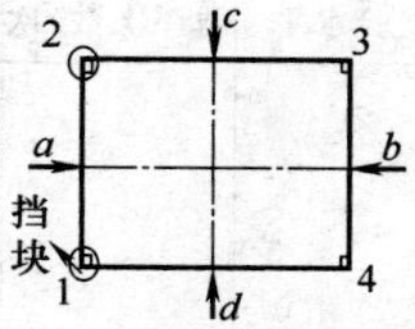
(a) 矩形桌面
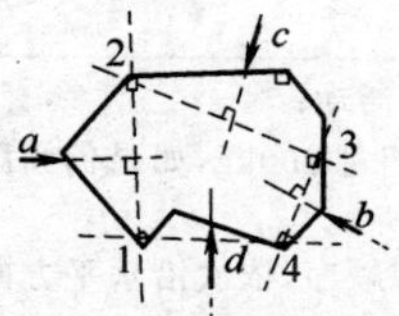
(b) 不规则桌面
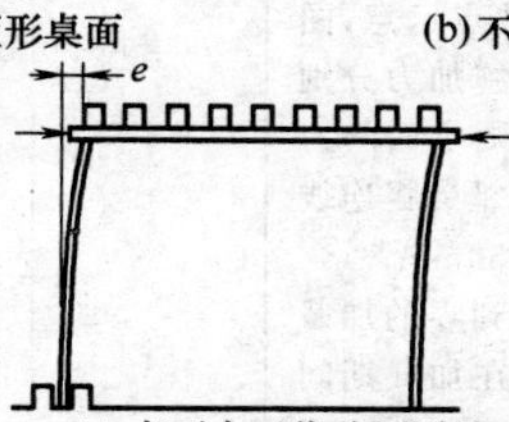
(c) 桌面水平位移量测量</td><td>1</td><td>175</td><td rowspan="5">1. 分别对 a、b、c、d 各部位第一次及最后一次加载及卸载对测量加载点的位移值；
2. 检查桌子的损坏程度；
3. 评定损坏及产生缺陷情况</td></tr>
<tr><td>2</td><td>300</td></tr>
<tr><td>3</td><td>450</td></tr>
<tr><td>4</td><td>600</td></tr>
<tr><td>5</td><td>900</td></tr>
</table>

(2) 冲击试验

① 桌面垂直冲击试验。桌面垂直冲击试验见表 1-48，根据 GB/T 10357.1—2013 编制。

表 1-48 **桌面垂直冲击试验**

<table>
<tr><th rowspan="2">试验方法</th><th colspan="3">试验指标</th><th rowspan="2">试验结果评定</th></tr>
<tr><th>试验水平</th><th>冲击器/kg</th><th>跌落高度/mm</th></tr>
<tr><td rowspan="5">1. 将冲击器从规定高度对桌面自由跌落，做冲击试验；
2. 冲击位置及次数：
(1)靠近支承桌面部位一次；
(2)桌面跨距中心部位一次</td><td>1</td><td>25</td><td>—</td><td rowspan="5">1. 检查桌子整体结构；
2. 评定损坏及产生缺陷情况</td></tr>
<tr><td>2</td><td>25</td><td>80</td></tr>
<tr><td>3</td><td>25</td><td>140</td></tr>
<tr><td>4</td><td>25</td><td>180</td></tr>
<tr><td>5</td><td>25</td><td>240</td></tr>
</table>

② 桌脚跌落试验。桌脚跌落试验方法见表 1-49，根据 GB/T 10357.1—2013 编制。

表 1-49　　桌脚跌落试验

试验方法	试验指标		试验结果评定
	试验水平	跌落高度/mm	
1. 将桌子放在平整试验场地上； 2. 将方桌子任意一腿端部或长方形桌子窄向的一腿端部提升到规定的高度，自由跌落 10 次； 3. 层叠式桌子仅对一腿做跌落试验，受试一腿端部与对角一腿端部的连线同地面夹角为 20°	1	100	检查桌子整体结构损坏及产生缺陷情况
	2	150	
	3	200	
	4	300	
	5	600	

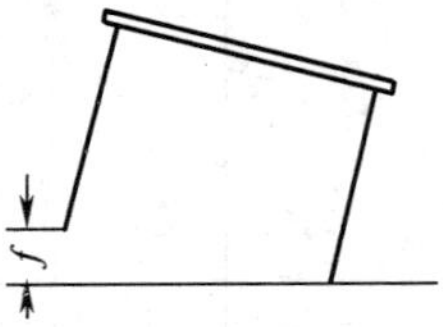

2. 耐久性试验

桌面水平耐久性试验方法见表 1-50，根据 GB/T 10357.1—2013 编制。

表 1-50　　桌面水平耐久性试验

试验方法	加载周期		试验结果评定
	试验水平	循环次数/次	
1. 用挡块将所有桌脚围住，如装有脚轮应限制脚轮活动； 2. 桌面上均匀放上防止倾翻的平衡载荷最重不能超过 100kg，如果仍倾翻应把力减少到不使桌子倾翻并记录下实际加力的值； 3. 按规定的次数把 150N 力通过加载垫按 a、b、c、d 顺序，依次沿水平方向施加在桌面距一端边缘 50mm 部位，图(b)为矩形桌面的力的加载点示意，图(c)为圆形(包括椭圆形)桌面的力的加载点示意，a、b 和 c、d 点的施加力分别在同一直线上，a、b 和 c、d 加载点的连线相互垂直；图(d)为不规则桌面的力的加载点示意，图(d)中，试验力的加载点 a、b 位于最不利位置相邻桌腿连线的中垂线上，c、d 加载点在同一直线上，且垂直于 ab，距其中一点 50mm； 4. 每次加力应在不小于 1s 的时间内完成从零到 150N 再返回到零的加载过程；每次循环(a—b—c—d)的累积延续时间至少为 2s；为便于在加载期间测量结构的位移值，每个力保载的最长持续时间为 1min，如果桌面均布载荷达 100kg，试验时桌子仍会倾翻，则应把所加载荷减少到刚好不致使桌子倾翻的程度，并记录实际所加的载荷。如果主桌面一端附有一个副桌面，在主、副桌面上均布的平衡载荷总计质量不能超过 100kg，见图(e)； 5. 在第一次循环及最后一次循环加载和卸载时，分别测量加载部位的位移值 e，见图(f)，e 值的精度为 0.1mm	1	5000	1. 在第一次和最后一次循环加力和卸力时间至少为 10s，并在加载部位分别测量位移值 e； 2. 检查桌子的整体结构； 3. 评定损坏及产生缺陷情况
	2	10000	
	3	15000	
	4	30000	
	5	60000	

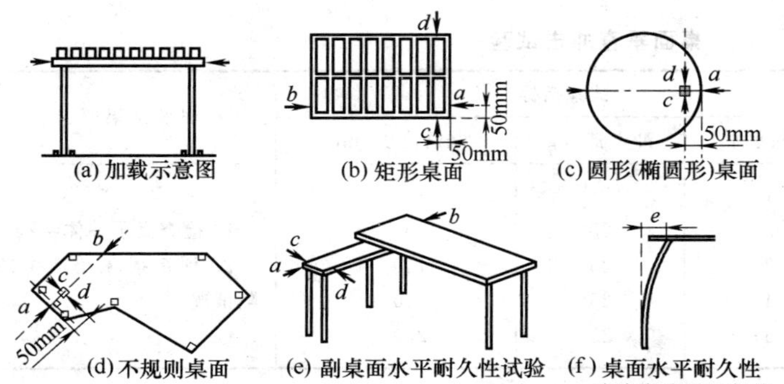

(a) 加载示意图　(b) 矩形桌面　(c) 圆形(椭圆形)桌面

(d) 不规则桌面　(e) 副桌面水平耐久性试验　(f) 桌面水平耐久性试验位移测量方法

3. 桌类家具稳定性试验

模拟桌类家具受到外加载荷的条件下，测定其保持不倾覆的能力，具体进行垂直加载稳定性和垂直与水平加载的稳定性试验，此试验适用于与地面、建筑物、家具等没有固定连接的桌类家具的性能检测。

（1）桌子垂直加载稳定性试验

桌子垂直加载稳定性试验见表 1-51，根据 GB/T 10357.7—2013 编制。

（2）桌子垂直和水平加载稳定性试验

桌子垂直和水平加载稳定性试验见表 1-52，根据 GB/T 10357.7—2013 编制。

表 1-51　　桌子垂直加载稳定性试验

试验方法	最小加载力		试验结果评定
	品种	载荷/N	
1. 将桌子放在试验基面上； 2. 在最不稳定桌边中心离边缘向内 50mm 桌面处，通过加载垫垂直向下逐渐加力至规定值或至少有一桌腿离地为止； 3. 带有活动桌板应选用最不稳定状态作试验，若活动桌板有多种连接方式时应选用最不稳定的方式试验 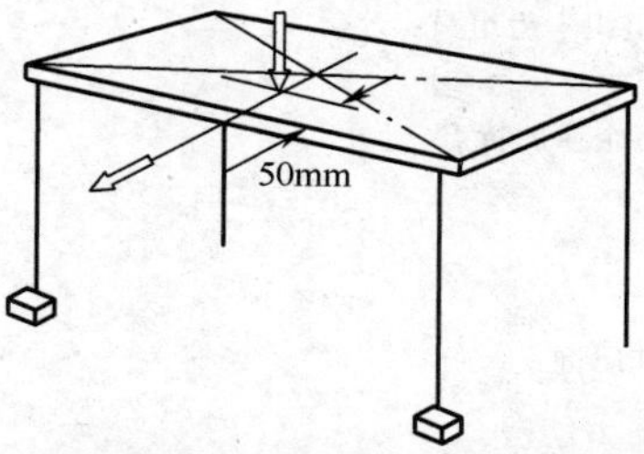 	四脚桌 写字台 独脚桌 折　桌 课　桌	600 600 200 200 600	1. 试验前记录试件外形尺寸； 2. 取整数记录此试验中的最大载荷

注：1. 独脚桌指其支承点连线所成的面积与桌面面积之比小于 65%的桌子。

2. 加载垫为直径 100mm 的刚性圆柱体，表面光滑，边缘倒圆半径为 12mm，加载时加载垫的重量应计算在内。

表 1-52　　桌子垂直和水平加载稳定性试验

试验方法	最小加载力		试验结果评定
	品种	载荷/N	
1. 将桌子放在试验基面上； 2. 用挡块挡住最不稳定边的桌腿，防止其在试验中移动； 3. 在最不稳定桌边中心离边缘向内 50mm 桌面处，通过加载垫垂直向下施加 100N 力，同时在该边中心垫桌面上向外施加一水平力，逐渐加力至规定值或至少有一桌腿离地为止； 4. 带有活动桌板应选用最不稳定状态做试验，若活动桌板有多种连接方式时应选用最不稳定的方式试验	四脚桌 写字台 独脚桌 折　桌 课　桌	600 600 200 200 600	1. 试验前记录试件外形尺寸； 2. 取整数记录此试验中的最大载荷

注：1. 独脚桌指其支承点连线所成的面积与桌面面积之比小于 65%的桌子。

2. 加载垫为直径 100mm 的刚性圆柱体，表面光滑，边缘倒圆半径为 12mm，加载时加载垫的重量应计算在内。

3. 挡块高度不大于 12mm。

任务实施：

1. 制定成品检验方案

分析讨论产品的结构，制定成品检测的方案。

2. 确定成品检验内容

根据成品家具的特点，确定成品检验的项目、检验的内容以及成品验收标准，并根据成品验收标准对家具成品进行检验。

《家具质量管理与检验》学习任务书

任务	成品的质量检验	所属项目	代工企业板式家具生产质量管理与检验的方案设计和实施
学习目标	能力目标	知识目标	素质目标
	能够制定成品的质量检验方案；能够对成品进行检验	了解板式家具的特点；掌握桌类产品的检验内容和方法	养成严谨的工作作风、实事求是的工作态度；提高团队意识和与人协作共事能力
任务描述	通过查阅相关家具企业成品检验文件，分析板式家具的结构，结合桌类家具的特点，确定桌类家具的检验内容和方法并对主要工序产品进行检验		
学习产品	成品质量检验报告		
学习步骤	以学习小组为单位，共同完成任务；各小组组长认真组织本组组员： 1. 认真研究确定工作方案； 2. 查阅耐力木业有限公司的质量控制材料，分析代工企业的特点； 3. 确定桌类家具的质量检验内容； 4. 确定桌类家具的质量检验方法； 5. 对成品进行检验； 6. 向其他学习小组展示本组的成品检验标准，接受其质询； 7. 按照“检验标准”对主要成品料进行检验		
学习要求	1. 组长真正起到组织作用，组员要有通力协作、尽职尽责、顾全大局精神； 2. 提出问题，独立（小组）解决问题； 3. 相互尊重，相互交流，相互学习； 4. 勤于思考，善于总结（知识）		
信息来源	1. 计算机网络系统；2. 成品检验；3. 学习资料		
参考资料	1. 教材：《家具质量管理与检验》； 2. 参考资料：国家标准和企业标准		

单元学习考核

表 1-53　任务学习评价表

学生姓名			班级		组别
序号	评估项目	评估内容	评估标准		评估等级
1	任务完成情况（60分）	任务准备（10分）	优：课前准备充分，学习笔记记录全面，方法步骤多 良：课前准备充分，学习笔记记录全面 及：课前准备基本能满足要求，有学习笔记记录 不：课前准备不充分，没有学习笔记记录		□优 □良 □及 □不

续表

学生姓名		班级		组别
序号	评估项目	评估内容	评估标准	评估等级
1	任务完成情况（60 分）	任务进度（10 分）	优:完成任务速度快,并能保证质量 良:能在规定时间内完成任务,并能保证质量 及:能在规定时间内完成任务,但不能保证质量 不:不能在规定时间内完成任务	□优 □良 □及 □不
		完成步骤（10 分）	优:成品检验内容完整、准确 良:成品检验内容较完整、基本准确 及:能够列出成品检验内容,但不够完整 不:没有完成	□优 □良 □及 □不
		完成质量（30 分）	优:成品检验内容完整,方法准确 良:成品检验的方法基本准确 及:成品检验的方法不够准确 不:没有完成	□优 □良 □及 □不
2	基本素质（10 分）	团队协作（4 分）	优:在完成任务过程中能够主动帮助同学,共同提高 良:在完成任务过程中能够互相帮助 及:在完成任务过程中能够帮助同学,但有不愿意回答同学问题的情况 不:在完成任务过程中不能帮助别人,不愿意回答同学的提问	□优 □良 □及 □不
		劳动纪律（6 分）	优:能遵守公司管理制度,不迟到、早退,无违纪行为 良:能遵守公司管理制度,不迟到、早退,但有事、病假 及:能遵守公司管理制度,有迟到、早退现象 不:不能遵守公司管理制度,劳动纪律出现重大问题,取消成绩	□优 □良 □及 □不
3	总结报告（10 分）	综合评价报告中是否详细说明在任务完成过程中掌握了什么知识、学会了什么技能、发现了什么技巧、出现了什么问题、问题得到了怎样的解决等		□优 □良 □及 □不
4	总评意见（20 分）	综合评价学生是否掌握学习目标里要求的知识、技能、方法,是否有探索精神和创新意识		□优 □良 □及 □不
教师评语				
成绩		教师签名		日期
备注	各等级权重:优＝1,良＝0.8,及＝0.6,不＝0.5			

项目二　订单加工企业实木家具生产的质量管理与检验的方案设计与实施

知识目标

1. 掌握实木家具生产物料采购供应的质量控制要点、供应商的选择以及原辅材料的验收标准；

2. 了解实木家具生产工艺流程以及各工序操作规程；

3. 掌握实木家具基本制造过程质量管理的内容（物资管理、设备管理、工序文件变更管理、工序质量控制点的设置、工序控制方法的运用、质量可追查性）和基本任务；

4. 掌握实木家具基本制造过程质量控制的主要环节。

技能目标

1. 能够根据产品特征确定采购种类；

2. 能够制定原、辅材料验收标准；

3. 能够制定制造过程质量控制方案；

4. 能够制定相应生产设备的作业指导书；

5. 能够设置质量控制点并制定工序质量控制标准；

6. 能够进行产品试装检验。

任务一　采购过程中质量管理的方案设计与实施

任务目标：

知识目标：

（1）了解供应商的选择与评价以及对供应商的控制要点；

（2）掌握对供应商产品的质量控制方法。

技能目标：

（1）能够制定原、辅材料的采购计划及验收标准；

（2）能够评价采购产品的质量。

任务描述：

任务提出：

能够根据企业的具体情况、生产特点，确定采购物料的种类以及编制采购计划，制定采购产品的验收标准。

任务分析：

首先根据企业生产的产品确定采购物料的种类，然后编制采购计划，最后制定物料验收标准。

知识准备：

一、物料采购过程的质量管理

物料采购过程中的质量管理，详见项目一中任务一知识准备部分。包括采购计划；采购合同；采购作业管理；供应商管理等内容。

二、实木家具生产主要材料

木材是一种质地精良、纹理美丽、易于加工成型的自然材料，是一种沿用最久、最好、最多的家具材料。制造家具所用的木材，在质量要求的特性方面有很大的差异，某一给定产品的不同部位所要求的木材特性也不完全相同。因此，选择适宜的木材非常重要。选择木材一般应考虑：木材树种、密度大小；强度及韧性、刚度和硬度；色泽的深浅、纹理结构及其均匀性；干燥特性（如干缩湿胀和翘曲变形）；胶合性能；装饰效果；切削、弯曲等可加工性；缺陷等。为了能够准确地判断这些特性，做好合理选用木材，对于进厂的木材，应在加工和使用之前就开始进行质量检验。下面分别从针、阔叶锯材两个方面介绍其锯材验收标准以及实木家具生产常用材料的验收标准。

1. 针叶锯材

（1）尺寸

① 长度。1～8m。长度自2m以上按0.2m进级，不足2m的按0.1m进级。

② 板材、方材规格。板材、方材规格尺寸，见表2-1。

表2-1　板材、方材规格尺寸　　单位：mm

分类	厚度	宽度	
		尺寸范围	进级
薄板	12,15,18,21	30～300	10
中板	25,30,35		
厚板	40,50,60		
方材	25×20,25×25,30×30,40×30,60×40,60×50,100×55,100×60		

注：表中未列出的规格尺寸由供需双方协议商定

③ 尺寸偏差。尺寸允许偏差，如表2-2所示。

表2-2　尺寸允许偏差

种类	尺寸范围	偏差
长度	不足2.0m	+3cm −1cm
	自2.0m以上	+6cm −2cm
宽度、厚度	不足30mm	±1mm
	自30mm以上	±2mm

（2）材质指标

针叶树锯材分为特等、一等、二等和三等四个等级，各等级材质指标如表2-3所示。

长度不足 1m 的锯材不分等级，其缺陷允许限度不低于三等材，检量计算方法按照 GB/T 153—2009 执行。

表 2-3　材质指标

缺陷名称	检量与计算方法	允许限度			
		特等	一等	二等	三等
活节及死节	最大尺寸不得超过板宽的	15%	30%	40%	不限
	任意材长 1m 范围内个数不得超过	4	8	12	不限
腐朽	面积不得超过所在板面面积的	不允许	2%	10%	30%
裂纹夹皮	长度不得超过材长的	5%	10%	30%	不限
虫眼	任意材长 1m 范围内个数不得超过	1	4	15	不限
钝棱	最严重缺角尺寸不得超过材宽的	5%	10%	30%	40%
弯曲	横弯最大拱高不得超过内曲水平长的	0.3%	0.5%	2%	3%
	顺弯最大拱高不得超过内曲水平长的	1%	2%	3%	不限
斜纹	斜纹倾斜程度不得超过	5%	10%	20%	不限

2. 阔叶锯材

（1）尺寸

① 长度。1～6m。长度自 2m 以上按 0.2m 进级，不足 2m 的按 0.1m 进级。

② 板材、方材规格。板材、方材规格尺寸，见表 2-4。

表 2-4　板材、方材规格尺寸　单位：mm

分类	厚度	宽度	
		尺寸范围	进级
薄板	12,15,18,21	30～300	10
中板	25,30,35		
厚板	40,50,60		
方材	25×20,25×25,30×30,40×30,60×40,60×50,100×55,100×60		

注：表中以外规格尺寸由供需双方协议商定。

③ 尺寸偏差。尺寸允许偏差，如表 2-5 所示。

表 2-5　尺寸允许偏差

种类	尺寸范围	偏差
长度	不足 2.0m	+3cm −1cm
	自 2.0m 以上	+6cm −2cm
宽度、厚度	不足 30mm	±1mm
	自 30mm 以上	±2mm

（2）材质指标

阔叶树锯材分为特等、一等、二等和三等四个等级，各等级材质指标如表 2-6 所示。

表 2-6　　材质指标

缺陷名称	检量与计算方法	允许限度			
		特等	一等	二等	三等
死节	最大尺寸不得超过板宽的	15%	30%	40%	不限
	任意材长 1m 范围内个数不得超过	3	6	8	不限
腐朽	面积不得超过所在板面面积的	不允许	2%	10%	30%
裂纹夹皮	长度不得超过材长的	10%	15%	40%	不限
虫眼	任意材长 1m 范围内个数不得超过	1	2	8	不限
钝棱	最严重缺角尺寸不得超过材宽的	5%	10%	30%	40%
弯曲	横弯最大拱高不得超过内曲水平长的	0.5%	1%	2%	4%
	顺弯最大拱高不得超过内曲水平长的	1%	2%	3%	不限
斜纹	斜纹倾斜程度不得超过	5%	5%	10%	不限

注：长度不足 1m 的锯材不分等级，其缺陷允许限度不低于三等材，其检量计算方法参照本标准执行。

3. 细木工板

细木工板就是具有实木板芯的胶合板。其实木板芯是由胶拼或不胶拼实木条组成的实木板状材料。

细木工板的尺寸与公差要求、细木工板技术要求、细木工板的外观分等详见附录 4《GB/T 5849—2006 细木工板》国家标准。

4. 非结构集成材

非结构集成材可以从两个方面进行检验：一方面按照外观来检验，也就是集成材材面的材质缺陷、加工缺陷以及尺寸公差等技术条件是否符合规定的要求；另一方面是集成材的内在质量，测量其物理力学性能，如含水率、胶合性能等项目。

（1）外观检验

① 尺寸。目前我国尚无统一的集成材标准，集成材的长度、宽度、厚度及公差由订单提供，或由各生产企业根据用途制定自己的企业标准，日本集成材标准中，一、二等集成材的厚度、宽度公差为±1.0mm，长度正公差无限制，无负公差。

厚度尺寸测量方法　在集成材的四边任意位置，用游标卡尺共测 6 点，精确至 0.02mm，测量时应将测量仪器缓慢的与板子接触。取上述 6 次测量值的算术平均值作为测量该集成材的平均厚度。

长度和宽度尺寸测量方法　在板材宽度和长度方向任意位置，用误差不大于 0.6mm 的 3m 刚卷尺测量，精确至 1mm，每张集成材测量长度和宽度各测量两次，取上述相同纹理方向上两个测量值的平均值作为集成材的长度和宽度。

② 形状精度。集成材的翘曲度不超过 1/1000（mm/mm），集成材的不直度不超过 1/1000（mm/mm）。

将集成材凹面向上，并在无任何外力作用下放置在水平面上，用金属直尺或绷紧线绳于板面的横纹理方向和集成材侧面，用钢板尺测量其最大弦高，精确至 1mm。用下列计算翘曲度和不直度，精确至 0.1%。

$$W=H/L\times 100\%$$

式中　W——集成材的翘曲度或不平度，%

L——集成材横纹方向长度或集成材侧面长度，mm

H——集成材横纹方向的弦高或集成材侧面的弦高，mm

集成材横切面与侧面的垂直度，由测量集成材的对角线之差来确定。沿板面对角线方向测量，精确至1mm。测量时，分别沿两对角线方向绷紧绳于板面，量对角线方向测量之差为集成材的对角线长度差。

③ 材面质量。集成材材面质量按订单或企业标准的表面要求进行检验。集成材材面质量进行全数检验，即逐一检验。

a. 材质缺陷

节子：节子影响木材的表面美观和加工性能，因此对节子的直径和个数要加以限制。检验节子应判断：节子是活节还是死节；节子与木材周围的连生情况。死节不允许有，检验节子长径与板材宽度的比值和任意1m材面节子的个数。

树脂囊、树脂道：树脂囊是树脂积存在木材中，且有树脂流出的空隙，而树脂道是树脂部分呈线状。检验树脂囊、树脂道的宽度、长度及占材面的个数。

腐朽：腐朽不但对木材材色、密度有所改变，还会降低木材强度和硬度，破坏木材的完整性和均匀性，腐朽是严重缺陷，因此要加以限制。集成材材面只允许有初期腐朽，即腐朽没有达到木质部的破坏，木材硬度没有变化，且面积极小。检验腐朽占材面面积的百分数。

夹皮：夹皮是部分或全部包埋在木质部内的树皮，它有树皮部分包含、树皮部分脱落、树皮部分腐朽等。检验夹皮应判断：夹皮是否健全；夹皮与周围木材的颜色。检验夹皮的宽度、长度及占材面的个数。

裂纹：裂纹破坏了木材的完整性，影响其使用价值。检验裂纹的宽度、长度和材面的个数。

变色：变色是木材正常颜色发生改变，包括变色菌引起的变色和腐朽前期的变色。检验变色占材面面积的百分数。

虫眼：虫眼有圆状虫眼和条状虫沟，它影响木材的强度和耐久性，因此，必须加以限制。检验虫眼最大直径，占材面个数或1m材长的个数。

髓心：髓心是薄壁组织，具有髓心的木材，强度比较低，干燥时易开裂，因此，对髓心应严格限制。检验时，集成材材面不得有髓心。

b. 加工缺陷

接合间隙：指接榫相互接合产生的缝隙，集成材材面要求指接榫结合处严密，肉眼看不出来。检验接合间隙的大小和占材面的个数。

破损、碰伤：破损和碰伤是指材边的破损。检验破损的长度、宽度和占材长的个数。

逆纹：逆纹是刨削面有毛刺竖起的状态，包括木纤维交错部分刨削、纤维逆纹刨削以及刨刀刃磨损而产生刨削不良。检验逆纹占材面的百分数。

修补：修补的地方肉眼看不出来，没有修补间隙，不担心修补处脱落、凹陷以及色差、纹理和周围木材相近。

（2）物理力学性能检验

物理力学性能包括集成材的含水率检验和浸渍剥离检验。

① 取样方法。从每张试验集成材截去300mm板边后，截取3块浸渍剥离试件。含水率试件距板边300mm任意位置截取。截取试件时，应避开影响测量准确性的材质缺陷和

加工缺陷。

② 含水率。从各试验集成材中，制作 2 个试件，试件形状、尺寸不限，但其面积最小为 25cm^2。合格标准：集成材的含水率在 8%～12%（应符合订单上含水率要求）。

③ 剥离率。剥离率用浸渍剥离试验来检验，从各试验的集成材中，锯下 3 个试样，试样横纹宽度等于集成材整个宽度，而纵纹长度为 75mm。允许将每块试样沿胶层方向截成几块小试样，但必须按原来位置连续编号，逐一截取试样时不要破坏胶层。

合格标准：同一试样的两端剥离率在 10%以下，且端面胶层的剥离长度不得超过同一胶层长度的 1/3。

三、实木家具生产辅助材料

1. 玻璃类

（1）玻璃尺寸及允许偏差

玻璃尺寸及允许偏差如表 2-7 所示。

表 2-7　尺寸及允许偏差

项　目	试件规格	允许值
尺寸要求	所有玻璃尺寸以设计部资料为准	
尺寸偏差（有设计要求的应以设计要求为准）	长度≤1500mm，厚度≤10mm	长宽公差±1mm
		厚度公差±0.3mm
	长度>1500mm，厚度>10mm	长度公差±1.5mm
		厚度公差±0.5mm
特殊项目	对内嵌玻璃只允许负公差	

（2）外观质量要求

① 普通玻璃。不允许爆边、缺角、裂纹、结石、光学变形，允许 1m^2 面积有宽度 0.1mm 以下，长度 20mm 以下的划伤；直径 1.5mm 以上气泡不允许有；直径 1.5mm 以下的气泡每块最多 3 个。带布纹的要求布纹纹路清晰，玻璃平整，无波浪、压痕，要求磨边的，其形状和要求参照设计图纸，斜边平直光滑，无烂边、烂角，弯曲度为弓形的不超过 0.2%，波形的不超过 0.1%。

② 镜类。用多道镀层的螺口镜制作，不允许划伤、气泡、爆边、缺角、裂纹；无透底、黑边、污渍，长度 10mm 内的暗划伤不得超过 3 个，无光学重影、变形。异形及需切角玻璃镜类，以技术文件或样板为准。技术文件和样板中未注明要求的供需双方协调解决。

2. 五金类

① 外观要求。所有五金件表面清洁干净；无污脏、杂物；外包装符合相关要求。

② 焊接要求。焊接处平整、光滑；无脱焊、虚焊、焊穿、气孔、裂纹等质量缺陷。

③ 铆接要求。铆接处应无漏铆、脱铆；铆钉头圆滑、端正无锤印。

④ 漆膜要求。表面光滑，光亮度一致；无剥落、无返锈、无粘漆，无流挂、露底、划伤、毛刺、色差等缺陷。

⑤ 电镀层要求。表面光洁，镀层均匀一致，无剥落、返锈、针孔裂纹、花斑、划痕、镀层流痕等缺陷。

⑥ 安全性要求。在接触人体或收藏物品的部位不得有突出的毛刺或刃口棱角，砂平或砂圆，一般要求圆角处理，$R2$。

⑦ 管材和冲压件要求。不允许有裂缝、脱层，铆钉位端圆滑，无尖角和毛刺。

⑧ 颜色要求。以公司设计要求检验（对照标准样板）。

⑨ 不锈钢抛光要求。抛光无痕，光泽自然柔畅。

⑩ 结构性能、形状及尺寸要求。外观形状正确，无变形；滑动部位，轮子无披风，滑动灵活，顺畅；所有涉及尺寸的五金件应严格按照设计部技术资料为准。

3. 油漆化工类

家具生产企业所用的涂料是制造油漆的企业经过检验的成品，但大部分涂料往往要经过贮存、运输，最后才用到家具表面上涂饰，假如涂料贮存时间过长或贮存不当，就可能发生变化。因此，对入厂的涂料应该由有关部门进行必要的复检。有的单位很少有涂料检测设备，也可凭目测或试用等方法来确定涂料是否符合质量标准。

涂料质量的检验项目很多，但根据使用单位的试用实践来看，在检验时，除了核对涂料的合格标签，如产品型号、使用期限等外，还需对涂料的透明度、固体含量、黏度、细度、干燥时间、有害物质释放量等方面进行复检。

① 透明度的测定。一般是指检查不含颜料透明涂料的清晰程度，也是指涂料在容器中的性状，如是否存在分层、沉淀、结块、凝胶等现象，以及经搅拌后是否能混合成均匀状态。它是最直观的判断涂料外观质量的方法。

② 固体含量的测定。涂料的固体含量是指涂料中所含不挥发物质的含量，它是涂料在一定温度下加热、干燥后剩余物的质量与涂料原质量的比值百分数。固体含量对成膜质量、遮盖力、施工性、成本等均有较大影响。其测试的方法主要有红外线灯加热法和烘箱法。

③ 黏度的测定。黏度是指液体分子间相互作用而产生阻碍其相对运动的能力。黏度测试有多种方法，主要有奥式黏度计法、涂-4 黏度测试法、旋转黏度计法等。

④ 细度的测定。细度是涂料中颜料及体质颜料分散程度的一种量度，即在规定的条件下，标准细度计上得到的数。该项指标是涂料生产中研磨色浆的内控指标，对成膜质量、漆膜光泽、耐久性、装饰性、涂料贮存稳定性等有较大影响。

⑤ 干燥时间。涂料的干燥时间是指涂料以规定的厚度涂布在物体表面的涂层干结成膜所需要的时间。测定涂层表面干燥的方法最简单的一种是用嘴对着涂层表面哈气（这种方法不能用来检测虫胶漆和硝基漆等怕水的涂层），如果出现雾气，说明涂层的表面已经干燥；如果没有雾气，则仍未干燥。

⑥ 贮存稳定性的测定。如贮存期内有增稠、变粗、沉淀等现象产生，若这些变化超过允许的限度就会影响成膜性能。甚至涂料开桶后就不能使用，造成损失。

⑦ 有害物质释放量的检测。有些涂料在施工固化期间会释放挥发性有机化合物，这些有害物质如果超量释放，必将对人们的健康带来极大危害，因此必须对有害物质释放量加以限制。

四、实木家具包装材料

1. 纸箱

① 规格尺寸。以设计部技术资料为标准。内径尺寸公差：长度、宽度、高度允许偏

差+5mm。

② 纸质要求。对照样板，纸质坚硬牢固，平整光滑，防潮效果好。

③ 外观要求。文字印刷清晰正确，外观美观，无漏印、错印，字体颜色符合要求，开口、压线位置正确，纸皮厚度 6～8mm，纸皮正面颜色符合样板要求。

2. 珍珠棉

① 幅面宽度。按标准执行；厚度 0.5mm；密度≥25kg/m^3。

② 要求厚薄均匀。表面柔软光洁，弹性、韧性好。

3. 封箱胶、美纹纸

规格、尺寸、黏度与样板相同，要求黏度高、附着力强、不脱层、不易断。

任务实施：

1. 来样分析

分析讨论来样产品的结构、使用的材料，制订采购计划。

2. 制定产品验收标准。

根据采购计划列出采购物品的种类，并制定相应的验收标准。并根据验收标准对来料进行检测，检测结果填写在来料检测记录表中。来料检测记录表如表 2-8 所示。

表 2-8　　来料检测记录表

序号	产品名称	检验内容	缺陷程度		缺陷描述
			轻微	严重	

《家具质量管理与检验》学习任务书

任务	采购过程中的质量管理的方案设计与实施	所属项目	订单加工企业实木家具生产的质量管理与检验的方案设计和实施
学习目标	能力目标	知识目标	素质目标
	能够制定实木家具原、辅材料的采购计划及验收标准	了解供应商的选择与评价以及对供应商的控制要点；掌握对供应商产品的质量控制方法	养成严谨的工作作风、实事求是的工作态度；提高团队意识和与人协作共事能力
任务描述	通过查阅资料，分析实木柜类家具的结构，结合订单加工企业特点，制定原材料采购计划以及来料验收标准，并对主要原材料进行检验		
学习产品	来料验收标准		
学习步骤	以学习小组为单位，共同完成任务；各小组组长认真组织本组组员： 1. 认真研究确定工作方案； 2. 查阅资料，分析订单加工企业的特点； 3. 确定订单加工企业实木家具原辅材料采购计划； 4. 确定采购的种类； 5. 制定衣柜来料检验标准； 6. 向其他学习小组展示本组的来料检验标准，接受其质询； 7. 按照“检验标准”对主要原材料进行检验		

续表

学习要求	1. 组长真正起到组织作用，组员要有通力协作、尽职尽责、顾全大局精神； 2. 提出问题，独立（小组）解决问题； 3. 相互尊重，相互交流，相互学习； 4. 勤于思考，善于总结（知识）
信息来源	1. 计算机网络系统；2. 来料检验标准、实木锯材板料检验标准；3. 学习资料
参考资料	1. 教材：《家具质量管理与检验》； 2. 参考资料：国家标准和企业标准

单元学习考核

表 2-9　　任务学习评价表

学生姓名			班级		组别	
序号	评估项目	评估内容	评估标准			评估等级
1	任务完成情况（60 分）	任务准备（10 分）	优：课前准备充分，学习笔记记录全面，方法步骤多 良：课前准备充分，学习笔记记录全面 及：课前准备基本能满足要求，有学习笔记记录 不：课前准备不充分，没有学习笔记记录			□优 □良 □及 □不
		任务进度（10 分）	优：完成任务速度快，并能保证质量 良：能在规定时间内完成任务，并能保证质量 及：能在规定时间内完成任务，但不能保证质量 不：不能在规定时间内完成任务			□优 □良 □及 □不
		完成步骤（10 分）	优：采购计划设计准确，详细 良：采购计划设计准确 及：能够完成采购计划设计 不：没有完成			□优 □良 □及 □不
		完成质量（30 分）	优：具有完整的各类产品验收标准 良：各类产品的标准基本完整 及：验收标准不完整 不：没有完成			□优 □良 □及 □不
2	基本素质（10 分）	团队协作（4 分）	优：在完成任务过程中能够主动帮助同学，共同提高 良：在完成任务过程中能够互相帮助 及：在完成任务过程中能够帮助同学，但有不愿意回答同学问题的情况 不：在完成任务过程中不能帮助别人，不愿意回答同学的提问			□优 □良 □及 □不
		劳动纪律（6 分）	优：能遵守公司管理制度，不迟到、早退，无违纪行为 良：能遵守公司管理制度，不迟到、早退，但有事、病假 及：能遵守公司管理制度，有迟到、早退现象 不：不能遵守公司管理制度，劳动纪律出现重大问题，取消成绩			□优 □良 □及 □不
3	总结报告（10 分）	综合评价报告中是否详细说明在任务完成过程中掌握了什么知识、学会了什么技能、发现了什么技巧、出现了什么问题、问题得到了怎样的解决等				□优 □良 □及 □不
4	总评意见（20 分）	综合评价学生是否掌握学习目标里要求的知识、技能、方法，是否有探索精神和创新意识				□优 □良 □及 □不
教师评语						
成绩			教师签名		日期	
备注		各等级权重：优＝1，良＝0.8，及＝0.6，不＝0.5				

任务二　生产过程中质量管理的方案设计与实施

任务目标：

知识目标：

(1) 掌握产品的生产工艺流程；

(2) 了解产品的生产及实木家具生产设备的操作规程；

(3) 掌握质量控制点的设置方法并且掌握质量控制点的验收标准。

技能目标：

(1) 能够制定产品的生产工艺；

(2) 能够确定生产实木家具的主要设备，制定设备的操作规程；

(3) 能够设置质量控制点，并且确定质量控制点的验收标准。

任务描述：

任务提出：

根据企业的具体情况（本任务中以衣柜产品为例，进行生产过程中的质量管理方案设计与实施）确定生产工艺流程；生产中主要设备的操作规程；主要工序的控制；工序控制点的验收标准。

任务分析：

首先根据企业生产的产品确定生产工艺流程，然后编制主要设备的操作规程，最后设置主要工序控制点，并制定工序质量控制点的验收标准。

知识准备：

一、生产过程中的质量管理

生产过程中的质量管理，详见项目一任务二中知识准备部分。

二、实木家具生产工艺流程

实木家具生产工艺流程，如图 2-1 所示。

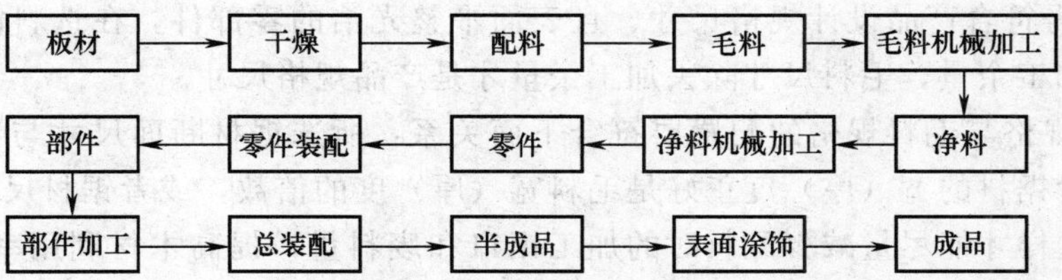

图 2-1　实木家具生产工艺流程

三、实木家具生产工艺简介

1. 选料工艺

(1) 根据产品等级和质量设计要求合理选料

高档实木家具的零部件以及整件产品往往需要用同一树种、同样材质的木材来配料。

《GB/T 3324—2008 木家具通用技术条件》对实木家具的外表、内部等用料提出了一定的要求。

第一，外表不得使用腐朽料；外表及存放物品部位的用材不得有树脂囊；产品外表的局部装饰不受单一材种的限制。

第二，内部或封闭部位用材轻微腐朽面积不超过零件面积的15%，深度不得超过材厚的25%。

第三，虫蛀材须经杀虫处理；节子宽度不超过可见材宽的1/3，直径不超过12mm的，经修补加工后不影响产品结构强度和外观的可以使用；其他轻微材质缺陷，如裂缝（贯通裂缝除外）、钝棱等，应进行修补加工，不影响产品结构强度和外观的可以使用。

第四，产品主要受力部位用材的斜纹程度超过20%的不得使用，斜纹程度（%）=斜纹高度/水平长度×100%。

① 选料时，还应该考虑到零部件的受力情况、产品强度以及某些制品的特殊要求。

② 选料时，对于家具成品颜色也要考虑。例如，某些高档家具要求浅木纹本色透明装饰时，其涂饰部位的用料要求就较严格，特别是对木材材色、纹理尤其严格。

③ 对于成套家具，特别是高档次的，其表面用料的选择应重视材料质地、色泽及纹理的相似及一致性。

（2）选料时要控制木材含水率

① 配料所选用的木材一般先进行干燥，并且要保证干燥质量，使其含水率符合产品设计要求，使锯材内外含水率均匀一致，内应力消除。否则产品在加工和使用过程中将会产生翘曲、开裂等质量问题，同时还会直接影响零部件接合强度、生产周期及劳动生产率等。

②《GB/T 3324—2008 木家具通用技术条件》要求："木材含水率应不高于产品加工所在地区的年平均木材平衡含水率。"这是选料时考虑含水率问题的一个总体原则。

③《GB/T 6491—2012 锯材干燥质量》中规定了不同用途的干燥锯材的含水率。其中，家具制作时，用于胶拼部件的木材含水率为6%～10%；用于其他部件的木材含水率为8%～14%；采暖室内的家具用料的含水率为5%～10%。

（3）所选的锯材规格应尽量与将加工的零部件规格相符合

① 要获得符合产品设计规格尺寸、且表面平整光洁的零部件，在选料时必须考虑要留有一定的加工余量，毛料尺寸除去加工余量才是产品规格尺寸。

② 锯材规格与毛料规格的配置要符合下面关系：所选锯材断面尺寸与毛料断面尺寸相符合，或者锯材的宽（厚）度正好是毛料宽（厚）度的倍数，或者锯材尺寸比毛料尺寸略大。只有这样才能尽量减少配料时的加工锯口和废料量，提高木材利用率和生产效率。同时在长度上也要注意长短毛料的搭配下锯。

2. 配料工艺

锯材毛料的配料工艺流程常采用以下四种，如图2-2所示。

3. 毛料机械加工工艺

（1）基准面的加工

基准面包括平面、侧面和端面三个面。根据各零件不同的加工要求，来确定基准面的加工。零件质量要求特别高时，需加工三个基准面。一般只需将其中的一个面或两个面精

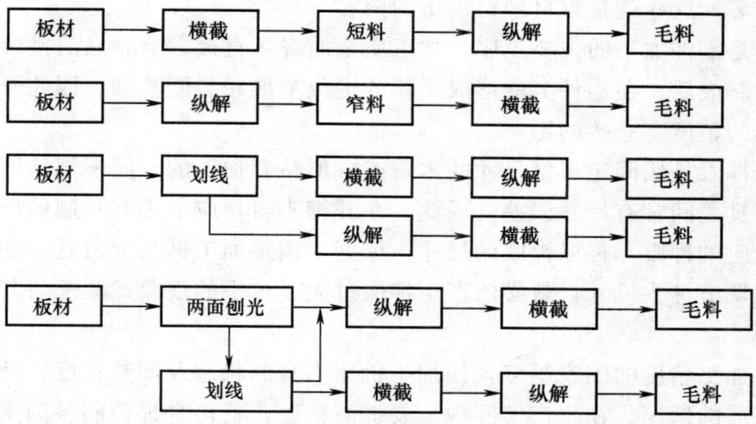

图 2-2　锯材毛料的配料工艺流程

确加工作为后续工序的定位基准。有的零件对加工精度要求不高时，也可以在加工基准面的同时加工其他表面。直线形毛料是将平面加工成基准面，对于曲线形毛料可利用毛料上的平直面或凹面作基准面。

（2）相对面的加工

毛料的基准面加工完毕后，还需对其余表面（相对面）进行加工，使之平整光洁及与基准面之间具有正确的相对位置，使毛料能达到零件技术要求规定的断面尺寸和形状。相对面的加工可以在压刨、三面刨、四面刨或铣床上完成。

（3）多种刨床上进行毛料平面加工组合形式

第一种方案是平刨加工基准面和边，压刨加工相对面和边。此法可以获得精确的形状、尺寸和较高的表面质量，所以是生产中应用最广泛的典型工艺方案。但劳动强度大，生产率低。有些企业在生产实践中，运用机械进料平刨，同时研究解决机械进料中存在的技术问题，在一定程度上克服了上述缺点。还有些厂家将平、压刨组合成联动多工位机床，效果也较好。

第二种方案是平刨加工基准面和边，多面刨床加工其他几个面。此方案的加工精度和表面质量比第一种稍低，但生产率较高。

第三种方案是用四面刨一次加工四个面。因没有预先加工出基准面，虽然生产率高，但加工精度和表面质量都较差。

第四种方案是先加工出一基准面，再用三面刨或四面刨加工其他面。此方案可适当兼顾上述三种的优点及克服其缺点。

此外，某些断面尺寸较小的次要零件，可以先配成倍数毛料，然后根据宽（厚）度规格要求直接用刨削锯片加工。此方案加工精度和表面质量稍差，但从提高出材率和劳动生产率的角度看，也是一种可取的工艺方案。

在生产中，应根据零件的质量要求、生产量等具体情况，合理选择加工设备和组合加工工艺方案。

4. 净料机械加工工艺

毛料经过基准面和相对面的加工以后，表面平整光洁，形状、尺寸规整，但按零件设计要求，一般还需要作某些工序的进一步加工，如加工各种接合用的榫头、榫眼，或铣出各种型面和槽等，这些就是方材净料加工的内容。

开榫工序是零件加工的主要工序，加工质量的好坏直接影响制品的接合强度和使用质量。一般榫头制成后，在零件上就形成了新的定位基准和装配基准。因此开榫工序对于后续加工和装配的精度有直接的影响。

榫接合的榫眼是用固定规格尺寸的木凿或方形钻套加工的，同一规格的新刀具和使用磨损后的旧刀具之间常有尺寸误差。因此，在开榫头时，应采用基孔制的原则，即先加工出与榫头相适应的榫眼，再以榫眼的尺寸为依据来调整加工榫头的刀具。如果不按已加工的榫眼尺寸来调节榫头尺寸，就必然产生榫头过大或过小的现象，装配后其配合必然或紧或松。

影响榫头加工精度的因素很多，如加工机床本身的状态及调整精度、开榫工件在机床或托架上定基准的情况。在生产实际中，要提高精度，就得合理控制各因素的状态。如工件两端需开榫头时，就应该用相同表面作基准面；在机床上安装工件时，工件之间及工件与基准面之间不能有刨花、锯末等杂物，加工操作应平稳，进料速度需均匀。总之，榫头应严格按照零件技术要求进行加工。

榫头加工工艺与刀具应根据各种不同榫头的形状、数量、长度及榫头在零件上的位置来选择。切削榫头一般选用具有割刀的铣刀头、切槽铣刀和圆盘铣刀等。

5. 打磨工艺

① 严格遵守工艺操作规程，部件要轻拿轻放。

② 打磨是整个家具外观质量的关键之一，必须认真对待此项工作，勤检查，如发现问题应及时上报质量检验员处理。

③ 打磨要求表面光滑无硬棱，无刀痕，无砂痕、死角、沟痕，打磨时保持原有的部件弧度和曲度，将不合格部件及时选出，单独存放。

④ 加工好的部件必须按照流程表分类摆放整齐。

6. 组装工艺

① 严格遵守工艺操作规程。

② 组装时，首先检查各个部件之间的产品代号是否统一，加工质量是否合格。工作台要清洁，每个孔位必须涂好胶，部件按颜色搭配安装，木塞不允许有腐朽、死节等缺陷，以保证产品质量，整套部件安装后必须牢固。

③ 加工好的部件必须配套摆放，合格率100%。

7. 喷漆工艺

① 严格遵守油漆工艺流程。

② 油漆是整个产品质量优劣的关键，也是直接决定整个家具外观质量的关键，必须认真抓好此项管理工作，严格把好质量关。

③ 喷漆前一定要吹净灰尘，油漆质量要求漆面结实光滑，纹理清晰干净，边角整齐，无流油、破油、气泡、粗纹、伤痕、发白等现象；走枪均匀，不漏不流，底漆与面漆性质必须一致。

④ 油漆着色时颜色要和样板要求一致，不得有花色、过深、过浅、着色不均等现象；涂料（油漆、色浆、稀料）应严格执行配比标准。

⑤ 产品加工后应按步骤，分批分类摆放整齐。

8. 油漆打磨

① 严格遵守工艺操作规程，部件要轻拿轻放。

② 打磨是整个油漆质量的关键之一，应认真做好油漆前的准备工作，保持台面清洁，防止划伤部件。

③ 打砂纸时，要轻打细磨，打细、打全；砂纸的目数应按每遍油漆后的要求使用，不得擅自使用，以免影响油漆质量。对不合格的部件要及时选出，以免影响产品配套。

④ 加工好的部件应分批分类摆放，做好喷漆前的准备工作。

9. 包装

① 包装前的所有部件必须经过备料质检员进行全面检查，同时进行产品的试装工作，试装准确后方可包装。

② 部件需用吹塑纸铺垫或包严，包装箱四角均用泡沫垫角挤实。

③ 部件不少包，不多包，不错包。

④ 每十块核对一下部件数量（包括配件包），发现问题及时查找。

⑤ 包装的产品应100%合格。

四、主要工序工艺规程

1. 下料工序工艺规程

下料是指确定制作产品所需的材料形状、数量或质量后，从整个或整批材料中取下一定形状、数量或质量的材料的操作过程。下料的工作内容、工作方法、质量（工作）标准如表2-10所示。

表 2-10　下料工序工艺规程

项目	工作内容	工作方法	质量(工作)标准
产前准备	技术文件	熟读技术文件	明确下料单中各行各列的批号、序号、型号、规格尺寸、色泽、数量等信息
	工具	准备卷尺、卡尺、方尺	各种检验工具无损坏，精度良好
	刀刃具	检查锯片（主锯片、刻痕锯片）	主锯片刃口锋利，并且锯齿无掉齿及损伤，表面无损伤
	工装	准备毛掸、工装车、垫条	毛掸干净无胶迹，工装车无损坏并且固定轮和万向轮灵活，垫条干净无木屑等杂质
	设备检验调整	明确所使用设备的型号及其技术参数。检查设备运转是否正常，气压、压料装置、集尘系统是否正常	开机空转2min，正常运转，调整引锯轴的高度和刻痕锯的锯路宽度，以确保和主锯片的宽度对应。压料器正常，集尘风量足，气压6～7bar
	材料	检验板材、饰面板材的质量情况	表面平整，无磕碰划伤，无起层现象。同时检验色差并同样板对照无差异，要求配套加工
	作业现场管理	材料摆放合理	便于工作，活动路线最短，不同颜色的同种尺寸大板按加工顺序码放在一架上
生产过程	首件加工	按下料单开料1块（要求去除双侧或单侧封边条的厚度），并自检尺寸及锯路的垂直程度	三点（两端及中间）测量，宽度误差±0.3mm，并用方尺检验方正程度

续表

项目	工作内容	工 作 方 法	质量(工作)标准
生产过程	批量加工	每加工一根产品三点测量,同时要求打号清晰明确,严格按下料单标注打号,当加工一种规格产品后,检查数量和质量,合格后转到下道工序	严格按尺寸公差加工。打号包括批号、序号、颜色。所加工板件用毛掸去除表面杂质,将正面与正面用垫条垫好,一端齐头码放在工装车上,转到下道工序
	质量处理	对不合格品及时交给班组长处理,不允许转到下一工序。及时在班组长的指导下进行补料,避免下道工序出现掉头产品现象	
产后工作	完工产品处理	开料后门套背面与背面摆放,正面与正面用垫条垫好,一端齐头码放送至下道工序	摆放规矩整齐,无不垫垫条现象,并将下料单压于板件上
	技术文件	填写后同板件转到下道工序	应写清操作者及作业时间
	刀刃具处理	锯片需刃磨的返给刃具室,不需刃磨的放在工具箱保存好	
	设备清理保养	按设备保养要求	达到设备“一、二级保养”要求,每天下班前对设备进行清理,并且对直线轴承处的粉尘进行清理
	作业现场清理	按“5S”要求	达到“5S”标准
	完工产品记录	填写工票	字迹工整,内容清晰准确

2. 刨削加工工序工艺规程

刨削加工是用刨刀对工件作水平相对直线往复运动的切削加工方法，采用刨削加工主要是获得光洁的表面以及精确的尺寸。刨削加工的工作内容、方法、质量（工作）标准，如表 2-11 所示。

表 2-11　　刨削加工工序工艺规程

项目	工作内容	工 作 方 法	质量(工作)标准	检验方法
产前准备	技术文件: 工艺流程卡	由主机手按产品要求检查技术文件是否齐备	1. 技术文件齐备; 2. 操作者掌握加工产品用料标准及工艺要求; 3. 掌握加工板件的尺寸及公差范围	
	材料	按技术文件要求检验加工板件的材种、数量、规格尺寸	符合技术文件要求	
	生产工具: 1. 扳手; 2. 卷尺; 3. 卡尺	1. 主机手负责准备生产工具; 2. 副机手负责检验工具	符合工具、计量器具管理要求	
	刃具 3～4 片刨刃	负责检验刨刃规格及刃磨质量	规格符合要求,角度正确,刨刃锋利	

续表

项目	工作内容	工作方法	质量(工作)标准	检验方法
产前准备	设备检验调整	主机手负责： 1. 安装刨刃； 2. 根据材料厚度调试压料辊和进给速度； 3. 调整适当的切削量； 4. 空车运转1～2min		
	作业现场整理	副机手准备工艺架及整理周围环境	1. 工艺架的长度与加工零部件尺寸相符，工艺架放平、牢固、表面无杂物； 2. 作业周围环境符合5S标准	
生产过程	首件加工	首件加工调整尺寸时，操作者根据实际测量板件尺寸，逐步调整最后板件加工尺寸，并确认合格后找车间质检员进行首件检验，首件合格后方可批量加工	双面刨：基准面边加工(精加工) 1. 允许有深度不超过0.2mm的戗茬、啃头、刨痕； 2. 方正； 3. 通直； 4. 双面刨：基准面粗加工，允许有深度不超过0.5mm的戗茬、啃头、刨痕	用卡尺多点测量板件
	批量加工	主机手负责： 1. 经常检查刨刃磨损情况； 2. 因故障停机或更换刃具重新加工时，按首件加工程序执行 副机手负责： 1. 检测上工序质量，并及时反馈； 2. 每加工总批量的20%，则按首件检验方法自检一次 3. 按要求码放材料	1. 板件表面清洁，无木屑、粉尘等杂物； 2. 码放整齐，高度不超过1700mm； 3. 码放材料按5～10数量码放； 4. 执行首件标准	每加工总批量的20%，进行自检，检验方法同首件
产后工作	质量处理	出现质量问题时，找本工序质检员、班组长予以解决并确认缺陷，下道工序可以加工掉的缺陷做以标记，放在最上面；不可以加工的登记数量，统一码放返回上道工序		
	技术文件处理	加工数量的清点，记录完工时间并将技术文件压在相应完工产品上	字迹清晰、内容准确，放在第三工件下，外露2/3	
	完工产品处理	将板件运至下道工序处		
	完工产品记录	核对数量，填写工票	字迹清楚，内容符合公司生产处关于工票填写规范	
	设备清理保养	按设备保养有关要求	符合标准	
	作业现场整理	认真清理工作现场	符合“5S”管理标准	
	完工产品记录	认真填写各种检验记录	字迹清楚，内容真实正确	

3. 配料工序工艺规程

配料是家具材料合理的选择和搭配。配料工序对操作人员要求比较高，要求熟悉所生产的家具结构，要熟悉材料性质，要熟悉家具零件尺寸，同时还要熟悉板材的规格和等级情况，只有这样才有可能实现高出材率配料方案，满足家具零件要求。配料的工作内容、工作方法、质量（工作）标准，如表2-12所示。

表2-12　　配料工序工艺规程

项目	工作内容	工作方法	质量(工作)标准	检验方法
产前准备	技术文件:	检查阅读文件	1. 技术文件齐全,内容准确; 2. 读懂技术文件,全面了解工艺规程; 3. 掌握配板方法、方式; 4. 掌握用料标准及规格尺寸	
	检查材料	1. 互检上道工序板件的材种、数量、规格尺寸、纹理是否与技术要求相符; 2. 配板工序负责检验拼缝质量; 3. 冬季室外材料进入室内存放3～5天后方可加工	1. 符合技术文件要求; 2. 拼缝质量 (1)拼缝缝路:600mm以下材料严实合缝;600mm以上材料手施力严实合缝(软缝); (2)加工边缘无波纹、戗茬、锯痕	1. 拼缝质量检验方法,手压力于两板件,面对阳光(或灯光)目视,不透光为合格; 2. 规格尺寸用卷尺多点测量
	生产工具:蜡笔、卷尺	操作者负责准备检验工具	蜡笔为黑色;卷尺精度良好	
	工装	准备专用工艺架	1. 工艺架的长度与加工板件尺寸相近,工艺架平放,牢固,表面无杂物; 2. 环境符合5S管理	
加工过程	拼缝后配板	配板前选料应在工作台上,增加选料数量,并对暂不能组配的板件分类摆放待用	$\frac{选配量}{每块板所需量}\geqslant 1\sim3$ 倍	
		正确测算配板缝路加工量,严格控制配板宽度	1. 配板时毛边板每道缝加工量7～10mm,指接每道缝加工量为5～6mm; 2. 根据材料长短、侧弯大小,进行实测合理地确定每道缝加工量	卷尺测量
		合理搭配长短材料	板件两端头尺寸差计算: 毛料板件加工后板件,板件两端长度差≤10mm; 接长成品加工后板件,板件两端长度差≤15mm	卷尺两端测量
			同一板件上毛料的长短差≤15mm	卷尺测量、多点测量

续表

项目	工作内容	工作方法	质量(工作)标准	检验方法
加工过程	拼缝后配板	在配好的板件上,按要求用蜡笔画好标记	1. 在配完板件的宽度方向贯通画"∠"标记; 2. 在配板后画加工基准面"←"标记; 3. 下道工序能加工掉的缺陷处,根据缺陷位置选择,纵剖横截的加工方式,纵剖平行纹理画贯通线,横截垂直纹理画贯通线	目测检验
		色差控制:把过深或过浅的材料选出,集中配板,单独码放转序	符合各部件色差标准要求	
		板件有侧弯:弯度过大的材料,应先截断后配板	800mm 长以上,弯度≥15mm 先截后配板	卷尺测量
		板件宽度控制在 70～80mm	符合各部件用料标准要求	卷尺测量
		各类缺陷处理方法: 1. 机加工能够铣掉的缺陷部位,配板时应配在集中处; 2. 距板件端头 100mm 以内有集中超标缺陷的,必须先剔除再与规格相符的板件相配	符合各部件用料标准要求	目测检查
	码放材料	按要求码放材料	1. 板件表面清洁,无木屑、粉尘等杂物; 2. 码放整齐,高度不得超 700mm; 3. 板件山峰方向朝向同一侧(特殊要求由工艺员通知)	每加工批量的 10%,则按首件检查,互检一次
产后工作	技术文件处理	随部件转序	技术文件摆放从上向下数第三块板件下,外露 2/3	
	完工产品记录	核对数量填写工票	字迹清楚,内容符合公司生产处关于工票填写规范	
	完工产品处理	将工件运至下道工序处		
	作业现场	认真清理工作现场	达到"5S"要求	
	完工产品记录	认真填写各种检验记录	字迹清楚,内容真实正确	

4. 拼板工序工艺规程

木材拼板工艺可避免木材各向异性和干缩湿涨等天然缺陷,也是改进木材材质、节约资源、拓展木材使用范围和设计领域的最直接便利的一种途径。随着木材资源日益匮乏,尤其是天然材和大径级木材的急速减少,拼板工艺对家具企业有着不同寻常的意义。QB/T4374-2012 家具制造、木材拼板的作业和工艺中规定了家具制造过程中木材拼板工序的通用作业和工艺要求。拼板的工作内容、工作方法、质量(工作)标准,如表 2-13 所示。

表 2-13　　　　拼板工序工艺规程

项目	工作内容	工 作 方 法	质量(工作)标准	检验方法
产前准备	技术文件	由主机手按工艺要求检查技术文件是否齐备	1. 技术文件齐备； 2. 读懂技术文件，全面了解工艺要求； 3. 全员掌握板件用料标准； 4. 全员掌握加工方式和方法	
	生产工具： 1. 量杯（两个）； 2. 涂胶器； 3. 湿度计、温度计； 4. 胶铲； 5. 锤子	主机手安排专人检查所需工具及数量	1. 是否齐全，有无损坏； 2. 对胶量具容器、涂胶容器进行清洁，无杂物、胶垢； 3. 木垫板清洁无胶垢； 4. 湿度计、温度计设置合理	专人检查，目测
	设备检验调整	1. 按设备操作规程检验； 2. 检查气动扳手压力，运行情况； 3. 依据工件尺寸大小调整设备所用夹具数量	1. 设备清理，无胶垢，运转正常； 2. 设备工作压力 6～7MPa（60～70kg/cm^2）； 3. 700mm 长以下板件加两道夹具，700～1000mm 使用三道夹具，1000mm 以上视规格用四至六道夹具，夹具距板件端头 50～100mm； 4. 工装夹具要符合技术文件要求，L 允许公差±2mm； 5. 工作台清洁无杂物、胶迹； 6. 工艺架子水平、上无杂物胶迹	1. 查看压力表检查压力； 2. 卷尺测量尺寸
	材料： 1. 胶 2. 木材	1. 由专人负责检查胶的生产日期和失效期； 2. 检查板件尺寸、形状、数量； 3. 抽查板件拼逢质量； 4. 抽查板件用料标准	1. 掌握胶的生产日期和失效期，严格执行使用期标准； 2. 如材料发现异常，及时通知工艺员或质检员； 3. 符合技术文件要求； 4. 冬季室外材料进入室内 10℃环境存放 2 天方可进行加工	1. 打开包装检查胶液有无结块、沉淀、变色、异味、黏度变化等； 2. 卷尺测量； 3. 塞尺检测拼缝公差； 4. 手感经验测量木材表面温度
	环境季节、温度、湿度	查看温度计、湿度计	室内温度 8～30℃，相对湿度 30%～90%	每天上班前检查湿度计，温度计是否正常，室内温度湿度是否达标
	作业现场整理	清洁现场，调整工装夹具摆放	1. 达到 5S 管理要求； 2. 工装夹具摆放合理	
加工过程	涂胶	1. 将主剂与硬化剂分别倒入各自的量具精确测量，先将主剂倒入混胶容器之后兑入硬化剂，一边兑入一边搅拌； 2. 胶桶倒兑完胶后，盖严桶盖密封保存； 3. 调整挡板，控制涂胶量	1. 根据拼板的胶的类型，按照比例进行调制； 2. 搅拌 3～5min 使主剂和硬化剂混合均匀，一次兑胶量不得超过 2.5kg，并保证 1h 内用完； 3. 涂胶量为 0.22kg/m^2	

续表

项目	工作内容	工作方法	质量(工作)标准	检验方法
加工过程	首件加工：拼板	按技术文件完整加工一块板件： 1. 滚胶； 2. 工件夹紧，先加压，垂直加力，再开动气动扳手加压，夹紧夹子，对于还有错位板件可用锤子加垫木打平； 3. 长板件先加压中间的部位再夹紧两端； 4. 按用料标准挑选缺陷； 5. 成品指接料邻边指接缝错开使用	1. 板件涂胶面，涂胶均匀，不得有漏涂的现象，涂胶时必须涂双口胶，涂胶板件 3min 内胶合，5min 内加压； 2. 板件表面平滑、无错位，一端平齐，将允许缺陷或可加工掉的缺陷用在另一端，并用蜡笔做记号； 3. 指接料邻边指接缝不得重合拼逢，应错位＞50mm	1. 卷尺测量 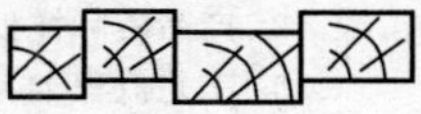 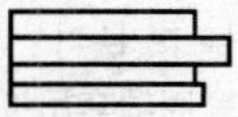 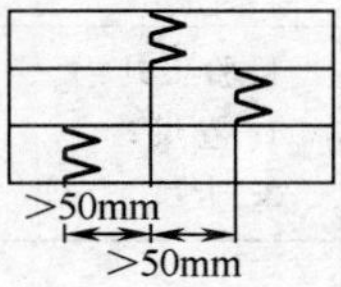
	批量加工：拼板	1. 首件加工合格，胶量调整完毕，方可进行批量加工； 2. 卸压后，对板件表面进行除胶处理； 3. 卸压后陈化处理	1. 板件除胶必须干净； 2. 板件加工后摆放整齐，以 10 个为一个单位，错开摆放； 3. 板件放置于 10℃ 以上，避免阳光直射，24h 后方可进行锯刨加工。8～35℃ 陈化 72h 后方可进行其他加工	
	不合格板件处理	在加工过程中有不符合用料标准的板件挑出，集中存放	批量加工完毕后，找工艺员、质检员鉴定，妥善处理	
产后工作	完工产品处理	1. 存放指定地点，主机手做好标识，记录时间； 2. 填写工艺流程卡，置于上数第 3 块板件下	1. 存放待加工料区，标识、时间记录字迹工整清楚； 2. 工艺流程卡外露 2/3，标题栏外露，字迹工整	目视
	工具摆放	工具摆放于指定地点(工具箱)	吊挂存放	
	设备清理保养	按设备保养有关要求	清除设备表面胶垢杂物	
	作业现场整理	清理工具夹具	清理干净兑胶容器、滚胶器，侧立放置	
	作业现场整理	认真清理工作现场	达到“5S”要求	
	完工产品记录	认真填写各种检验记录	字迹清楚，内容真实正确	

5. 铣削加工工序工艺规程

铣削加工属于净料机械加工的内容，主要是加工各种型面。铣削加工工序的工作内容、工作方法、质量（工作）标准，如表 2-14 所示。

表 2-14　　**铣削加工工序工艺规程**

项目	工作内容	工 作 方 法	质量(工作)标准	检验方法
产前准备	技术文件： 1. 产品部件图 2. 产品实际样板 3. 工艺流程卡	认真阅读全部技术文件	1. 技术文件齐备； 2. 读懂技术文件，全面了解工艺要求； 3. 掌握加工部件尺寸公差	
	工具： 1. 锤子、铁钉； 2. 紧固轴套用扳手； 3. 除尘毛刷	检查工具数量，品种是否齐全	生产工具齐全，无损坏	
	检验工具： 1. 卷尺； 2. 卡尺	检验工具是否齐备	量具必须精准无误	目测
	刀刃锯： 1. 铣口平刀； 2. 铣型组合平刀； 3. 各种线型刀	依据产品设计要求、刀具图选用与加工要求相符的刀刃具	铣口平刀刃口成 90°，并且要锋利； 2. 各种线型刀符合产品线型设计，刃口无损要锋利	1. 用卡尺检验刃口厚度，刃口处直径； 2. 检验刃口质量锋利度
	设备检验调整	1. 调整两个刀轴高度； 2. 调整设备制动系统	1. 升降刀轴，达到刀具加工所需高度； 2. 上刀具时插入主轴固定销确认刀具旋紧再拔出固定销用手转动一下，确认主轴无钩挂，然后由低速到高速开启主轴一分钟观察，耳听主轴是否旋转正常； 3. 加工时工作台面上不可摆放任何物品	用卡尺检验刀具加工高度
	工装模具：胎型	1. 检查胎型模具是否齐备； 2. 检查胎型模具是否与工件相符	胎型由中密度制成，加工时胎型曲型面铣型光滑，与工件台面接触不能有钉尖露出，胎型使用仿形铣专用胎型	
	材料	检查待加工板件的材质、数量、整体尺寸，确认板件在本工序加工时是否有特殊要求(如：纹理方向、用料标准、板件颜色)	板件的材质、数量、整体尺寸正确，符合质量标准	
	作业现场整理	准备工艺架、垫条，按 5S 要求摆放	选用与工件相符的工艺架，工作现场整洁无杂物	
生产过程	首件加工	开机检查设备的运转情况，加工一个工件对其进行检查，首件加工板件与图纸要求及样板一致	1. 按图纸进行加工，吃刀到位，线形表面光滑、无木毛，线形过渡自然，无刀痕，无嘣茬、啃头等质量现象； 2. 注意仿形铣加工时，压料器的调整	目测，卡尺测量

续表

项目	工作内容	工作方法	质量(工作)标准	检验方法
生产过程	批量加工	首件加工自检无误后，找工序质检员首检合格，方可正式加工	质量标准同首件加工标准一致	目测，卡尺测量
		选用合理的进给速度		
		加工过程中要不断对仿型铣工作台面上的杂物进行清理		
		刃具要到尚未到急剧磨损阶段之前进行刃磨，刃磨后必须重新调试设备测量加工质量标准		
		首件确认无误后进行批量加工；仿铣型操作者必须逐件检验(全检)	抽检部件达到首件要求，并对其抽检部件做标记“V”	
	质量处理		可修复缺陷用蜡笔在缺陷处画“O”标记；不可修复的用蜡笔在缺陷处画“X”标记，并由本工序操作者进行分类后，报班组长做适当处理	目测，卡尺测量
产后工作	完工后产品处理	产品部件以每10层为一个单位，放垫条依次摆放	1. 板件整齐摆放在指定工艺架上，应注意不同规格的板件不得混放； 2. 操作者应及时清理加工板件的表面灰尘及杂物，保持板件表面质量	
	技术文件处理	随部件转序	技术文件摆放从上数第三层板件下面，外露2/3	
	设备清理、保养	加工完产品，卸下刀具送还刀具室	检查刀具是否有损坏	
	作业现场	清理设备及作业现场，并对设备进行保养	达到“5S”要求	
	作业现场整理	认真清理工作现场	符合“5S”管理标准	
	完工产品记录	认真填写各种检验记录	字迹清楚，内容真实正确	

6. 砂光工序工艺规程

砂光也称打磨，是整个家具外观质量形成的关键。砂光的目的是降低家具表面的表面粗糙度，为后续（涂饰）工艺做好准备。砂光工序的工作内容、工作方法、质量（工作）标准，如表2-15所示。

表 2-15　　砂光工序工艺规程

项目	工作内容	工作方法	质量(工作)标准
产前准备	技术文件	熟读技术文件	明确下料单中各行各列的批号、序号、型号、规格尺寸、色泽、数量的明确意义，掌握所加工合同中，各部件的数量及单要产品的数量
	工具	准备卡尺 领取所需要目数砂带 检查砂带质量是否符合要求	1. 工具齐全、无损坏，精度良好； 2. 砂带无破损，接头无突起； 3. 砂带两端头直径周遍无毛边、损茬； 4. 砂带清洁，无折叠、压浪迹
	工装	准备好毛刷和工装车	毛刷干净整齐，无掉毛和挫头现象，工装车无损坏并且固定轮和万向轮灵活
	设备检查调整	1. 按设备操作规程检查； 2. 按设备操作规程，调试设备： (1)砂带安装；(2)衰减器的调整；(3)按动砂光启动开关；(4)开始启动运转砂光；(5)送料部分操作与调整；(6)砂带振动装置的调整；(7)板厚计的调整；(8)砂磨前辊与充气压空气衰减器调整： a. 在用研磨辊粗加工时，或将衰减器压力的刻度调到 0 或者取下衰减器，即可粗光； b. 把辊上升量调到 0～1.0 的位置，抬起研磨辊，用空气衰减器的压力进行研磨，可得到精光的效果； c. 为了消除波纹，把衰减器比研磨辊下降 0.3mm，这样使用时就会出现比较光滑的效果	1. 设备清洁，完好无损； 2. 设备运行正常，无异常噪声； 3. 砂带旋转方向与辊转动方向一致，插到中间时，无扭歪
	材料	互检封边机的产品质量和数量	1. 互检封边机所封板件，表面无磕碰划伤； 2. 封边无窜条，无崩茬、断头不整齐、封边不实现象
	作业现场清理	清理作业现场，清除影响正常工作的不利因素	工作台清洁无杂物，无磕碰划伤工件的因素。待加工部件摆放合理，便于上料加工，并保证安全
生产过程	首件加工	1. 按技术文件中所要加工的板件厚度调整设备； 2. 用卡尺检查首件加工产品的厚度(六点测量)，微调砂辊进行砂光，如未砂到或砂光不到位，继续微调直到达到要求；顺长度木纹方向进行砂光； 3. 检查首件产品	无漏砂、凹凸不平、波纹、砂焦等现象，板件表面光滑，达到砂光要求
	批量加工	1. 首件加工合格后，方可进行批量加工； 2. 针对各种不同材质及不同规格板件的长度，经常用卡尺测量，避免板件厚度不同而造成的砂漏现象； 3. 上料时，一手拿起端头，一手拖起板件上料，避免磕碰划伤； 4. 板件上、下端首尾相接的方式送料	1. 板件表面光滑，达到砂光要求； 2. 所砂板件无砂漏现象； 3. 表面无磕碰划伤

续表

项目	工作内容	工作方法	质量（工作）标准
生产过程	质量处理	对有砂漏的产品及时交给班组长处理，不允许转到下一工序	
产后工作	完工产品处理	将所加工合格的产品放在工装车上，一端齐头摆放整齐，板件间背面与背面码放，正面与正面用垫条垫好，转到下道工序	摆放规矩整齐，并将转料单压于板件上
	技术文件	填写后同板件转到下道工序	应写清操作者及作业时间
	设备清理保养	按设备保养要求	达到设备“一、二级保养”要求，每天下班前打开机壳门，清理粉尘，达到表面干净，物见本色
	作业现场清理	按“5S”要求	达到“5S”标准，现场工装车摆放合理，砂带放入砂带箱内
	完工产品记录	填写工票	字迹工整，内容清晰准确

7. 涂饰工序工艺规程

家具涂饰，人们习惯叫“家具油漆”或“油漆家具”，即用适当的方法使家具表面获得漆膜的工艺过程。家具经过涂饰，在表面形成的漆膜，既保护家具，使之经久耐用，又使家具增添色彩，更加美观。涂饰工艺复杂，不同类型的油漆涂饰工艺有所区别。现将面漆喷涂工艺的内容和方法介绍如下。涂饰工序的工作内容、工作方法、质量（工作）标准，如表2-16所示。

表2-16　涂饰工序工艺规程

项目	工作内容	工作方法	质量（工作）标准	检验方法
涂饰前准备工作	技术文件准备	操作前，由班组长将相应的技术文件交给主要操作者（所使用的油漆厂家、种类、型号、质量标准，以及加工的产品有无特殊的要求）	1. 掌握需用涂料的种类、性能及施工条件； 2. 清楚本公司涂饰产品分类	操作者自检掌握情况，有不明之处找工艺员解决
	喷枪准备	1. 将喷枪从装有稀释剂的枪桶内取出； 2. 把枪、枪嘴、枪体取出，洗涤干净； 3. 把枪罐、枪嘴连接到枪体上； 4. 把风带与枪体连接到一起	1. 枪桶内不得盛脱漆剂浸泡喷枪，避免将喷枪内的塑料部件软化，使用溶解过的稀释剂； 2. 喷枪枪身不要在稀释剂桶内浸泡时间过长； 3. 喷枪表面无积皮、漆渍，枪盖与枪罐结合紧密，无漏漆； 4. 风带与喷枪连接处不能松动，接头处不能漏气	目测
	工艺工装准备	枪手准备喷涂所用的工装车	1. 选择的喷涂工艺架摆放稳定，无晃动； 2. 所使用的工装表面清洁、无积漆	目测

续表

<table>
<tr><th>项目</th><th>工作内容</th><th>工 作 方 法</th><th>质量(工作)标准</th><th>检验方法</th></tr>
<tr><td rowspan="2">涂饰前准备工作</td><td>产品材料准备</td><td>1. 枪手将所要加工的产品用叉车运到施工现场,摆放到便于操作的位置,做好互检;
2. 按所加工产品的数量通知兑漆员,由兑漆员兑漆,每次配兑混合剂不超过8kg,要做到少兑、勤兑,防止油漆挥发黏度变化影响加工质量</td><td>1. 互检上工序质量:
(1)白色产品:表面光滑平整,产品除尘干净,无磕碰划伤、漏底、黑棱、砂痕、流挂、胀边痕迹。棱角、沟槽内无漏砂或砂磨不到位现象;
(2)有色产品:颜色均匀;色漆无色花、色差、色点,无磕碰划伤,除灰干净,表面和管孔内无粉尘;
2. 油漆用丝绢过滤后需静止5~10min,待漆桶内气泡消除后再使用</td><td>目测,手感检验</td></tr>
<tr><td>作业现场准备</td><td>1. 打开风机,观察室内温度、湿度是否达到要求;
2. 观察水帘内是否有水以及其他杂物;
3. 检查环境中的空气清洁度,灰尘过大时不允许加工</td><td>1. 风机运转正常无异常响动,室内温湿度要求
夏季:施工温度≥20℃,相对湿度30%~70%
冬季:施工温度≥10℃,相对湿度30%~50%
2. 水帘内无杂物,水位高度以不影响风流为宜;
3. 室内粉尘过大时及时清理干净再施工</td><td></td></tr>
<tr><td>涂饰过程中</td><td>涂饰过程</td><td>1. 喷涂顺序为:(1)板件下棱→(2)板件上棱→(3)板件边→(4)板件中心;
2. 喷涂板件边部时,第一枪外打1/2,第一枪与第二枪压1/2</td><td>1. 喷涂过程中保持枪嘴距板件距离为150~200mm。运枪速度为0.4~0.6m/s。立面垂直喷涂棱角、线型时喷枪角度为45°;
2. 起枪、收枪位置准确停,断枪及时到位,每枪喷涂扇面重叠1/2~1/3,最后收枪时扇面不得突出部件表面</td><td>目测、手感检验、湿膜测厚仪</td></tr>
<tr><td rowspan="6">涂饰完成后工作</td><td>技术文件处理</td><td>加工完产品合格转序时将技术文件压在垫板上数第三层</td><td>外露1/2</td><td></td></tr>
<tr><td>工具处理</td><td>1. 将喷枪内剩余漆倒回漆桶内,将喷枪漆罐用稀释剂涮净(把稀释剂倒入枪罐,盖好,边摇动枪体边扣动扳机);
2. 拆下风带,并收好;
3. 卸下枪罐、枪嘴,放入泡枪桶内盖好,放到枪柜内</td><td>枪擦拭干净、外无积漆、内无堵塞</td><td></td></tr>
<tr><td>工艺工装处理</td><td>1. 把剩余垫板、垫条放回存放区,不能再使用的及时运到垃圾站;
2. 工装放回指定存放区</td><td>1. 垫条、垫板摆放整齐;
2. 工装表面整洁</td><td></td></tr>
<tr><td>剩余漆处理</td><td>把剩余漆返回兑漆员手中</td><td>可加入适当稀释剂封存一天</td><td></td></tr>
<tr><td>作业现场清理</td><td>清理作业现场</td><td>达到“5S”标准</td><td></td></tr>
<tr><td>完工产品处理</td><td>完工产品放在规定存放区,压上工艺流程卡</td><td>标明操作者、工序、数量、加工时间</td><td></td></tr>
</table>

8. 包装工序工艺规程

包装工序是家具生产的最后一道工序，是为在流通过程中保护产品，方便贮存和运输，使用适当的材料做成和物品相适应的容器，以及采用适当的处理技术的方法的总称。包装的质量将直接影响家具产品的质量，如果包装不好甚至会直接造成浪费。包装工序的工作方法、质量（工作）标准及检验方法，如表 2-17 所示。

表 2-17　　包装工序工艺规程

项目	工作方法	质量(工作)标准	检验方法
包装前准备	班组长将当日准备包装的产品明细表交给包装操作者	每位操作者必须清楚产品批号、型号名称、色泽、数量、尺寸及左右手等具体要求	如有不明及时找班组长、工艺员进行解决
	1. 准备好裁纸刀、刀片、纯棉色布、印戳、打包器； 2. 将所用工具置于操作台上便于取放的位置； 3. 软片架摆放至易拿取的位置，将软片使用工装裁好	1. 所用工具清洁、无灰尘、杂质； 2. 检验操作台上的软包是否合格无破损，防止划伤产品表面	目测，手感检验
	1. 凭领料单到仓库领取软片、纸箱、苯板、护角、胶带、螺丝、胶皮塞块等，并分别放置在便于取放的位置； 2. 将待加工产品运到操作台边便于操作的位置； 3. 检查包装箱标识的内容及质量； 4. 确认待加工产品是否为工序质检员检验完毕合格产品	1. 材料齐备，无遗漏； 2. 包装箱标识上的产品批号、型号名称、色泽、数量等内容与包装明细一致	目测检验
	1. 清理作业现场的环境卫生； 2. 将与包装无关的杂物清理出作业现场； 3. 合理摆放产品及所用工具、工装、产品等	1. 环境清洁、无杂物； 2. 物品摆放合理、过道畅通、便于加工	班组长检查
包装过程中	1. 在擦拭产品尚未包装之前，应对产品进行互检，如发现不合格产品要及时将产品挑出并单独放置，然后找班组长或质检员、工艺员等进行鉴定处理； 2. 在打包时，有不慎划破或有污染的纸箱应重新包装或使用胶带粘牢	挑选及时，不合格或无印戳不予包装	互检
包装完成后工作	将使用后的包装明细（技术文件）交还班组长处存放	包装明细（技术文件）保管干净、完整，不得有丢失、污染、破损等现象	班组长检查
	将工具清理后放回工具箱内保存	保管良好，不丢失	
	1. 将软包操作台清理干净，检查软包位置有无破损，及时处理； 2. 工装车放回车间指定位置，有序摆放	工作台、工装车表面清洁干净，无杂质	
	1. 剩余的胶带、塞块由包装人员整理完后，妥善保管、待用； 2. 将剩余的产品、纸箱等处理整齐，有序摆放	保管良好，不作他用	
	1. 清扫作业现场卫生； 2. 整理现场的物料摆放	1. 现场清洁无杂物； 2. 物料摆放整齐，过道畅通	

续表

项目	工 作 方 法	质量(工作)标准	检验方法
包装前准备	1. 产品完工后,底下面上码放整齐,检查胶带是否粘贴牢固无飘飞现象; 2. 将产品按垛摆放到车间指定位置,填写好转序单后通知仓库及时转运	1. 码放高度不超标、胶带牢固不飘飞; 2. 码垛时平拿轻放、禁止扔包; 3. 摆放时保证纸箱面朝上	
	1. 产品完工后,将包装产品的名称、数量、型号、批号、详细填写在工票上,交给班组长; 2. 将入库单存根联交给车间统计员	1. 字迹工整,内容翔实准确; 2. 送交及时	

五、表面加工质量的检验

材料经切削或压力加工制成所要求的形状和尺寸的零部件，在加工过程中，由于受到机床的几何精度、切削刀具的几何精度、胶压时所施加的压力、温度以及木材树种、含水率等因素的影响，在零部件表面上会留有各种加工不平度，其可分为宏观不平度和微观不平度。在零部件上比较大的单个不平度为宏观不平度，这主要是机床设备的几何精度较差和材料产生翘曲变形造成的。宏观不平度用于评定零部件的形状精度，在形位公差中规定具有较小间距和微小峰谷的高低不平为微观不平度，也称为表面粗糙度，它是评定表面加工质量的唯一指标。

1. 表面粗糙度的评定参数

木制件表面粗糙度从轮廓算术平均偏差 R_a、微观不平度十点高度 R_z 和轮廓最大高度 R_y 三个参数中选取。根据表面功能要求，加上附加参数轮廓微观不平度平均距离 S_m，以及主要适用于有较粗管孔材料表面粗糙度评定的单个微观不平高度在测量长度上的平均值 R_{pv} 参数来做评定。

(1) 轮廓最大高度 R_y

在取样长度 (L) 内，轮廓峰顶线和轮廓谷底线之间的距离即为轮廓最大高度 (R_y)，如图 2-3 所示。

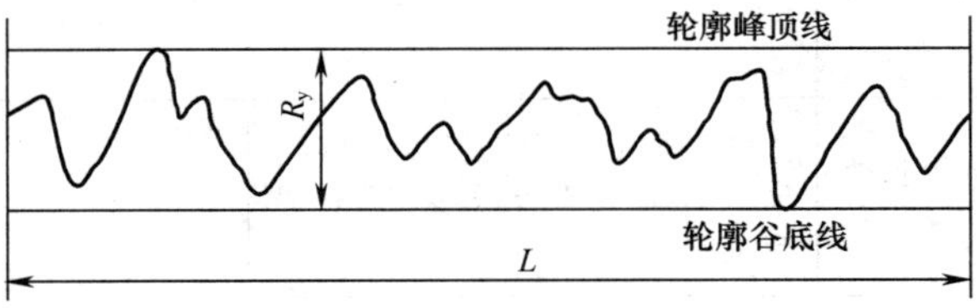

图 2-3 轮廓最大高度 R_y

这一参数仅仅适用于目测可以明显看到最大不平度的情况，在加工表面上，破坏不平度占主要地位时，它是唯一用来评定表面粗糙度的参数。若加工表面不平度较小，粗糙度比较均匀时，采用此参数是不适用的。

(2) 微观不平度十点高度 R_z

在取样长度 (L) 内，5 个最大轮廓峰高与 5 个最大轮廓谷深和的平均值即为微观不平度十点高度 (R_z)，如图 2-4 所示。

$$R_z = \frac{\sum_{i=1}^{5} y_{pi} + \sum_{i=1}^{5} y_{vi}}{5}$$

式中 y_{pi}——第 i 个最大轮廓峰高

y_{vi}——第 i 个最大轮廓谷深

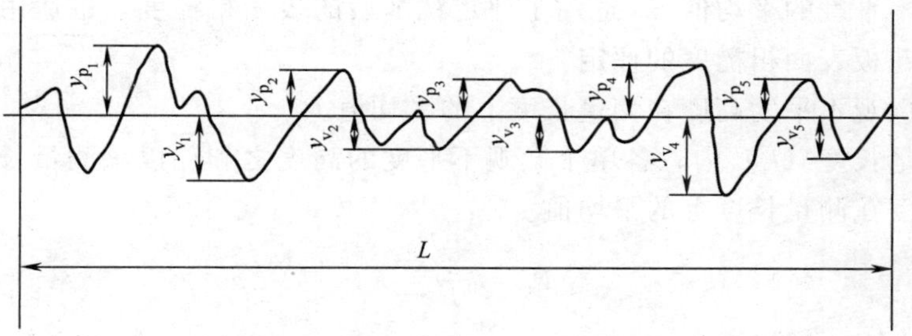

图 2-4　微观不平度十点高度 R_z

其对表面不平度较小，粗糙度分布比较均匀的表面的评定更合适。对于用薄膜贴面或涂料涂饰的木材及木质人造板表面宜用 R_z 作为表面粗糙度的评定参数。

（3）轮廓算术平均偏差 R_a

在取样长度（L）内，轮廓偏距绝对值的算术平均值即为轮廓算术平均偏差（R_a），如图 2-5 所示。

$$R_a = \frac{1}{L}\int_0^l |y(x)|\,\mathrm{d}x$$

$$R_a = \frac{1}{n}\sum_{i=1}^{n} |yi|$$

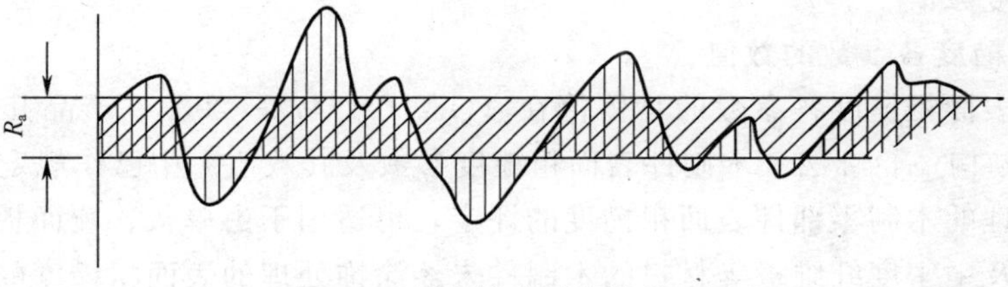

图 2-5　轮廓算术平均偏差 R_a

轮廓算术平均偏差 R_a 适用于不平度间距小、粗糙度分布比较均匀的表面，如纤维板及多层结构的刨花板砂光表面等粗糙度的评定。

（4）轮廓微观不平度的平均间距 S_m

在取样长度（L）内，轮廓微观不平度间距的平均值即为轮廓微观不平度的平均间距（S_m），如图 2-6 所示。

$$S_m = \frac{1}{n}\sum_{i=1}^{n} S_{mi}$$

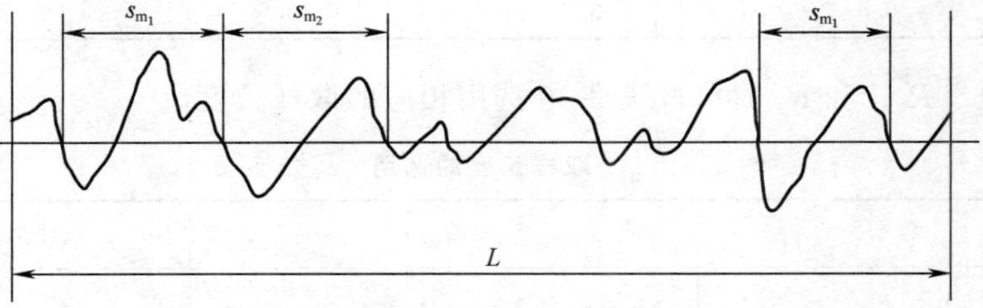

图 2-6　轮廓微观不平度的平均间距 S_m

轮廓微观不平度的平均值 S_m 适用于评定铣削后的表面粗糙度，也适用于薄木贴面或涂料涂饰的刨花板表面粗糙度的评定。

（5）单个微观不平度高度在测量长度上的平均值 R_{pv}

在给定测量长度（L）内，各单个微观不平度的高度之和除以该测量长度，即为单个微观不平度高度在测量长度上的平均值。

$$R_{pv}=\frac{1}{L}\sum_{i=1}^{n}h_i$$

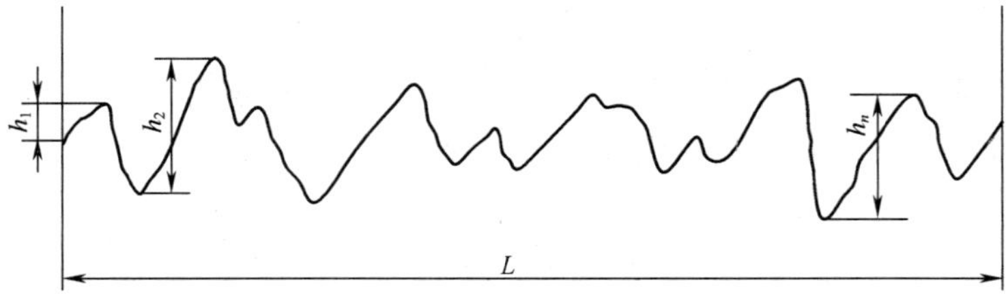

图 2-7　单个微观不平度高度在测量长度上的平均值 R_{pv}

适用于评定用不同砂粒粒度的砂带（砂纸）砂磨表面后的粗糙度。

表面粗糙度对零件使用情况有很大影响。一般说来，表面粗糙度数值小，会提高配合质量，减少磨损，延长零件使用寿命，但零件的加工费用会增加。因此，要正确、合理地选用表面粗糙度数值。

2. 表面粗糙度各参数的数值

木制零件表面粗糙度各参数的具体值在《GB/T 12472—2003　产品几何量技术规范（GPS）　表面结构　轮廓法　木制件表面粗糙度参数及其数值》中已作规定。此标准适用于未经涂饰处理的木制零部件表面粗糙度的评定，也适用于由单板、覆面板、胶合板、刨花板、层压板及中密度纤维板等材料的木制件未经涂饰处理的表面粗糙度的评定。

（1）取样长度（L）

国标中规定有四个取样长度，分别为 0.8mm，2.5mm，8mm，25mm。

（2）三个参数

轮廓最大高度 R_y、微观不平度十点高度 R_z 和轮廓算术平均偏差 R_a 三个参数的规定数值见表 2-18。

表 2-18　R_y、R_z、R_a

参数	数值/μm							
R_y、R_z	3.2	6.3	12.5	25	50	100	200	400
R_a	0.8	1.6	3.2	6.3	12.5	25	50	100

在测量 R_y、R_z、和 R_a 时可按表 2-19 选用相应的取样长度。

表 2-19　取样长度的选用

参　　数	数值/μm	选用取样长度/mm
R_y、R_z	3.2，6.3，12.5	0.8
	25，50	2.5

续表

参　　数	数值/μm	选用取样长度/mm
R_y、R_z	100,200	8
	400	25
R_a	0.8,1.6,3.2	0.8
	6.3,12.5	2.5
	25,50	8
	100	25

轮廓微观不平度的平均间距 S_m 值见表 2-20。

表 2-20　　S_m 规定值

参数	数值/mm					
S_m	0.4	0.8	1.6	3.2	6.3	12.5

（3）长度上的平均值 R_{pv}

单个微观不平度高度和在测量长度上的平均值 R_{pv} 值见表 2-21。测量长度 L 规定为 20～200mm，一般情况下选用 200mm，若被测表面幅面较小或微观不平度均匀性较好时，可以选用 20mm。

表 2-21　　R_{pv} 规定值

参数	数值/mm				
R_{pv}	6.3	12.5	25	50	100

以上各参数是从不同的方面分别反映表面粗糙度轮廓特征的。实际运用时，可以根据不同的加工方式和表面质量，选用其中的一个或同时用 2～3 个参数来评定。表 2-22 所列的是不同加工方法和树种所能达到的表面粗糙度。

表 2-22　　不同加工方法不同材质所能达到的粗糙度范围

加工方法	树种	参数值范围			
		R_a/μm	R_z/μm	R_y/μm	R_{pv}/(μm/mm)
手光刨	水曲柳	12.5～25	50～100	50～200	12.5～25
	柞木	3.2～25	12.5～100	25～200	12.5～25
	樟子松	3.2～25	12.5～100	25～100	6.3～25
	落叶松	6.3～25	25～100	25～100	12.5～50
	柳桉	6.3～50	25～200	25～200	12.5～25
	美松	3.2～12.5	12.5～50	25～50	6.3～25
	红杉	3.2～25	12.5～100	25～100	12.5～25
	红松	3.2～12.5	12.5～50	25～50	12.5～25
	色木	3.2～12.5	12.5～50	25～50	6.3～25

续表

加工方法	树种	参数值范围			
		$R_a/\mu m$	$R_z/\mu m$	$R_y/\mu m$	$R_{pv}/(\mu m/mm)$
砂光	柞木	6.3～25	25～100	25～200	25～100
	水曲柳	6.3～50	25～200	25～200	25～100
	刨花板	6.3～50	25～200	50～200	12.5～50
	人造柚木	3.2～25	12.5～200	12.5～200	25～100
	柳桉	6.3～50	25～200	50～200	25～100
	红松	3.2～12.5	12.5～50	25～100	12.5～50
机光刨	柞木	6.3～25	25～100	25～100	12.5～50
	红松	6.3～25	25～100	25～100	12.5～25
	樟子松	6.3～25	25～100	25～100	12.5～25
	落叶松	6.3～25	25～100	25～100	12.5～25
	红松	6.3～25	25～100	25～100	12.5～50
	美松	6.3～25	25～100	25～100	12.5～50
车削	红松	3.2～25	12.5～100	25～100	——
	落叶松	3.2～12.5	12.5～50	25～100	——
	樟子松	3.2～25	12.5～100	25～100	——
	红松	12.5～25	12.5～～100	25～100	——
	美松	3.2～25	12.5～100	25～100	——
纵铣	樟子松	3.2～12.5	12.5～50	25～100	12.5～25
	美松	3.2～12.5	12.5～50	25～100	12.5～25
	红松	6.3～12.5	25～50	25～100	12.5～25
	落叶松	3.2～25	12.5～100	25～100	12.5～50
	红杉	3.2～12.5	12.5～50	25～100	12.5～25
平刨	水曲柳	6.3～50	25～200	50～200	12.5～50
	柞木	6.3～50	25～200	50～200	12.5～50
	麻栎	3.2～25	12.5～100	25～200	12.5～50
	桦木层压板	3.2～12.5	12.5～50	12.5～50	12.5～25
	柳桉	6.3～50	25～200	50～200	12.5～50
	樟子松	3.2～25	12.5～100	25～100	12.5～50
	红松	3.2～25	12.5～100	25～100	12.5～25
	美松	3.2～12.5	12.5～100	25～100	12.5～25
	枫杨	6.3～25	25～100	25～100	12.5～50

续表

加工方法	树种	参数值范围			
		$R_a/\mu m$	$R_z/\mu m$	$R_y/\mu m$	$R_{pv}/(\mu m/mm)$
平刨	落叶松	3.2～25	12.5～100	25～100	12.5～25
	红杉	6.3～50	25～100	50～100	12.5～25
	楞木	6.3～25	25～100	50～100	12.5～25
压刨	水曲柳	3.2～50	12.5～200	25～200	12.5～50
	柞木	6.3～25	25～100	25～100	12.5～50
	麻栎	3.2～25	12.5～100	25～100	12.5～50
	桦木层压板	3.2～25	12.5～100	25～100	12.5～25
	柳桉	6.3～50	25～200	50～200	12.5～50
	美松	6.3～25	25～100	50～200	12.5～25
	樟子松	3.2～12.5	12.5～50	25～100	12.5～25
	红杉	3.2～12.5	12.5～50	25～100	12.5～25
	红松	3.2～12.5	12.5～50	25～100	12.5～25
	落叶松	3.2～25	12.5～100	25～100	12.5～25
	色木	6.3～25	25～100	25～100	12.5～25

3. 表面粗糙度的测量

测定木制件表面粗糙度的方法有非接触测量法、接触测量法和比较法三种。

（1）非接触测量法

测量工作头没有与被测表面接触，从而测得表面粗糙度，使用的是双筒显微镜。如图 2-8 所示。

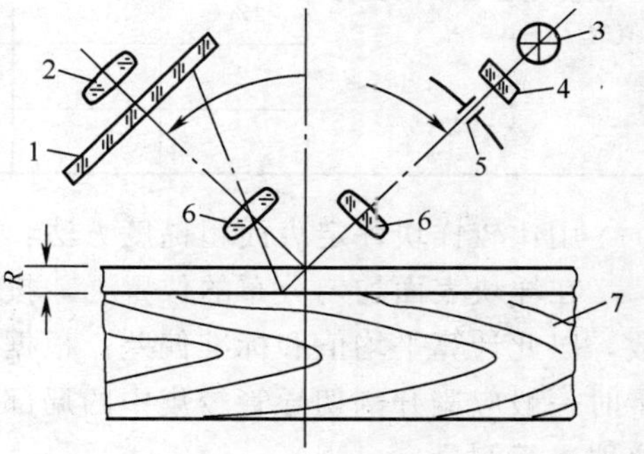

图 2-8　双筒显微镜

1—分划板　2—目镜　3—光源　4—聚光镜　5—狭缝　6—物镜　7—被测工件

（2）接触测量法

依靠测量工具与被测表面直接接触，测定出木制件表面的粗糙度值。此法使用的是轮廓法触针式表面粗糙度测定仪、轮廓记录仪及中线制轮廓计。如图 2-9 所示的是一种触针式表面粗糙度测量仪器工作原理。

（3）比较法

以不同加工方法加工出的试件作为比较样块，将加工出的工件表面与表面粗糙度样块进行比较，通过视觉、触觉评定出加工件的表面粗糙度。但选用的样块应与加工件材料在结构、纹理上相近，且加工方法相同。

在《GB/T 14495—2009　产品几何技术规范（GPS）　表面结构　轮廓法　木制件表面粗糙度比较样块》中，对样块的制造方法和表面特征等均有规定。

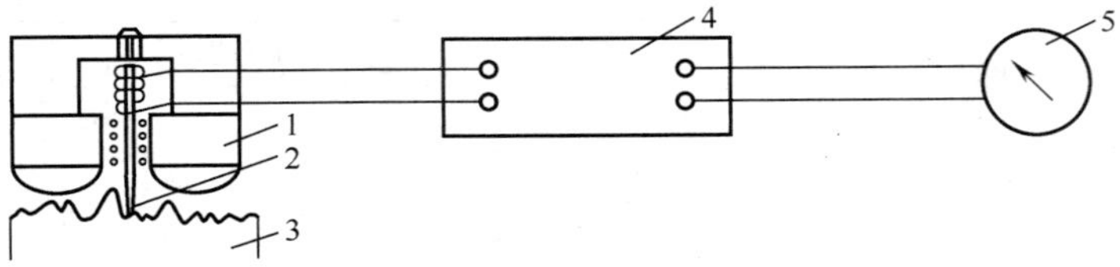

图 2-9 触针式表面粗糙度测量仪器

1—感应器 2—触针 3—被测工件 4—放大器 5—自动记录器

直接用特定木材按规定加工方法制造出的表面，而木材的含水率应等于或小于本地区年均木材平衡含水率。要求样块表面只应呈现它所要的特定材质和加工方法所产生的表面粗糙度特征，而不应含有表面粗糙度以外的其他表面特征，如波纹度、翘曲度、木材缺陷等，而且样块表面的色泽，应接近它所表征的特定材质表面的色泽。

木制件表面粗糙度比较样块上应表征出木材经机械加工或其他方面加工的具有的已知表面轮廓算术平均偏差 R_a 值。

比较样块的分类及其表面粗糙度值见表 2-23。

表 2-23　　样块分类及表面粗糙度参数值

加工方法	砂光		光刨类		平、压刨类		车削类	
木材分类	粗孔材	细孔材	粗孔材	细孔材	粗孔材	细孔材	粗孔材	细孔材
表面粗糙度参数公称值 $R_a/\mu m$	3.2	3.2	3.2	3.2	3.2	3.2	3.2	3.2
	6.3	6.3	6.3	6.3	6.3	6.3	6.3	6.3
	12.5	12.5	12.5		12.5	12.5	12.5	12.5
	25		25		25	25	25	
					50	50		

用比较样块评定表面粗糙度方法：

在样块表面均匀分布的位置上，按加工产生的最大粗糙度参数值的方向，取 25 个读数，以此计算平均值和标准偏差。根据读数的分散程度可适当增加或减少读数的个数。测量时一般应避开剖切导管较集中的局部表面。测量时，采用轮廓法触针式表面粗糙度测量仪器进行测量。

六、主要设备的操作规程

操作规程，一般是指有关部门为保证本部门的生产能够安全、稳定、有效运转而制定的，相关人员在操作设备或办理业务时必须遵循的程序或步骤。操作规程的具体内容视企业的具体情况而定。下面介绍几种生产实木家具常用设备的操作规程。

1. 木工平刨机安全操作规程

① 木工平刨机开动前应进行检查，切削刃具不得有裂纹，紧固螺丝应拧紧，机床上不得放有木料或工具；

② 严禁在木工平刨机完全停止前挂皮带或手拿木棍制动。木工平刨机注油应在停车后进行。机床运转中如遇异常情况，则应立即停车检查处理；

③ 使用木工平刨机加工潮湿或有节疤的木料时，应严格控制送料速度，严禁猛推或猛拉。木工平刨机必须有安全防护装置，否则严禁使用；

④ 刨料时应保持身体平稳、双手操作。刨大面时，手应按在斜面上；刨小面时，手指不得低于料高的一半并不得小于 30mm。料小时不得用手在料后推送；

⑤ 每次刨削量一般不得超过 1.5mm，进料速度应均匀，经过刨口时用力要轻，不得在刨刃上方回料；

⑥ 厚度小于 1.5mm 或长度小于 30mm 的木料不得用平刨机加工。遇有节疤、戗茬应减慢推料速度，不得将手按在节疤上推料。刨旧料时必须将铁钉、泥沙等清除干净；

⑦ 换刀片时应切断电源或摘掉皮带；

⑧ 同一台刨机的刀片重量、厚度必须一致，刀架、夹板必须吻合。刀片焊缝超出刀头和有裂纹的刀具不得使用。紧固刀片的螺钉应嵌入槽内，并离刀背不少于 10mm。

2. 木工压刨机安全操作规程

① 木工压刨机开动前应进行检查，切削刃具不得有裂纹，紧固螺丝应拧紧，机床上不得放有木料或工具；

② 严禁在木工压刨机完全停止前挂皮带或手拿木棍制动；

③ 木工压刨机注油应在停车后进行。机床运转中如遇异常情况，则应立即停车检查处理；

④ 使用木工压刨机加工潮湿或有节疤的木料时，应严格控制送料速度，严禁猛推或猛拉；

⑤ 木工压刨机应采用单向开关，不得采用倒顺开关。三面刨、四面刨应按顺序开动；

⑥ 送料和接料不得戴手套，并应站在刨机的一侧，刨削量每次不得超过 5mm；

⑦ 进料应平直。发现材料走横或卡住时，应停机并降低台面拨正。遇硬节应减慢送料速度。送料时手指必须离开滚筒 200mm 以外，接料时必须待料走出台面；

⑧ 刨短料时，其长度不得短于前后压辊距离。刨厚度小于 10mm 的木料时必须垫托板。

3. 木工圆锯机安全操作规程

① 木工圆锯机开动前应进行检查，切削刃具不得有裂纹，紧固螺丝应拧紧，机床上不得放有木料或工具；

② 严禁在木工圆锯机完全停止前挂皮带或手拿木棍制动；

③ 木工圆锯机注油应在停车后进行。机床运转中如遇异常情况，则应立即停车检查处理；

④ 使用木工圆锯机加工潮湿或有节疤的木料时，应严格控制送料速度，严禁猛推或猛拉；

⑤ 操作前应进行检查，锯片不得有裂口，螺丝应拧紧；

⑥ 操作时应戴防护眼镜，站在锯片一侧，不得站在正面，手臂严禁越过锯片；

⑦ 进料应紧贴导尺，不得用力过猛，遇硬节应慢推，接料应待料出锯片 150mm 后，不得用手硬拉；

⑧ 短窄料应用棍推，接料应使用刨钩，超过锯片半径的大料不得上锯；

⑨ 圆锯必须安装防护罩，在圆锯周围一边，应装有半圆形的护板，以防木片飞起

伤人；

⑩ 锯长大料时必须两人操作，对面的辅助操作者，应用力抓住木料，以防锯齿打回木料。

4. 热压机安全操作规程

① 将机台（包括光板上的胶垢）及作业场所清理干净；

② 检查油床、油路是否有漏油现象；检查油泵循环开关是否打开；

③ 如果压异形工件，要先检查阴模、阳模，看是否符合图纸要求；

④ 试机后，预热压床；准备好材料和辅料（垫板、纸皮等）；

⑤ 设定热压机压力（一般为100～150Pa）、温度（一般为100～110℃）、时间（一般为5～8min）；

⑥ 把涂胶后的工件覆上薄木放入热压机；

⑦ 每压一种规格的板材，必须做首件自检，看板是否移位，看胶合是否牢固；

⑧ 作业结束，切断电源，将余料等清理干净。

5. 冷压机安全操作规程

① 将机台（包括光板上的胶垢）及作业场所清理干净；检查机床的油路是否有漏油现象；检查油泵循环开关是否打开；

② 准备好材料和辅料（垫板、纸皮等），把涂胶后的工件覆上薄木放入冷压机；

③ 每压一种规格的板材，必须做首件自检，看板是否移位，看胶合是否牢固；

④ 作业结束，切断电源，将余料等杂物清理干净。

6. 立轴铣安全操作规程

① 将机器台面和作业场所清理干净；

② 检查皮带松紧是否合适，是否有破损等现象；检查夹具是否牢固，检查刀具型号是否正确，安装是否牢固，刀具是否锋利，有无缺口和裂纹；

③ 试机，检查机器运转是否正常，刀具旋转方向是否正确；准备好材料和辅料（垫板等）；

④ 首先检查工件上是否有铁钉，以免损坏刀具和打伤人；用模具夹紧工件，然后紧靠刀轴均匀送料；

⑤ 送料速度要根据材质软硬而定，软材料送料速度要快，硬材料送料速度要慢；

⑥ 每加工一件工件，必须做首件自检；

⑦ 作业结束，关闭电源，将机器、木屑等清理干净。

7. 电子锯安全操作规程

① 将作业台及作业场地清理干净；

② 检查吸尘系统是否正常；检查锯片是否锋利，是否完好，气压是否达到0.6MPa。试机约1min，看电脑开料锯是否正常；

③ 准备好板材和辅料（垫板等）；

④ 根据开料表将有关数据输入电脑（或调好档位尺寸）；

⑤ 送料人员用叉车将板材送上升降台，摆放整齐；启动输送开关，将板材送入作业台（或搬上作业台）；

⑥ 根据板材硬度和厚度调整锯车开料速度，要求不超过额定电流；

⑦ 开料结束后，将工件整齐堆放在货架上；每开一种规格的板材，必须做首件自检，检查长、宽及对角线尺寸、锯痕是否符合质量要求；作业结束，退出程序，切断电源，为机器除尘，将余料清理干净。

8. 双端铣安全操作规程

① 将机器及作业场所清理干净；

② 检查吸尘系统是否正常；打开机盖检查双端铣刀具是否锋利、牢固，检查气压是否正常；试机，检查机器运转是否正常；

③ 准备好材料和辅料（垫板等）；

④ 根据板材厚度，调整好上压轴与输送带之间的距离；

⑤ 根据板材宽度，调整好加工距离；

⑥ 依据加工量调整侧靠挡位置，且侧靠挡必须与锯片并行；调节两边输送带上的定位档，使每两个定位档（左右）在一条线上，且与侧靠挡成90°；启动刀具和输送带；

⑦ 将板材放上工作台，端面紧靠90°定位板，匀速推上输送带；

⑧ 每开一种规格的板材，必须做首件自检，看尺寸是否符合质量要求；

⑨ 作业结束，切断电源，为机器除尘，将工作场地清理干净。

9. 砂光机安全操作规程

① 将机器及作业场所清理干净；

② 检查吸尘系统是否正常，确保吸尘良好；检查砂带是否良好，砂带若有破损则及时更换；检查松紧是否合适，调节砂带松紧满足加工要求；检查各个感应开关动作是否灵敏、可靠；检查压缩空气气压是否在6～8bar；

③ 启动机器，检查各部位运转是否正常；

④ 启动机器，依据所加工板件的厚度调整砂磨量；把需砂光的板材放在前压辊的前下部，并使板材前端与前压辊平行；

⑤ 启动砂带电机；启动输送带电机；

⑥ 每加工一个工件必须做首件自检；

⑦ 砂削完毕后，依次关闭输送带电机、砂带电机、电源开关、砂带涨紧开关；

⑧ 加工完毕后，清扫机床各部位，清除输送带上所有杂物。

10. 喷枪安全操作规程

① 将喷枪和喷漆房清理干净；检查气泵各闸门有无泄漏；气压压力应满足3～5bar，室温在25℃左右，湿度小于85％；检查风机工作是否正常；准备好工件、油漆和晾板架；

② 先用双手扣紧扳机，让气流通道开通，再用一点力扣压扳机，使油漆从枪口喷出；根据不同的板件调整喷涂的扇形面积；

③ 喷枪在喷涂过程中必须与被喷涂的板件呈直角，身体应配合喷枪移动而移动；喷枪与被喷涂物的直线距离为15～25cm；喷涂时的速度为30～60cm/s；

④ 喷涂时必须采用“十”字交叉喷涂法；

11. PU喷涂线安全操作规程

① 将喷枪主传送带清理干净；检查吸尘器装置是否正常；检查各气泵及蒸汽是否有泄漏；设备传送带速度为5m/min，设置清洗轮速度为15m/min；准备晾板架和防护棉；

② 启动传送带清洗轮；根据不同的工件设置喷枪速度为95～120m/min，气压压力

3～4.5bar；

③ 加工不同的工件，要进行首件检查是否符合质量要求；

④ 启动干燥柜，调试蒸汽温度为 50～60℃；

⑤ 作业完毕后要清理喷枪和作业场所。

12. UV 辊涂机安全操作规程

① 检查 UV 灯及反光罩是否干净，有灰尘时要及时用干净棉纱沾无水酒精擦洗灯管及灯罩表面；接通电源，试运转机器，检查各传动部分是否正常，检查各安全装置是否灵敏可靠；

② 检查各个辊子是否有损伤，辊子上面是否贴有异物，在运转机器之前必须保证各辊子完好，各辊子之间无任何异物；

③ 准备好加工板件及所需用的胶水；

④ 根据工艺要求及板件厚度调节好上漆量及辊子的高度、输送速度，辊子最下位应低于板件 0.2～0.4mm；

⑤ 开启 UV 灯及红光线灯；

⑥ 待温度及 UV 灯照度达到工艺要求时，才可送板件加工；

⑦ 加工的板件必须做首件自检，看辊涂质量是否合格；

⑧ 作业结束，要回收油漆，清洗机器，清理打扫工作场地。

任务实施：

1. 图样分析

分析讨论产品的结构制定生产工艺，并绘制生产流程图。

2. 设置质量控制点

根据产品生产的工艺过程，找出重点工序，并加以控制。制定工序质量控制点质量验收标准。制定结果填写在工序质量控制表中。工序质量控制表，如表 2-24 所示。

质量控制点是生产质量控制的重点，设置质量控制点就是要根据生产项目的特点，抓住影响工序、施工质量的主要因素，对工序活动中的重要部位或薄弱环节事先分析影响的原因，并提出相应的措施，以便进行预控。

表 2-24　　工序质量控制表

序号	工序名称	检验项目	检验内容及标准	检验周期	备注

3. 生产过程质量检验

生产过程质量检验主要包括自检、互检和专检三个部分。

自检是指在制造过程中每一位生产者均应对所生产的产品进行自检，有质量异常问题应及时解决，如遇到特殊或重大异常时需要及时报告。车间主管负责督促各位生产者实施自检，并设置车间质检员对每道工序产品进行抽检，如遇到异常情况应当及时处理。

互检是指加工工序接到上道工序的加工制品时，应检查上道工序产品的质量是否合格后再进行加工作业，若上道工序制品不符合质量要求，可以拒绝接收该制品。

专检是指质量管理部门专职检验人员对各个工序产品进行检查。对于批量较大、工艺简单、不容易出问题的工序进行抽检；对于原材料特殊、价格昂贵、工艺复杂、容易出问题的工序进行全检。成品在入库前需要进行专检，并在专检合格后方能入库。专检人员要做到对整个产品的生产过程质量加以控制。

牛津管理评论消息指出：在管理中，大家都看中结果。但是没有过程，哪来的结果呢？因此对于产品品质的控制，只有紧跟了过程控制，才能控制品质。所谓的过程控制要做到首检控制、巡检控制和终检控制。

首检控制。在产品生产前必须要求操作者对在投入生产的物料都要仔细核实，要确认设备是否稳定完好，然后小批量生产 2～3 部件进行检验，确认生产合格后才能批量生产，如果不合格要查找原因。

巡检控制。在生产过程中，管理人员和质量管理人员要对加工的零部件进行抽检，要用大部分精力关注生产中的薄弱环节，如：新员工、关键设备、关键岗位等。

终检控制。在工作结束时，对于最后的产品要重点控制，往往这时员工的心态比较急躁，这时容易产生不合格产品，因此要严格加以控制。

4. 生产车间工艺文件管理

① 工厂各车间都应有工艺规程和生产操作规程，操作过程复杂的工段必须有岗位作业指导书。

② 新产品或新工艺规程和操作规程，由技术部负责组织编写，总经理批准实施。

③ 对原产品工艺规程和操作规程的修改由技术部组织，生产人员配合进行。

④ 技术部应对工艺规程和操作规程的实施进行监控，对工序质量偏离控制范围的情况及时进行纠正。

5. 生产过程的工艺管理

① 在车间的生产过程中，技术部应派工艺员在生产现场进行巡检，监督、指导工艺规程与生产操作规程的实施。

② 生产中出现不合格品时，应迅速查明原因，并做出以下有效处理。

第一，若属于工艺本身原因，现场的工艺员应及时上报技术部，由技术部根据工艺的更改办法进行工艺的更改。

第二，属于工艺执行的原因时，现场的工艺员上报技术部后，技术部负责制定更改措施和预防措施。

第三，不合格品与工艺无关时，现场的工艺员应协同相关部门进行解决，提供与工艺相关方面的帮助。

③ 关键过程管理

第一，关键过程是指对产品质量有重大影响或不稳定的过程。质量不稳定或重要的产品在必要时由技术部设置关键过程，由车间对工艺参数实行连续监控，车间定期对过程能力进行综合评价，技术部定期检查。

第二，关键过程的能力达不到要求时，由技术部和生产车间组织人员查明原因，及时采取纠正措施及提高过程能力。

第三，短期查不出原因时，技术部应组织人员进行技术攻关，确保生产过程处于受控状态。

《家具质量管理与检验》学习任务书

<table>
<tr><td>任务</td><td colspan="2">生产过程中的质量管理的方案设计与实施</td><td>所属项目</td><td>订单加工企业实木家具生产质量管理与检验的方案设计和实施</td></tr>
<tr><td rowspan="2">学习目标</td><td>能力目标</td><td>知识目标</td><td colspan="2">素质目标</td></tr>
<tr><td>能够制定产品的生产工艺；能够设置质量控制点，并且确定质量控制点的验收标准</td><td>掌握实木家具的生产工艺，了解生产设备的操作规程；掌握质量控制点的设置方法并且掌握质量控制点的验收标准</td><td colspan="2">养成严谨的工作作风、实事求是的工作态度；提高团队意识和与人协作共事能力</td></tr>
<tr><td>任务描述</td><td colspan="4">通过查阅资料，分析实木家具产品的结构，结合订单加工企业特点，制定产品的生产工艺，设置质量控制点，并对主要工序产品进行检验</td></tr>
<tr><td>学习产品</td><td colspan="4">工序质量控制点的验收标准</td></tr>
<tr><td>学习步骤</td><td colspan="4">以学习小组为单位，共同完成任务；各小组组长认真组织本组组员：
1. 认真研究确定工作方案；
2. 查阅资料，分析订单加工企业的特点；分析柜类家具的结构特点；
3. 确定柜类家具生产工艺；
4. 确定柜类家具的生产设备并制定相应的操作规程；
5. 确定质量控制点的验收标准；
6. 向其他学习小组展示本组的工序质量控制点检验标准，接受其质询；
7. 按照“检验标准”对主要工序产品进行检验</td></tr>
<tr><td>学习要求</td><td colspan="4">1. 组长真正起到组织作用，组员要有通力协作、尽职尽责、顾全大局精神；
2. 提出问题，独立（小组）解决问题；
3. 相互尊重，相互交流，相互学习；
4. 勤于思考，善于总结（知识）</td></tr>
<tr><td>信息来源</td><td colspan="4">1. 计算机网络系统；2. 学习资料</td></tr>
<tr><td>参考资料</td><td colspan="4">1. 教材：《家具质量管理与检验》；
2. 参考资料：国家标准和企业标准</td></tr>
</table>

单元学习考核

表 2-25　　任务学习评价表

<table>
<tr><td colspan="2">学生姓名</td><td></td><td>班级</td><td></td><td>组别</td><td></td></tr>
<tr><td>序号</td><td>评估项目</td><td>评估内容</td><td colspan="3">评估标准</td><td>评估等级</td></tr>
<tr><td rowspan="4">1</td><td rowspan="4">任务完成情况（60 分）</td><td>任务准备（10 分）</td><td colspan="3">优：课前准备充分，学习笔记记录全面，方法步骤多
良：课前准备充分，学习笔记记录全面
及：课前准备基本能满足要求，有学习笔记记录
不：课前准备不充分，没有学习笔记记录</td><td>□优 □良
□及 □不</td></tr>
<tr><td>任务进度（10 分）</td><td colspan="3">优：完成任务速度快，并能保证质量
良：能在规定时间内完成任务，并能保证质量
及：能在规定时间内完成任务，但不能保证质量
不：不能在规定时间内完成任务</td><td>□优 □良
□及 □不</td></tr>
<tr><td>完成步骤（10 分）</td><td colspan="3">优：工艺制定准确，工序质量控制点设置准确
良：工艺制定准确，能够设置工序质量控制点
及：能够制定产品生产工艺，但没能将重点工序加以控制
不：没有完成</td><td>□优 □良
□及 □不</td></tr>
<tr><td>完成质量（30 分）</td><td colspan="3">优：具有完整的工序质量控制点验收标准
良：工序质量控制点的标准基本完整
及：验收标准不完整
不：没有完成</td><td>□优 □良
□及 □不</td></tr>
<tr><td rowspan="2">2</td><td rowspan="2">基本素质（10 分）</td><td>团队协作（4 分）</td><td colspan="3">优：在完成任务过程中能够主动帮助同学，共同提高
良：在完成任务过程中能够互相帮助
及：在完成任务过程中能够帮助同学，但有不愿意回答同学问题的情况
不：在完成任务过程中不能帮助别人，不愿意回答同学的提问</td><td>□优 □良
□及 □不</td></tr>
<tr><td>劳动纪律（6 分）</td><td colspan="3">优：能遵守公司管理制度，不迟到、早退，无违纪行为
良：能遵守公司管理制度，不迟到、早退，但有事、病假
及：能遵守公司管理制度，有迟到、早退现象
不：不能遵守公司管理制度，劳动纪律出现重大问题，取消成绩</td><td>□优 □良
□及 □不</td></tr>
<tr><td>3</td><td>总结报告（10 分）</td><td colspan="4">综合评价报告中是否详细说明在任务完成过程中掌握了什么知识、学会了什么技能、发现了什么技巧、出现了什么问题、问题得到了怎样的解决等</td><td>□优 □良
□及 □不</td></tr>
<tr><td>4</td><td>总评意见（20 分）</td><td colspan="4">综合评价学生是否掌握学习目标里要求的知识、技能、方法，是否有探索精神和创新意识</td><td>□优 □良
□及 □不</td></tr>
<tr><td colspan="2">教师评语</td><td colspan="5"></td></tr>
<tr><td colspan="2">成绩</td><td></td><td>教师签名</td><td></td><td>日期</td><td></td></tr>
<tr><td colspan="2">备注</td><td colspan="5">各等级权重：优＝1，良＝0.8，及＝0.6，不＝0.5</td></tr>
</table>

任务三　成品质量检验

任务目标：

知识目标：

(1) 掌握实木柜类家具成品检验的内容；

(2) 掌握实木柜类家具成品检验的方法。

技能目标：

(1) 能够制定成品检验方案；

(2) 能够进行成品的质量检验。

任务描述：

任务提出：

能够根据企业的具体情况的生产特点（本任务中以实木柜类产品为例，进行成品质量检验）确定成品检验项目并编制成品检验方案，对柜类家具进行质量检验。

任务分析：

首先根据企业生产的产品（柜类）确定成品检验项目，然后编制成品检验方案，最后对成品（柜类）进行检验。

知识准备：

一、家具的外观质量检验

家具的外观质量检验，详见项目一中任务三知识准备中家具外观质量检验。

二、家具表面涂饰质量检验

根据产品的等级和加工工艺不同，在涂饰完工后7～10天内，对平面部件的涂层进行物理、化学性能的测试，以判定其表面涂饰质量。

1. 木家具涂层的外观要求

木质家具表面漆膜外观质量的检测与评定是检验其漆膜外观是否达到涂饰工艺规程中的各项技术要求，判断产品表面涂饰效果优劣的一种方法，也是评定家具产品质量的一个重要内容。目前，在木质家具生产和产品质量评定中，对各类不同等级木质家具的表面漆膜外观质量的一般要求见表2-26。

木质家具表面漆膜外观质量的检测与评定一般都以目测与标准样板（或标准样品）进行比较，其检测与评定的内容很多，综合起来主要有以下4个方面。

① 色泽涂层的检验。用制定的样板（或样品）与实物的表面比较，观察其颜色的鲜明度和纹理的清晰程度，整件或成套产品的颜色相似程度，以及分色处色线的整齐程度等；检查着色部位的颜色有无流挂、过楞、色花、白楞、白点、笔毛、积漆、积分等缺陷。

② 透明涂层的检验。根据主、次面的不同要求，观察漆膜表面的平整光滑程度和沉陷等情况；检查涂层有无流挂、缩孔、鼓泡、皱皮、漏漆、涨边、针孔、毛糙、脱离、龟裂等涂层表面缺陷。

表 2-26　　木家具涂层的外观要求

项目	产品类别		
	普级家具	中级家具	高级家具
色泽涂层	1. 颜色基本均匀，允许有轻微木纹模糊； 2. 成批配套产品颜色基本接近； 3. 着色部位粗看时（距离1m）允许有不明显的流挂、色花、过棱、白楞、白点等缺陷	1. 颜色较鲜明，木纹清晰与样板相似； 2. 整件产品或配套产品色泽相似； 3. 分色处色线整齐； 4. 凡着色部位，不得有流挂、色花、过楞，不应有目视可见的白楞、白点、积粉、杂渣等缺陷	1. 颜色鲜明，木纹清晰，与样板基本一致； 2. 整体产品或配套产品色泽一致； 3. 分色处色线必须整齐一致； 4. 凡着色部位，目视不得有着色缺陷，如积粉、色花、刷毛、过楞、杂渣、白楞、白点、不平整度和修色的色差等缺陷
透明涂层	1. 涂层表面手感光滑，有均匀光泽。漆膜实干后允许有木孔沉陷； 2. 涂层表面允许有不明显粒子和微观不平整度及不影响使用性能的缺陷，但不得有漆膜发粘、明显流挂、附有刷毛等缺陷	1. 正视面抛光的涂层，表面应平整光滑，漆膜实干后无明显木孔沉陷； 2. 侧面不抛光的涂层表面手感光滑，无明显粒子，漆膜实干后允许有木孔沉陷； 3. 涂层表面应无流挂、缩孔、鼓泡、刷毛、皱皮、漏漆、发黏等缺陷，允许有微小涨边和不平整度	1. 涂层表面平整光滑、漆膜实干后不得有木孔沉陷； 2. 涂层表面不得有流挂、缩孔、涨边、鼓泡、皱皮、线角处与平面基本相似，无积漆、磨伤等缺陷
抛光层	—	正视面抛光： 1. 涂层平坦，具有镜面般的光泽； 2. 涂层表面正视应无明显加工痕迹、细条纹、划痕、雾光、白楞、白点、鼓泡、油白等缺陷	表面全抛光： 1. 涂层平坦，具有镜面般的光泽； 2. 涂层表面不得有目视可见的加工痕迹、细条纹、划痕、雾光、白楞、白点、鼓泡、油白等缺陷
不涂饰部位	允许有不影响美观的漆迹、污迹	要保持清洁	要保持清洁，边缘漆线整齐

注：1. 不透明涂层不显木纹外，其余要求须符合上表；2. 填孔型亚光层除光泽要求不同外，其余须符合上表中高级产品的要求；3. 古铜色除图案要求不同外，其余应符合高级产品的要求。

表 2-27　　木质家具表面漆膜的理化性能指标

分级	耐液	耐湿热	耐干热	附着力	光泽度				耐磨性	抗冲击	耐冷热温差
					原光		亚光				
					原光	抛光	填孔亚光	显孔亚光			
1	无印痕	无试杯印痕	无试杯印痕	割痕光滑，无漆膜剥落	>90	>85	25～35	<14	漆膜未露白	无可见变化（无损伤）	观察试样中间部分的漆膜表面，无裂纹，鼓泡、明显失光和变色灯缺陷
2	轻微的变泽印痕	间断轻微印痕及轻微变泽	间断轻微印痕及轻微变泽	割痕交叉处有漆膜剥落，漆膜沿割痕有少量断续剥落	80～90	75～84	15～24	15～24	漆膜局部轻微露白	漆膜表面无裂纹，但可见冲击痕迹	

续表

分级	耐液	耐湿热	耐干热	附着力	光泽度				耐磨性	抗冲击	耐冷热温差
					原光		亚光				
					原光	抛光	填孔亚光	显孔亚光			
3	轻微的变色或明显的变泽印痕	近乎完整的环痕及轻微变色	近乎完整的环痕及轻微变色	漆膜沿割痕有断续或连续	70～79	65～74	<14	25～35	漆膜局部明显露白	漆膜表面有轻度的裂纹，通常有1～2圈环裂或弧裂	观察试样中间部分的漆膜表面，无裂纹，鼓泡、明显失光和变色灯缺陷
4	明显的变色、鼓泡、皱纹	明显环痕或圈痕变色	明显环痕或圈痕变色	50%以上的切割方格中漆膜沿割痕有打碎片剥落	<69	<64	—	—	漆膜局部明显露白	漆膜表面有轻度的裂纹，通常有1～2圈环裂或弧裂	
5	—	严重环痕或圈痕、变色或鼓泡	严重环痕或圈痕、变色或鼓泡	50%以上的切割方格中漆膜沿割痕有打碎片剥落	—	—	—	—	—	漆膜表面有轻度的裂纹，通常有1～2圈环裂或弧裂	

③ 抛光面的检验。漆膜经砂磨、抛光后是否有镜面般的光亮度；漆膜表面有无加工痕迹，如细条纹、划痕、雾光、鼓泡等缺陷。

④ 不涂饰部位的检验。内部清洁或不涂饰部位是否保持清洁，是否有水迹或其他污迹及杂渣，边缘漆线是否涂饰整齐等。

2. 木家具漆膜的理化性能

木家具表面漆膜理化性能检测试验是为了正确确定涂饰的工艺规程和保证木质家具表面漆膜具有高质量的装饰性和保护性。其测试项目是根据家具使用过程中常会出现的问题而定的，一般包括耐液性、耐湿热、耐干热、附着力、厚度、光泽度、耐冷热温差、耐磨性、耐冲击性等，具体项目和指标如表 2-27 所示。

3. 木家具漆膜理化性能测试方法

漆膜理化性能试验是为了正确确定涂饰的工艺规程和保证木家具表面漆膜具有高质量的装饰和保护性能。测试项目是根据家具使用过程中出现的问题而确定的，即有耐液、耐干热、附着力、厚度、光泽度、耐冷热温差、耐磨性及抗冲击性几个方面。上述各类理化性能测试试验用试件的要求见表 2-28。

表 2-28　　漆膜理化性能试验试件的要求

项目	试件尺寸/(mm×mm)	试件数	试件的要求	试验室条件
耐液	250×200	1	1. 涂饰完工后至少存放 10 天，完全干燥后试验 2. 表面须平整，漆膜无划痕、鼓泡等缺陷	温度：20±2℃ 相对湿度：60%～70%
耐湿热	250×200	1		
耐干热	250×200	1		
附着力	250×200	1		
厚度	250×200	1		
光泽	250×200	1		

续表

项目	试件尺寸/(mm×mm)	试件数	试件的要求	试验室条件
耐冷热温差	250×200	1	1. 涂饰完工后至少存放 10 天，完全干燥后试验； 2. 表面须平整，漆膜无划痕、鼓泡等缺陷	温度：20±2℃ 相对湿度：60%～70%
耐磨	ϕ100×(3～5)	1		
抗冲击	250×180	1		

① 耐液性测定。耐液性是指漆膜耐各种日常可能接触液体作用的性能。其测试方法见表 2-29。

② 耐湿热性测定。耐湿热型是指漆膜抵抗湿热作用的性能。其测试方法见表 2-30。

③ 耐干热性测定。耐干热性是指漆膜抵抗干热作用的性能。其测试方法见表 2-31。

④ 附着力测定。附着力是指漆膜与被涂制品、零部件或材料表面通过物理和化学作用结合在一起的牢固程度。其测试方法见表 2-32。

表 2-29　　漆膜耐液测定的方法和步骤

试件	试验设备和材料	试验时间	实验方法
氯化钠(15%溶液) 碳酸钠(10%溶液) 乙酸(30%溶液) 乙醇(70%医用) 洗涤剂(白猫洗洁精) 酱油 蓝黑墨水 红墨水 碘酒 花露水(70%～75%乙醇，2%～3%香精) 茶水(10g 茶叶，加入 1000g 沸水，泡 5min 后的茶水) 咖啡(40g 速溶咖啡加 1000g 沸水) 甜炼乳 大豆油 蒸馏水	1. 定性滤纸； 2. 玻璃罩(ϕ50mm，h=25mm)； 3. 不锈钢光头镊子； 4. 观察箱； 5. 清洗液(15ml 洗涤剂+1000ml 蒸馏水)	10s 10min 1h 4h 8h 24h 80h	1. 试件表面用软布擦净； 2. 选三个试验区和一个对比区，试验区中心相距不小于 65mm； 3. 浸透试液的 ϕ25mm 滤纸在每个试验区放上五层后用玻璃罩罩住； 4. 达到规定试件后揭去滤纸吸干残液； 5. 静置 15～24h； 6. 用清洗液及清水清洗表面并用软布擦干； 7. 静置 30min； 8. 观察与对比区间的差异 (1)放入观察箱检查变泽和印痕情况； (2)在室内自然光下检查变色、鼓泡和皱纹情况； (3)以两个试验区一致评定值为最终试验值

注：此表根据 GB/T 4893.1—2001 编制。

表 2-30　　漆膜耐湿热测定的方法和步骤

试验设备与材料	试验温度	试 验 方 法
1. 铜试杯； 2. 矿物油(燃点不低于 250℃)； 3. 电炉； 4. 坩埚钳； 5. 水银温度计(0～100℃)； 6. 木板(100mm×100mm×10mm)； 7. 白色尼龙纺(70mm×70mm)； 8. 不锈钢镊子； 9. 定性滤纸； 10. 观察箱； 11. 天平(0.1g)	55℃ 70℃ 85℃	1. 任取三试验区，每区为 ϕ50mm，试验区中心距试件边≥40mm，三试验区中心相距≥65mm； 2. 记录试验前状况：颜色：试验区与对比区色彩相一致；光泽：用光电光泽仪测定试验区光泽值；表状：目视试验区无明显缺陷； 3. 铜试杯盛 100±1g 矿物油加热至超过规定温度 10℃； 4. 将单层尼龙纺浸透蒸馏水后放置于试验区内； 5. 待铜试杯油温达到规定温度后放于尼龙纺上，静置 15min； 6. 除去试杯和尼龙纺，用滤纸吸干； 7. 静置 16～24h 后用滤纸轻拭； 8. 观察试验区和对比区的差异：颜色：与对比区色彩不一的为变色；光泽：低于原光泽 5%～10%为轻微变泽；表状：目视有细小气泡为漆膜鼓泡； 9. 以两个试验区一致为最终试验值

注：此表根据 GB/T 4893.2—2005 编制。

表 2-31　　漆膜耐干热测定的方法

试验设备与材料	试验温度	试 验 方 法
1. 铜试杯； 2. 矿物油(燃点不低于 250℃)； 3. 电炉； 4. 坩埚钳； 5. 水银温度计(0～100℃)； 6. 木板(100mm×100mm×10mm)； 7. 观察箱； 8. 天平(0.1g)	70℃ 80℃ 90℃ 100℃ 120℃	1. 任取三试验区，每区为 ϕ50mm，试验区中心距试件边≥40mm，三试验区中心相距≥65mm； 2. 记录试验前状况 (1)颜色：试验区与对比区色彩相一致； (2)光泽：用光电光泽仪测定试验区光泽值； (3)表状：目视试验区无明显缺陷； 3. 铜试杯盛 100±1g 矿物油加热至超过规定温度 10℃； 4. 将铜试杯放在木板上使油温降到规定的试验温度再移到试件的试验区上； 5. 静置 15min 后将试杯取走，用滤纸轻拭试验区； 6. 静置 16～24h 后用滤纸轻拭； 7. 观察试验区和对比区的差异 (1)放入观察箱印痕； (2)室内自然光下检查； 颜色：与对比区色彩不一的为变色； 光泽：低于原光泽 5%～10%为轻微变泽； 表状：目视有细小气泡为漆膜鼓泡； 8. 以两个试验区一致为最终试验值

注：此表根据 GB/T 4893.3—2005 编制。

表 2-32　　漆膜附着力测定的方法

试验设备与工具	试 验 方 法
1. FE—漆膜附着力测定仪或其他具有等同试验结果的仪器； 2. 氧化锌橡皮膏； 3. 猪鬃漆刷； 4. 观察灯：白色磨砂灯泡 60W； 5. 放大镜(4 倍)	1. 取三个试验区(尽量不选用纹理部位)试验区中心距试件边缘≥40mm，试验区间中心相距≥65mm； 2. 每试验区的相邻部位分别测两点漆膜厚度，取其算术平均值； 3. 在试验区的漆膜表面切割出两组相互成直角的格状割痕，每组 11 条，长 35mm、间距 2mm 的平行割痕，所有切口应穿透到基材表面，割痕与木材纹理方向近似为 45°； 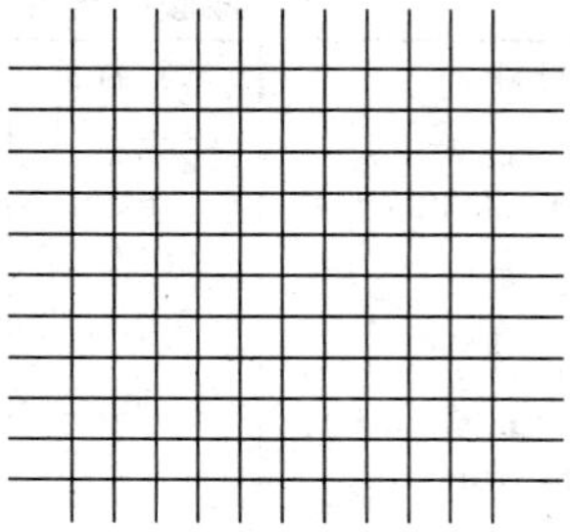 4. 用漆刷将浮屑掸去； 5. 用手将橡皮膏压贴在试验区的切割部位； 6. 顺对角线方向将橡皮膏猛揭； 7. 在观察灯下用放大镜仔细观察漆膜损伤情况

注：此表根据 GB/T 4893.4—2005 编制。

⑤ 漆膜厚度测定。确定木质家具表面漆膜的厚薄大小。其测试方法见表 2-33。

表 2-33　　漆膜厚度测定的方法

试验设备与工具	试验方法
1. 钻孔装置； 2. 测量显微镜； 3. 记号笔	1. 试件上取三个试验点，其中一点在试验中心，其余两点在对角线上距试件边缘≥50mm 的位置； 2. 用钻孔装置的钻头在不施加过大压力下将漆膜钻透为止； 3. 移去钻头装置清除钻屑； 4. 将测量显微镜聚焦于锥孔与主光轴垂直的母线上，用测微装置测量出该母线漆膜部分的长度 b，用下式计算漆膜的厚度 δ： $\delta=b\div 2$ 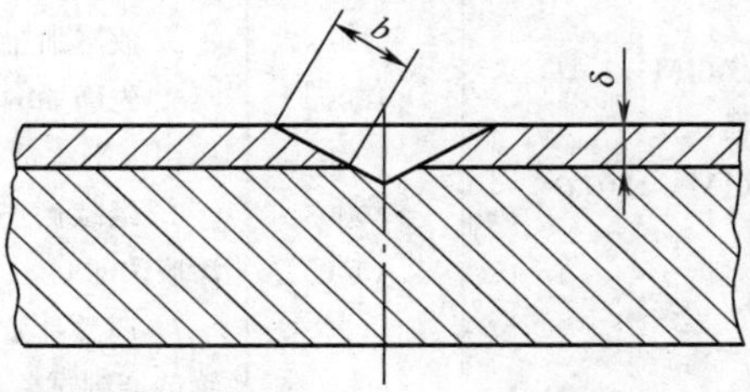 5. 取三点厚度的算术平均值

注：此表根据《GB/T 4893.5—2013 家具表面漆膜理化性能试验　第 5 部分：厚度测定法》编制。

⑥ 光泽度测定。光泽度是指漆膜表面反射所产生的光亮程度。用光电泽仪器测定的光泽值是以漆膜表面正反射光量与同一条件下标准板表面的正反射光量之比的百分数表示的。其测定方法见表 2-34。

表 2-34　　漆膜光泽度测定的方法

试验设备与材料	试验方法
1. 光电光泽仪(GZ—1 型)； 2. 绒布或擦镜纸	1. 按光电光泽仪的说明选择量程和校正仪器指针至标准板的标定值； 2. 试件表面擦净，并取三个试验区，一个在试件中心，另两个在任意位置； 3. 将仪器测头置于试验区上，使木纹方向顺着测头内光线的入射和反射方向； 4. 记录各试验区的光泽值(读数精确至 1%)； 5. 取三试验区读数的平均值； 注：每测一块试件，均须用标准板作一次校对

注：此表根据《GB/T 4893.6—2013 家具表面漆膜理化性能试验　第 5 部分：厚度测定法》编制。

⑦ 耐冷热温差性的测定。耐冷热温差性是指漆膜在冷、热交替作用下耐温差的性能。其测试方法见表 2-35。

⑧ 耐磨性的测定。耐磨性是指漆膜表面抵抗磨损的能力。其测试方法见表 2-36。

⑨ 抗冲击性的测定。抗冲击性是指漆膜抵抗外界冲击的能力。其测试方法见表 2-37。

表 2-35　　漆膜耐冷热温差测定的方法

试验设备与时间	试验条件		试验时间/周	试验方法
	温度	相对湿度		
1. 恒温恒湿箱(温度高于 60℃，相对湿度 98%～99%)； 2. 低温冰箱(温度低于－40℃)； 3. 天平(0.1g)； 4. 电炉； 5. 放大镜(4 倍)； 6. 扁鬃刷； 7. 石蜡； 8. 松香	(40±2)℃ (－20±2)℃	98%～99%	3 6 9 12 15 18	1. 取四块试件，三块作试验，一块作比较，试件在试验室内稳定 2h； 2. 用配比为 1∶1 的石蜡—松香混合液将试件周边和背面封闭； 3. 每一次试验周期为两个阶段 (1)试件放入恒温恒湿箱 1h； (2)取出后立即放入低温冰箱中 1h； 4. 每经 3 周期处理后，将试件放在试验室条件下静置 18h 后作检查； 5. 用放大镜观察试件中间部分的漆膜表面，不应产生裂纹、鼓泡、明显时光和变色等缺陷； 6. 以两块试件一致评定值为最终结果

注：此表根据《GB/T 4893.7—2013 家具表面漆膜理化性能试验　第 7 部分：耐冷热温差测定法》编制。

表 2-36　　漆膜耐磨性测定的方法

试验设备与工具	次数	试验方法
1. 漆膜磨耗仪(JM—1 型)； 2. 砂轮修整器； 3. 橡胶砂轮(JM—120)； 4. 吸尘器； 5. 天平(0.1g)	400 1000 2000 3000 4000 5000	1. 在试件中部 65mm 范围内均布取三点测漆膜厚度，取算术平均值； 2. 将试件放于磨耗仪工作盘上(工作盘转速为 70～75r/min)； 3. 在磨耗仪的加压臂上加 1000g 砝码和安装上经修整后的新砂轮，臂末端加平衡砝码； 4. 放下加压臂和吸尘嘴，开启电源、吸尘和转盘开关； 5. 先磨 50r，使漆膜表面呈平整均匀的磨耗圆环，取出试件刷取浮屑用天平称重； 6. 继续磨 100r 后取下试件刷取浮屑再称重，前后重量之差即为漆膜失重； 7. 调整计数器到规定的磨转转数(此时应减去已砂磨的 100r)继续砂磨到试验结束； 8. 观察漆膜表面磨损情况，若漆膜轻微露白痕迹难以判断时，可用洁净软布蘸少许彩色墨水涂在该部位并迅速擦去，此时在露白部位留下少许墨水痕迹； 9. 以两块试件一致评定值为最终试验结果

注：此表根据《GB/T 4893.8—2013 家具表面漆膜理化性能试验　第 8 部分：耐磨性测定法》编制。

表 2-37　　漆膜抗冲击测定的方法

试验设备与工具	冲击高度/mm	试验方法
1. 冲击器：由水平基座、垂直导管、冲击块与钢球四部分组成； 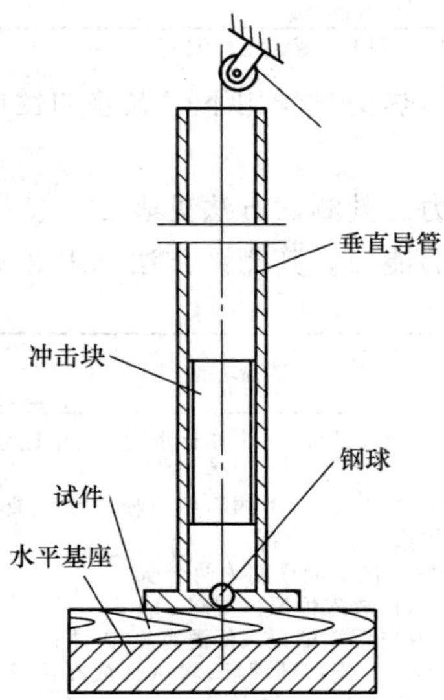 2. 放大镜(10×)； 3. 光源：60W 磨砂灯泡	10 25 50 100 200 400	1. 确定冲击部位，各冲击部位中心距离试件边沿应≥50mm，各冲击部位中心间的距离≥20mm； 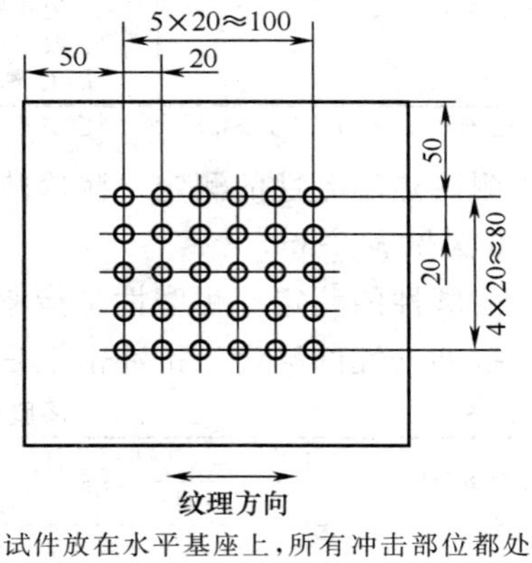 2. 将试件放在水平基座上，所有冲击部位都处在水平基座范围内； 3. 将冲击器放在被测试件上，钢球对准冲击部位中心； 4. 将冲击块提升到规定的冲击高度，向钢球冲击一次，每个冲击高度各冲击 5 个部位； 5. 将试件置于光源下，用放大镜检查各冲击部位的损伤程度(检查时，可晃动试件、光源和改变观察角度进行，必要时也可涂上与漆膜颜色反差较大的水性着色剂，稍片刻擦去着色剂再作检查)； 6. 评定出同一冲击高度的每个冲击部位的数字等级取其算术平均值最接近的整数作最终评定结果

注：此表根据《GB/T 4893.9—2013 家具表面漆膜理化性能试验　第 9 部分：抗冲击测定法》编制。

三、柜类家具力学性能检验

用于家庭、宾馆、饭店等场合的各种柜类家具的试验。其他柜类家具及其他家具搁板、抽屉和门等部件，也可按此进行力学强度试验。

1. 部件的加载值

对柜类家具进行强度试验时，须在试验和非试验部件上加试验载荷，见表 2-38。

表 2-38　　柜类家具强度和耐久性试验非试验部件上的加载载荷

部件名称	单位	非试验部位加载值
水平部件、隔板、门篮等	kg/dm^2	0.65
推拉构件	kg/dm^2	0.2
吊挂的文件袋	kg/dm^2	1.5
挂衣棍	kg/dm^2	2.0

注：此表根据《GB/T 10357.5—2011 家具力学性能试验　柜类强度和耐久性》编制。

2. 非活动部件的试验

（1）搁板

除待试搁板外，其他用于贮物的部位，均按非活动部件加载值加载。

① 搁板的弯曲试验。见表 2-39（根据《GB/T 10357.5—2011　家具力学性能　柜类强度和耐久性》编制）。

表 2-39　　搁板的弯曲试验

试验方法	加载值		试验结果评定
	试验水平	载荷/(kg/dm^2)	
1. 将搁板搁放在柜体搁板支承件上； 2. 均布加载 7 天 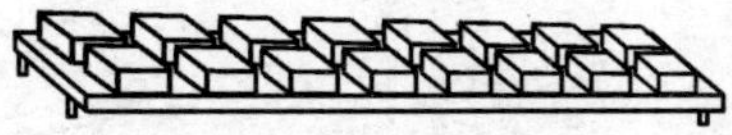	1 2 3 4 5	1.0 1.0 1.5 2.0 2.5	1. 测量搁板前边缘中间部位加载前后的挠度，精确到 0.1mm； 2. 按两支承件间跨距的百分比记录搁板挠度； 3. 检查搁板结构和质量

② 搁板支承件的强度试验　见表 2-40（根据《GB/T 10357.5—2011 家具力学性能　柜类强度和耐久性》编制）。

表 2-40　　搁板支承件的强度试验

试验方法	冲击钢块的质量和尺寸						试验结果评定
	规格	试验水平					
		1	2	3	4	5	
1. 搁板上均布加载值同弯曲试验； 2. 加载均匀分布在离支承端约 220mm 外； 3. 离支承端 220mm 范围内用一钢制冲击块靠近支承件部位跌落 10 次 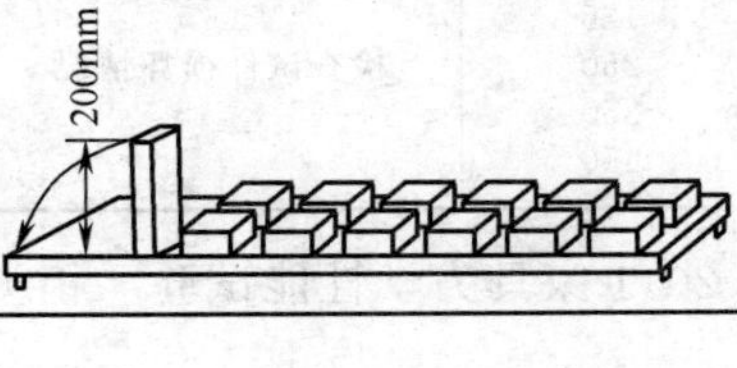 	质量/kg 宽度/mm 厚度/mm 长度/mm 冲击能/(N·m)	0.5 32 10 200 0.49	0.75 48 10 200 0.74	1.1 70 10 200 1.08	1.7 109 10 200 1.66	2.5 160 10 200 2.45	1. 测量支承件的位置； 2. 检查支承件的结构及损坏情况； 3. 检查搁板

（2）挂衣棍

① 挂衣棍弯曲试验。见表2-41（根据《GB/T 10357.5—2011家具力学性能 柜类强度和耐久性》编制）。

表 2-41　　挂衣棍弯曲试验

试验方法	加载值		试验结果评定
	试验水平	载荷/(kg/dm^2)	
1. 将挂衣棍安装在柜体的支承件上； 2. 挂衣棍上加均布载荷，加载7天 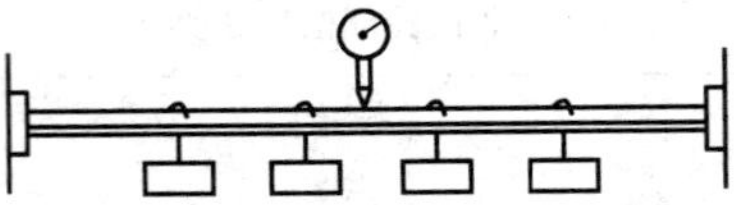	1 2 3 4 5	4.0 4.0 4.0 4.0 4.0	1. 测量加载前和加载7天并保载下挂衣棍中间部位的挠度； 2. 按两支承件间跨距的百分比记录挂衣棍的挠度； 3. 检查挂衣棍的结构与损坏情况

② 挂衣棍支承件的强度试验。见表2-42（根据《GB/T 10357.5—2011家具力学性能试验 柜类强度和耐久性》编制）。

表 2-42　　挂衣棍支承件的强度试验

试验方法	加载值		试验结果评定
	试验水平	载荷/(kg/dm^2)	
1. 将挂衣棍安装在柜体的支承件上； 2. 在强度最弱的支承件上集中加载，有3个以上支承件时应把载荷集中施加在受载最大的支承件的两端 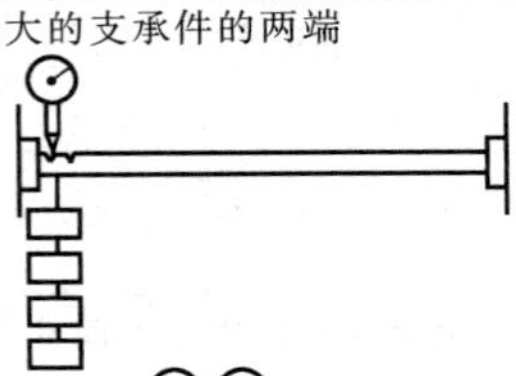 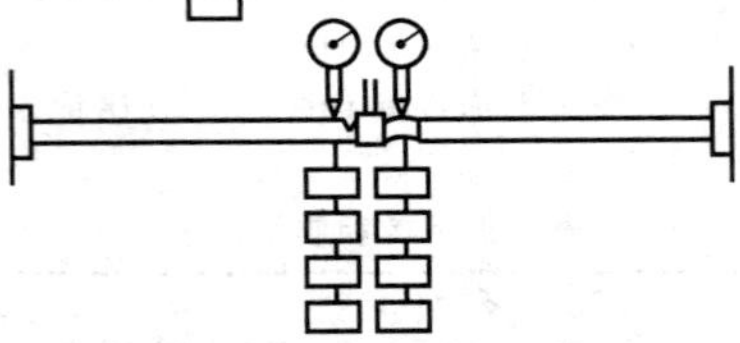	1 2 3 4 5	4.0 4.0 4.0 4.0 4.0	1. 在试验前和试验1h后检查挂衣棍； 2. 检查支承件的位置

（3）顶板、面板和底板

除待试部位外，其他用于贮物的部件均按非试验部位加载值加载。

① 顶、面板强度试验。见表2-43（根据《GB/T 10357.5—2011家具力学性能试验 柜类强度和耐久性》编制）。

表 2-43　　顶、面板强度试验

试验方法	加载值			试验结果评定
	试验水平	载荷/N		
		顶面板离地面高度小于等于1050mm	顶面板离地面高度大于1050mm	
1. 用ϕ100mm加载垫在最易损坏部位垂直加载10次，每次加载至少保持10s； 2. 多个易损坏部位，可选出三个部位按上述加载； 3. 顶、面板高度位置可调时，应将其置于最易损坏的位置作试验	1 2 3 4 5	— 600 750 1000 1250	— 125 250 350 450	检查试件损坏情况

② 底板强度试验。见表2-44（根据《GB/T 10357.5—2011家具力学性能试验 柜类

强度和耐久性》编制)。

表 2-44　**底板强度试验**

试验方法	加载值		试验结果评定
	试验水平	载荷/N	
1. 用 ϕ100mm 加载垫在最易损坏部位垂直加载 10 次,每次加载至少保持 10s; 2. 多个易损坏部位,可选出三个部位按上述加载	1 2 3 4 5	— 125 250 350 450	检查试件损坏情况

3. 活动部件的试验

(1) 拉门

用高度小于 12mm 的挡块围住柜座或柜脚,以防止试件移动,但不限制试件的倾翻。在所有用贮物的部位上,均按照表 2-38 中非试验部件加载值加载。

① 拉门的耐久性试验。见表 2-45(根据《GB/T 10357.5—2011 家具力学性能试验　柜类强度和耐久性》编制)。

表 2-45　**拉门的耐久性试验**

试验方法	加载值		试验结果评定
	试验水平	循环次数	
1. 将质量为 3kg 重物垂直挂在门内面的垂直中心线上; 2. 将门从关闭到全部开启作循环往复运动; 3. 门的开启和关闭时间各约 3s; 4. 装有门夹时每往复一次门夹须动作一次,无门夹时门的最大开启角度不应超过 130° 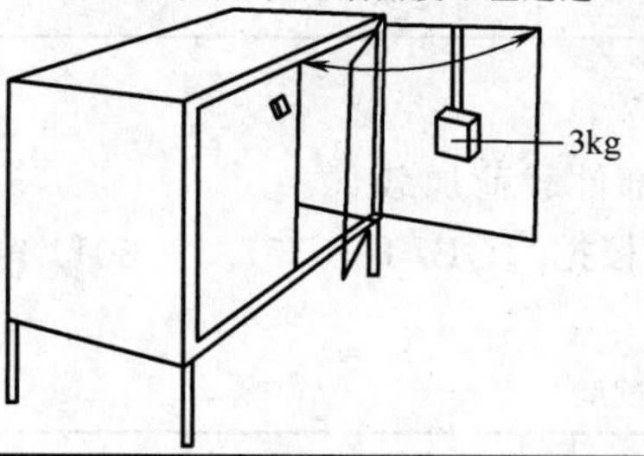	1 2 3 4 5	10000 20000 40000 80000 160000	1. 检查拉门试验前后当门关闭和开启至 90°位置时门的外形和功能,测量门两侧挠度; 2. 评定其损坏情况

② 拉门强度试验。见表 2-46(根据《GB/T 10357.5—2011 家具力学性能试验　柜类强度和耐久性》编制)。

表 2-46　**拉门强度试验**

试验方法	加载值		试验结果评定
	试验水平	重物质量/kg	
1. 将重物挂在距拉门安装拉手一侧 100mm 的内外两侧; 2. 用手将门从离全部关闭位置 10°至离全部打开位置 10°范围内轻轻往复摆动 10 次; 3. 门的最大开启角度不超过 180°; 4. 门开启与关闭时间各为 3~5s 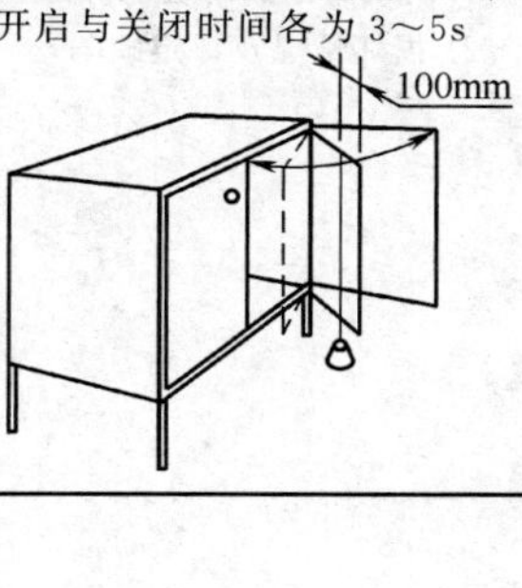	1 2 3 4 5	20 20 20 35 70	1. 检查拉门试验前后当门关闭和开启至 60°位置时门的外形和功能; 2. 测量门两侧边的挠度

③ 拉门猛开试验。见表 2-47（根据《GB/T 10357.5—2011 家具力学性能试验　柜类强度和耐久性》编制）。

表 2-47　　拉门猛开试验

试验方法	加载值		试验结果评定
	试验水平	重物质量/kg	
1. 用绳索系一重物，另一端系在门上离安拉手一侧边 50mm 并与拉手上部等高位置上（无拉手时系在同一侧边的中部位置）绳索与门在全开位置时成 90°； 2. 将门开到离全开位置的起始位置，通过滑轮将门全打开 10 次； 3. 试验时重物应在门离全开位置 10mm 时预先落地 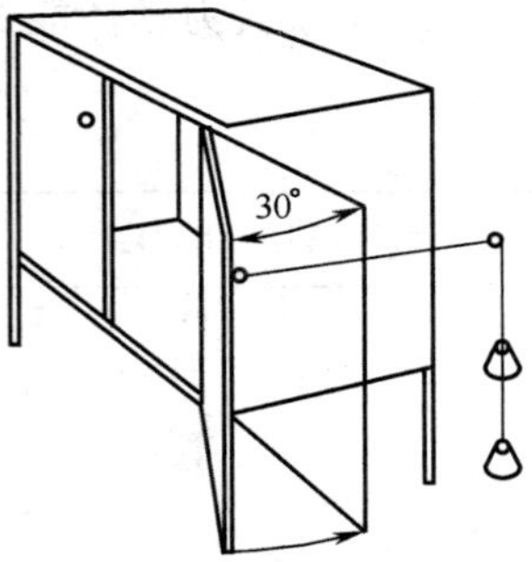 	1 2 3 4 5	0.5 1.0 1.5 2.0 3.0	1. 检查拉门试验前后当门关闭和打开成 90°时门的外形和功能； 2. 检查损坏情况

（2）移门和侧向起闭的卷门

用挡块围住柜脚或柜座，所有贮物部件均按非试验部件载荷加载。

① 移门和侧向起闭卷门的耐久性试验。见表 2-48（根据《GB/T 10357.5—2011 家具力学性能试验　柜类强度和耐久性》编制）。

表 2-48　　移门和侧向起闭卷门的耐久性试验

试验方法	加载值		试验结果评定
	试验水平	循环次数	
1. 将启闭力施加在门的外面靠近拉手部位或把手上，以平均约为 0.25m/s 线速度将门从关闭位置至离全开位置 500mm 处作往复运动； 2. 装有门夹时，往复一次必须触动门夹动作一次 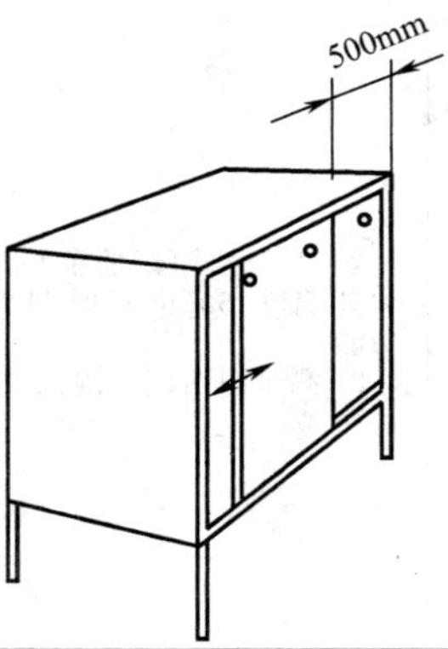 	1 2 3 4 5	5000 10000 20000 40000 80000	1. 检查试验前后，当门关闭和开启时移门或卷门和滑道的外形和功能； 2. 损坏情况及评定缺陷

② 移门和侧向开卷门猛开或猛关试验。见表 2-49（根据《GB/T 10357.5—2011 家具力学性能试验　柜类强度和耐久性》编制）。

表 2-49　　移门和侧向开卷门猛开或猛关试验

试验方法	加载值		试验结果评定
	试验水平	重物质量/kg	
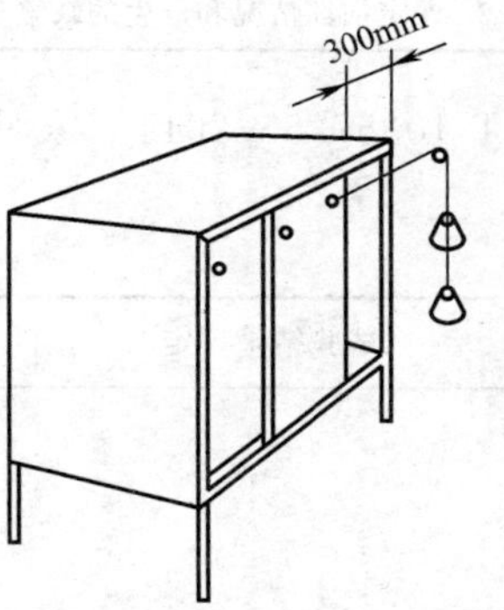 1. 绳索上系一重物，另一端系在拉手上或尽可能靠近拉手部位（无拉手时系在门外侧边中间部位）； 2. 通过滑轮将门从离开启或关闭位置 300mm 处猛开关 10 次； 3. 试验时，重物应在门离全开位置 10mm 时预先落地	1 2 3 4 5	2.0 2.0 3.0 4.0 6.0	1. 检查拉门试验前后当门关闭和开启时，门和滑道的外形和功能； 2. 评定损坏情况和缺陷

（3） 翻门

所有贮物部件均按表 2-38 中非试验部件加载，试验时如发生倾翻，应加大载荷或将试件固定，使保持稳定。

① 翻门耐久性试验。见表 2-50（根据《GB/T 10357.5—2011 家具力学性能试验　柜类强度和耐久性》编制）。

表 2-50　　翻门耐久性试验

试验方法	加载值		试验结果评定
	试验水平	循环次数	
1. 将门从关闭位置至全开位置间作往复运动，门的开启与关闭时间各为 3s； 2. 装有门夹时，每往复一次必须动作一次	1 2 3 4 5	2500 5000 10000 20000 40000	1. 检查试验前后当门关闭和开启时，门和铰链的外形和功能； 2. 评定损坏情况和缺陷

② 翻门强度试验。见表 2-51（根据《GB/T 10357.5—2011 家具力学性能试验　柜类强度和耐久性》编制）。

表 2-51　　翻门强度试验

试验方法	加载值		试验结果评定
	试验水平	载荷/N	
1. 将翻门打开，在离门角两侧边 50mm 等距离部位垂直施加载荷 10 次； 2. 每次加载至少保持 10s 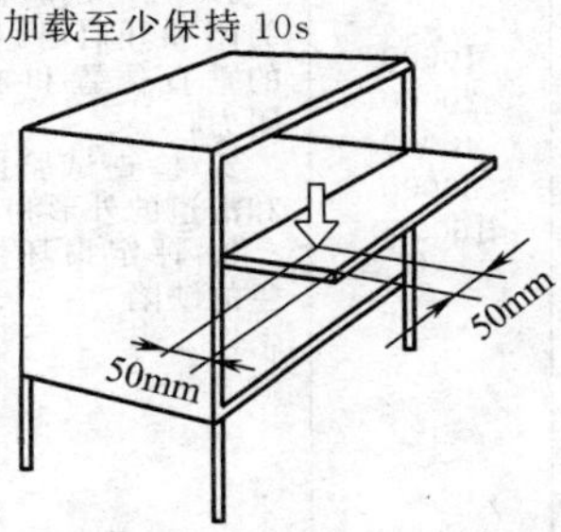	1 2 3 4 5	50 100 200 300 600	1. 测量试验前及第 10 次试验结束后，加载部位门的挠度； 2. 检查试验前后，当门关闭和开启时，门和铰链的外形和功能； 3. 评定损坏情况和缺陷

③ 垂直启闭的卷门的耐久性试验。见表 2-52（根据《GB/T 10357.5—2011 家具力学

性能试验　柜类强度和耐久性》编制）。

表 2-52　　垂直启闭的卷门的耐久性试验

试验方法	加载值		试验结果评定
	试验水平	循环次数	
1. 以平均约为 0.25m/s 线速度使卷门在全开和全闭位置作往复运动； 2. 装有门夹时，每往复一次须触动门夹装置一次	1 2 3 4 5	10 20 30 40 50	1. 检查试验前后，当门关闭和开启时，门和滑道的外形和功能； 2. 评定损坏情况和产生的缺陷

④ 垂直启闭卷门的猛开或猛关试验。见表 2-53（根据《GB/T 10357.5—2011　家具力学性能试验　柜类强度和耐久性》编制）。

表 2-53　　垂直启闭卷门的猛开或猛关试验

试验方法	加载值		试验结果评定
	试验水平	循环次数	
1. 按规定的循环次数将门从起落平衡点自落； 2. 如果卷门部能自落，应按侧向启闭卷门的猛开或猛关试验规则进行试验 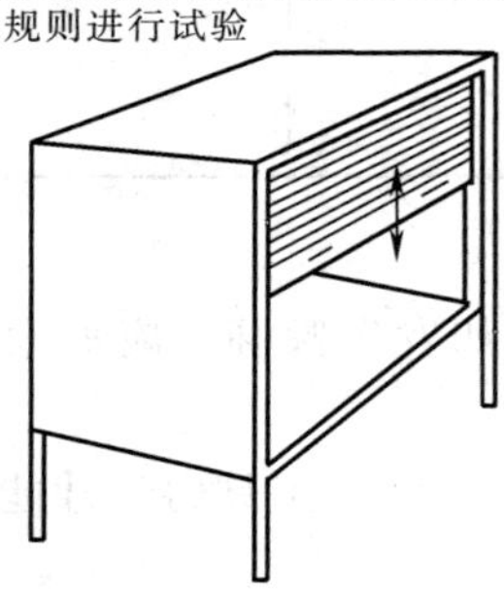	1 2 3 4 5	10 20 30 40 50	1. 检查试验前后，当门关闭和开启时，门和滑道的外形和功能； 2. 评定损坏情况和产生的缺陷

（4）抽屉

用挡块围住柜脚或柜座，除被试抽屉外，其他所有贮物部件按非试验部件加载值加载。

① 抽屉和滑道的耐久性试验。见表 2-54（根据《GB/T 10357.5—2011　家具力学性能试验　柜类强度和耐久性》编制）。

表 2-54　　抽屉和滑道的耐久性试验

试验方法	加载值		试验结果评定
	试验水平	循环次数	
1. 将试验部件规定的载荷加载于抽屉内部； 2. 按规定次数，以平均约为 0.25m/s 的线速度开闭抽屉； 3. 每次抽出时，抽屉从关闭位置抽出 2/3，内留 1/3 或不小于 100mm，再由此位置推到关闭位置，每次关闭抽屉时应略有停顿； 4. 加力点应与滑道平行或略高于滑道； 5. 若抽屉和滑道装有定位装置启闭抽屉时，定位装置不应受到任何作用力 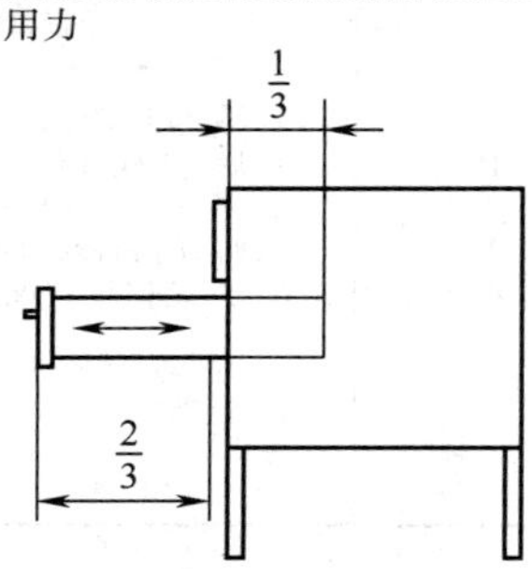	1 2 3 4 5	10000 20000 40000 80000 160000	1. 测量试验前后抽屉关闭和开启时，抽屉面板的垂直位置和抽屉的启闭力； 2. 检查试验前后抽屉和滑道的外形和功能； 3. 评定损坏情况和产生的缺陷

② 抽屉结构强度试验。见表 2-55（根据《GB/T 10357.5—2011 家具力学性能试验 柜类强度和耐久性》编制）。

表 2-55　　抽屉结构强度试验

试验方法	加载值		试验结果评定
	试验水平	载荷/N	
1. 将抽屉放在滑道上； 2. 按试验部位加载值对试验部件加载； 3. 分别向抽屉面板和抽屉背板内侧中间、离底板25mm 高度部位施加载荷力 10 次； 4. 每次加力应至少保持 10s 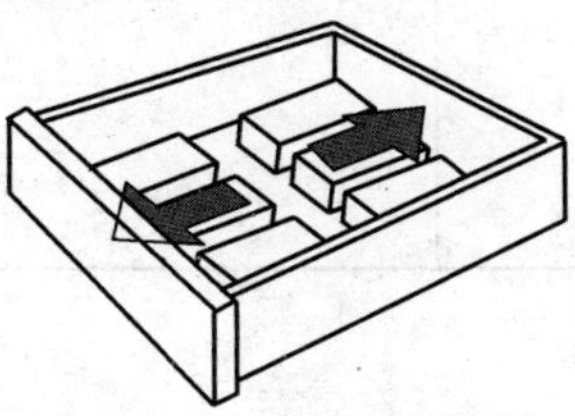	1 2 3 4 5	30 40 60 70 80	1. 检查试验前后抽屉外形和功能； 2. 评定损坏情况和产生的缺陷

③ 推拉构件猛关试验。见表 2-56（根据《GB/T 10357.5—2011 家具力学性能试验 柜类强度和耐久性》编制）。

表 2-56　　推拉构件猛关试验

试验方法	猛关线速度/(m/s)			试验结果评定
	试验水平	抽屉质量/kg		
1. 将抽屉放在滑道上； 2. 抽屉内按试验部件加载值加载； 3. 将抽屉抽出 2/3，但应不大于 300mm，内留不小于 100mm； 4. 按对顶线速度将抽屉猛关 10 次； 5. 加力点高度应与滑道平行或高于滑道； 6. 每次试验后抽屉内的载荷应重新放置 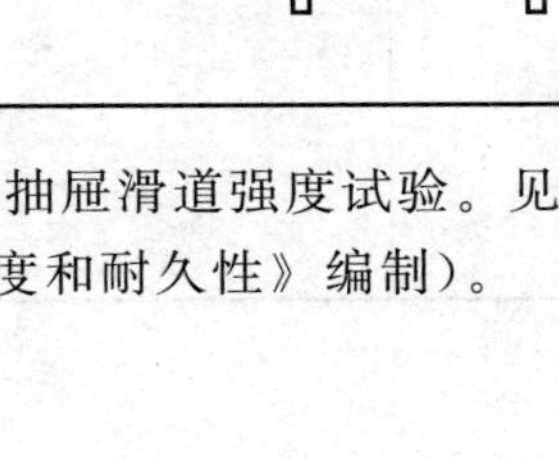	1 2 3 4 5	1.62 1.92 2.15 2.52 3.03	1.09 1.29 1.45 1.70 2.04	1. 检查试验前后，抽屉和滑道的外形和功能； 2. 评定损坏及产生的缺陷

④ 抽屉滑道强度试验。见表 2-57（根据《GB/T 10357.5—2011 家具力学性能试验 柜类强度和耐久性》编制）。

表 2-57　　　　　　　　　　　　　　　　抽屉滑道强度试验

试验方法	加载值		试验结果评定
	试验水平	载荷/N	
1. 抽屉抽出 2/3，带有限位功能的抽屉应抽出其限位全长； 2. 在抽屉面上端中心位置垂直加载 10 次； 3. 每次加载时力应至少保持 10s 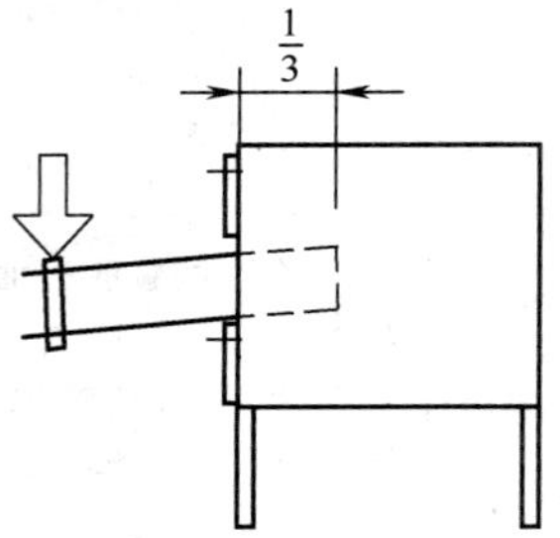	1 2 3 4 5	150 250 350 500 700	1. 测量试验前后，当抽屉关闭和开启时，抽屉面板的垂直位置； 2. 评定损坏情况和产生的缺陷

4. 主体结构和底架的试验

主体结构和底架的试验方法、结果评定，见表 2-58（根据《GB/T 10357.3—2013 家具力学性能试验　第 3 部分：椅凳类弧度和耐久性》编制）。

表 2-58　　　　　　　　　　　　柜类家具主体结构和底架的试验

试验方法	加载值		试验结果评定
	试验水平	载荷/N	
1. 用挡块围住柜脚或柜座 1 和 2； 2. 所有贮物部件均按非试验部件载荷加载； 3. 将载荷力加于 A 处，此点位于试件侧面中心线上离地高度为 1600mm，高度小于 1600 的试件应加载于侧面中心线的顶端； 4. 用同样方法加载于 B 点； 5. 再用挡块围住柜脚或柜座 2 和 3，分别加载于 C 和 D； 6. 试验时试件发生倾翻时，应把力减少到刚好不使试件翻倒，并记录实际所加的力； 7. 试件高于 1600mm，且加载部位处于试件表面空缺处（衣柜挂衣空间）应借助木条等物对试件加载 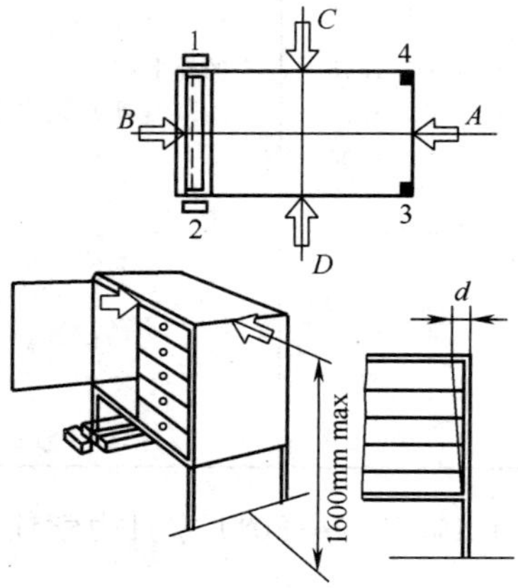	1 2 3 4 5	150 200 300 450 600	1. 在第一次及最后一次试验加载和卸载时，测量加载部位的位移值 d； 2. 按上法依次测量 B、C、D 各部位的位移值； 3. 检查损坏情况和缺陷

5. 柜类家具稳定性试验

用于家庭、宾馆、饭店等场合的各种单件柜类家具的试验。模拟柜类家具在日常使用中的空载或承受载荷时所具有的抗倾翻的能力。

（1）加载稳定性试验

柜类家具活动部件垂直加载稳定性试验见表 2-59，根据《GB/T 10357.4—2013 家具力学性能试验　第 4 部分：柜类稳定性》编制。

表 2-59　　加载稳定性试验

试验方法	加载部位
1. 用挡块靠住柜子前脚外侧； 2. 将拉门开到 90°，抽屉拉出 2/3，翻门开到水平或接近水平位置； 3. 在各活动部件上加垂直力，加力的部位是：拉门：距门拉手一侧边沿 50mm 的门上沿中间部位；抽屉：面板上沿中间部位；翻门和搁板：距翻门和搁板前沿 50mm 中间部位； 4. 逐渐增大力，直至相对两脚中至少一只脚翘离地面为止； 5. 记录实际所加的力； 6. 试验时，不进行试验的活动部件应关闭； 7. 两扇对开门应先把一扇门开到 90°进行试验，然后将此门置于打开状态再将另一扇门开到 90°进行试验	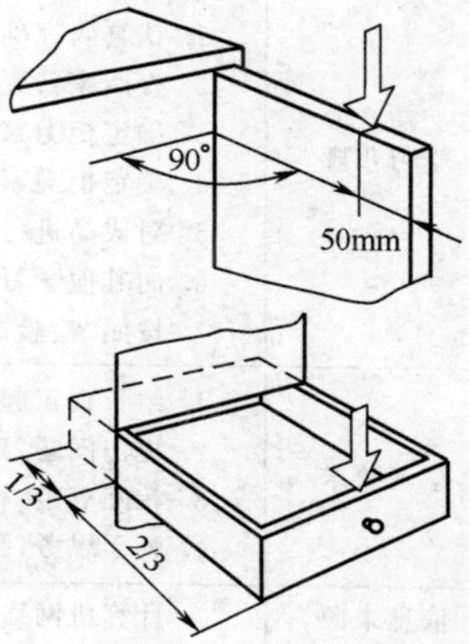

（2）空载稳定性试验

见表 2-60，根据《GB/T 10357.4—2013 家具力学性能试验　第 4 部分：柜类稳定性》编制。

表 2-60　　空载稳定性试验

试验方法	试验结果评定
1. 用挡块靠住柜子前脚外侧； 2. 拉门到 90°； 3. 抽屉拉出 2/3； 4. 翻门开到水平或接近水平的状态	观察柜子是否有倾翻的趋势

任务实施：

1. 制定成品检验方案

分析讨论产品的结构，制定成品检测的方案。

2. 确定成品检验内容

根据成品家具的特点，确定成品检验的项目、内容以及成品验收标准，并根据成品验收标准对家具成品进行检验。

《家具质量管理与检验》学习任务书

<table>
<tr><td>任　务</td><td colspan="2">成品的质量检验</td><td>所属项目</td><td>订单加工企业实木家具生产质量管理与检验的方案设计和实施</td></tr>
<tr><td rowspan="2">学习目标</td><td>能力目标</td><td colspan="2">知识目标</td><td>素质目标</td></tr>
<tr><td>能够制定成品的质量检验方案；能够对成品进行检验</td><td colspan="2">了解实木家具的特点；掌握柜类产品的检验内容和方法</td><td>养成严谨的工作作风、实事求是的工作态度；提高团队意识和与人协作共事能力</td></tr>
<tr><td>任务描述</td><td colspan="4">通过查阅相关家具企业成品检验文件，分析实木家具的结构，结合柜类家具的特点，确定柜类家具的检验内容和方法并对主要工序产品进行检验</td></tr>
<tr><td>学习产品</td><td colspan="4">成品质量检验报告</td></tr>
<tr><td>学习步骤</td><td colspan="4">以学习小组为单位，共同完成任务；各小组组长认真组织本组组员：
1. 认真研究确定工作方案；
2. 查阅家具企业相关质量控制材料，分析订单加工企业的特点；
3. 确定柜类家具的质量检验内容；
4. 确定柜类家具的质量检验方法；
5. 对成品进行检验；
6. 向其他学习小组展示本组的成品检验标准，接受其质询；
7. 按照“检验标准”对主要成品料进行检验</td></tr>
<tr><td>学习要求</td><td colspan="4">1. 组长真正起到组织作用，组员要有通力协作、尽职尽责、顾全大局精神；
2. 提出问题，独立（小组）解决问题；
3. 相互尊重，相互交流，相互学习；
4. 勤于思考，善于总结（知识）</td></tr>
<tr><td>信息来源</td><td colspan="4">1. 计算机网络系统；2. 成品检验；3. 学习资料</td></tr>
<tr><td>参考资料</td><td colspan="4">1. 教材：《家具质量管理与检验》
2. 参考资料：国家标准和企业标准</td></tr>
</table>

单元学习考核

表 2-61　　任务学习评价表

<table>
<tr><td colspan="2">学生姓名</td><td></td><td>班级</td><td></td><td>组别</td><td></td></tr>
<tr><td>序号</td><td>评估项目</td><td>评估内容</td><td colspan="3">评估标准</td><td>评估等级</td></tr>
<tr><td rowspan="4">1</td><td rowspan="4">任务
完成情况
（60 分）</td><td>任务准备
（10 分）</td><td colspan="3">优：课前准备充分，学习笔记记录全面，方法步骤多
良：课前准备充分，学习笔记记录全面
及：课前准备基本能满足要求，有学习笔记记录
不：课前准备不充分，没有学习笔记记录</td><td>□优 □良
□及 □不</td></tr>
<tr><td>任务进度
（10 分）</td><td colspan="3">优：完成任务速度快，并能保证质量
良：能在规定时间内完成任务，并能保证质量
及：能在规定时间内完成任务，但不能保证质量
不：不能在规定时间内完成任务</td><td>□优 □良
□及 □不</td></tr>
<tr><td>完成步骤
（10 分）</td><td colspan="3">优：成品检验内容完整、准确
良：成品检验内容较完整、基本准确
及：能够列出成品检验内容，但不够完整
不：没有完成</td><td>□优 □良
□及 □不</td></tr>
<tr><td>完成质量
（30 分）</td><td colspan="3">优：成品检验内容完整，方法准确
良：成品检验的方法基本准确
及：成品检验的方法不够准确
不：没有完成</td><td>□优 □良
□及 □不</td></tr>
</table>

续表

<table>
<tr><th>序号</th><th>评估项目</th><th>评估内容</th><th colspan="3">评估标准</th><th>评估等级</th></tr>
<tr><td rowspan="2">2</td><td rowspan="2">基本素质
（10 分）</td><td>团队协作
（4 分）</td><td colspan="3">优：在完成任务过程中能够主动帮助同学，共同提高
良：在完成任务过程中能够互相帮助
及：在完成任务过程中能够帮助同学，但有不愿意回答同学问题的情况
不：在完成任务过程中不能帮助别人，不愿意回答同学的提问</td><td>□优 □良
□及 □不</td></tr>
<tr><td>劳动纪律
（6 分）</td><td colspan="3">优：能遵守公司管理制度，不迟到、早退，无违纪行为
良：能遵守公司管理制度，不迟到、早退，但有事、病假
及：能遵守公司管理制度，有迟到、早退现象
不：不能遵守公司管理制度，劳动纪律出现重大问题，取消成绩</td><td>□优 □良
□及 □不</td></tr>
<tr><td>3</td><td>总结
报告
（10 分）</td><td colspan="4">综合评价报告中是否详细说明在任务完成过程中掌握了什么知识、学会了什么技能、发现了什么技巧、出现了什么问题、问题得到了怎样的解决等</td><td>□优 □良
□及 □不</td></tr>
<tr><td>4</td><td>总评
意见
（20 分）</td><td colspan="4">综合评价学生是否掌握学习目标里要求的知识、技能、方法，是否有探索精神和创新意识</td><td>□优 □良
□及 □不</td></tr>
<tr><td colspan="2">教师评语</td><td colspan="5"></td></tr>
<tr><td colspan="2">成绩</td><td colspan="2"></td><td>教师签名</td><td></td><td>日期</td></tr>
<tr><td colspan="2">备注</td><td colspan="5">各等级权重：优＝1，良＝0.8，及＝0.6，不＝0.5</td></tr>
</table>

项目三　自主研发企业软体家具生产的质量管理与检验的方案设计与实施

知识目标

1. 掌握市场调研质量管理、能够参与制定评定新产品质量标准；

2. 掌握软体家具生产物料采购供应的质量控制要点、供应商的选择以及原辅材料的验收标准；

3. 了解软体家具生产制造方法、程序以及生产过程的质量职能；

4. 掌握软体家具基本制造过程质量管理的内容（物资管理、设备管理、工序文件变更管理、工序质量控制点的设置、工序控制方法的运用、质量可追查性）和基本任务；

5. 掌握软体家具基本制造过程质量控制的主要环节；

6. 掌握产品售前质量管理的内容；产品售后质量管理的主要内容（售后服务的内容）。

技能目标

1. 能够根据产品种类确定采购种类；

2. 能够制定原辅材料验收标准；

3. 能够制定制造过程质量控制方案；

4. 能够制定相应生产设备的作业指导书；

5. 能够设置质量控制点并制定工序质量控制标准；

6. 能够进行产品试装检验；

7. 能够制定售前、售后质量管理的方案（包括产品包装检验方案、产品的识别标志设计方案、产品的促销方案等）。

任务一　新产品设计开发中质量管理的方案设计与实施

任务目标：

知识目标：

（1）掌握市场调研的内容和方法；

（2）掌握设计评审的要点、内容与要求。

技能目标：

（1）能够设计市场调查问卷，进行调查；分析市场状况并撰写调研报告；

（2）能够根据市场调研情况对新产品进行研发并制定相应的技术文件；

（3）能够根据新产品评审要求对新设计的产品进行评价。

任务描述：

任务提出：

能够根据市场需求情况对软体家具市场进行调查，并根据调研结果制定新产品设计开发方案，根据新产品评审要求对新产品进行评价。

任务分析：

首先根据市场需求情况对软体家具市场进行调研（设计调查问卷并进行调查），然后撰写调研报告，根据调研报告的内容进行新产品的设计开发，并制定相应的技术文件；最后根据新产品评审要求对新产品进行评价。

知识准备：

一、市场调研的质量管理

在企业的质量管理螺旋中，市场调研是起点，也是企业开展质量控制的起点。市场和用户对家具产品和产品质量的要求是家具企业进行生产经营活动的前提。市场调研是家具产品质量产生、形成、实现过程中的第一环节。

1. 市场调研的基本任务

市场调研是运用科学的方法和适当的手段，有目的、有计划地收集、整理、分析和报告有关营销信息，以帮助企业、政府和其他机构及时、准确地了解市场机遇，发现存在的问题，正确制定、实施和评估市场营销策略和计划的活动。

家具企业市场调研的基本任务可以概括为：收集市场信息、分析市场形势和确认顾客需求。

（1）收集市场信息

市场信息是指与家具商品供求情况有关的各种数据和情报资料。家具企业应确定管理市场信息的部门及其职能，由其负责收集、整理、传递和存储市场信息资料。

市场信息主要包括：顾客或用户需求信息、同类产品信息（品种、规格、数量、质量水平、技术特性、发展趋势等）、市场竞争信息（竞争对手、竞争焦点、竞争手段、竞争范围等）、市场环境信息（国内外市场区域、政治经济因素、技术政策以及有关法律、条例、标准等）。

市场信息可以通过向顾客征集信息，开展市场调查与考察活动，检索查阅文献资料，与有关经济、技术部门建立联系，对随机信息通过积累、分析等渠道进行收集。

（2）分析市场形势

市场形势是指家具商品市场诸多要素的状态、动态和发展趋势。在市场经济条件下，市场形势决定着企业的经营环境，因此，必须认真分析国际、国内两个市场的形势。

国际市场形势分析的主要任务包括：对目标市场所在国家或地区经济周期的分析（指对处于萧条、危机、复苏或繁荣等经济周期不同阶段的市场形势分析）、重要经济指标分析（如国内生产总值指标、工业生产指标、对外贸易指标、国际收支指标以及关于订货、投资、价格等指标的分析），以及对拟出口产品的主要出口国的分析（如对目标市场同类产品主要出口国家和主要出口公司的产品档次、质量、价格、竞争特点等的分析）。

国内市场形势分析的主要任务是：分析目标市场所在地区的经济形势、目标市场的竞争因素和目标市场的环境等。

（3）确认顾客需求

顾客需求是指顾客对家具产品适用性的需要、要求、愿望、期望的总和。顾客对家具产品适用性的需求是顾客依据各自的客观要求决定的，通常反映在对家具产品的性能或功能、安全性、价格、交货期、质量和信誉等方面的要求。

家具企业满足顾客的要求是企业生产经营的前提和产品开发、进行决策的主要依据。企业应通过开展市场调查、征询需求意见、组织考察访问、听取用户信息反馈等多种途径，了解和确认顾客的需求，并对顾客的需求进行分析，然后形成产品说明或产品设想报告，以便为产品的设计和开发提供依据。

2. 市场调查的内容与方法

市场调查是企业运用科学的方法，有目的、系统地对市场信息进行收集、记录、分析并加以利用的活动，它是市场研究的有效办法。

经常有效地开展市场调查，对于搞好家具企业的生产经营有着十分重要的意义。首先，市场调查有助于企业了解市场的现实需求和潜在需求，研究生产适销对路的新产品和改进老产品，确定产品的价格和适宜质量，提高产品的市场竞争力；其次，有助于拟定产品的营销策略，选择市场，确定流通渠道，降低销售成本；最后，有利于综合运用营销手段，提高管理效率，增强经济效益。

（1）市场调查的内容

市场调查的内容以市场分析和产品分析为基础，围绕产品、价格、流通渠道、促销方式的组合战略展开。一般来说，无论什么类型的市场都有下列 8 个方面的调查内容：

① 市场环境调查。包括国内外的政治环境、经济环境、社会文化环境和自然环境等。

② 技术发展调查。包括新技术、新工艺、新材料的采用，新产品技术水平与发展趋势，技术贸易市场上出现的成果与变化动态等。

③ 市场容量调查。包括现实与潜在市场对某种家具产品的需求量，同类产品的需求满足率与市场占有率，各种产品的销售趋势，竞争企业的战略与动向等。

④ 顾客调查。包括行业范围、区域分布、消费心理、消费习惯、消费水平、购买力、购买动机、购买决策与购买动向等。

⑤ 产品调查。包括顾客对本产品质量、价格的评价，对各企业产品的接受程度与购买动向，竞争产品的质量特性，各产品的经济寿命周期分析，产品组合调查的方向等。

⑥ 价格调查。包括顾客对产品价格的反映以及适宜的价格定位与市场依据，新产品定价与老产品调价的依据等。

⑦ 销售调查。包括影响销售好坏的因素、产品包装、储存、运输、国内外市场销售情况等。

⑧ 推销调查。包括推销方式、广告媒介、服务方式等。

（2）市场调查的程序和方法

市场调查是运用科学的方法，有目的、有计划地系统收集、整理和分析有关市场各方面的情况和资料，作为研究市场状况和进行市场预测的基础。

① 市场调查的程序。为使市场调查有计划、有步骤地进行，应遵循以下程序：

第一，制订调查计划。调查计划的内容和制订步骤如下：确定调查目标；确定调查对象和调查范围；选择调查方法；设计调查表格；安排调查进度；培训调查人员。

第二，调查实施。调查实施就是根据调查计划规定的时间、地点、方法、内容进行实地调查，收集有关资料。调查必须实事求是，善于发现问题，找出问题发生的根源。

第三，撰写调查报告。调查报告是在将实地调查所得资料加工整理为完善、系统的资料的基础上编写的总结文件，要有情况、有分析、有结论、有建议。必须依据确凿、结论明确、分析客观，并注意运用各种图表说明问题。

② 市场调查的方法。目前，市场调查的方法多种多样，按不同的标准可以划分为不同的种类。

第一种：选择调查对象的方法

按选择调查对象的方法划分，即根据调查目标、内容以及调查对象的特点与分布情况，确定用什么方法来选择调查对象，使调查结果更具代表性。大体分为两大类：全面调查和抽样调查。

全面调查也称普查，是指对调查对象无一例外地普遍地进行调查。采用普查方式结果更为准确、全面、价值大，但需要花费大量的人力、物力、财力和时间。因此只有在产品销售的范围很窄或调查对象很小的情况下可以采用。

抽样调查是从调查对象整体中抽取一部分有代表性的对象进行调查，然后根据抽样的结果可以推断整体的性质。通常可分为两类：随机抽样和非随机抽样。

随机抽样就是从总体中按随机的原则抽取样本的方法。要求总体中的每个个体被选择的机会完全相等，完全排除人为因素的影响。随机抽样可分为：简单随机抽样、分层随机抽样和分群随机抽样 3 种。

简单随机抽样是对总体中各个体不加任何分类，随机抽取。

分层随机抽样是把调查对象总体按照某种特征分成若干个层次或类型。要求每层之间必须有显著的差异性，而各层的内部各个体又要有同一性。然后在每层中用随机方法抽取样本。这样可以避免样本过于集中于某个特征或完全没有某种特征的缺点。

分群随机抽样是先把调查对象总体分成若干个群体。要求每群之间保持相同的特征，每群内部则包含具有明显差异的各种特征，然后按随机抽样方法进行抽样。

非随机抽样是根据调查人员的分析、判断和需求来进行抽样，有意地选取有一定代表性的对象作为样本，用以估计总体性质。正确地运用非随机抽样法也可使调查达到费用少、时间短、效果好的目的。常用的有任意抽样、判断抽样和配额抽样三种。

任意抽样是调查人员随意选择样本的方法。其假定前提是认为总体的特性都是相同的，因而人为选取的样本特征与总体特征没有差别。但这种方法抽样偏大，调查结果的可信程度低，一般多用于准备调查。

判断抽样是根据调查人员对调查对象的分析和判断，决定取一些具有代表性的样本作为调查对象。这种方法是根据调查者的需要选定样本，所以它对特殊需要的调查效果较好。但是它要求调查人员必须对调查总体熟悉，否则，会产生很大的误差，为了避免这种误差，可以同时选取几个样本，代表不同市场面的需求进行调查。

配额调查是由调查者根据所规定的控制特性，以及事先选定和分配的调查数额选取调查对象。抽样的不同特性的样本数必须同整体中具有不同特性的总数成正比。配额抽样法是一种实用价值很高的抽样方法。

第二种：收集资料的方法

企业市场调查所收集的资料包括现有资料和原始资料。现有资料即二手资料，可通过摘录、采购、交流、索取等方式收集。原始资料即第一手资料，通常可采用如下 3 种方法收集：

第一，询问法。询问法是通过一定的形式向被调查者询问，并从被调查者的回答中获得有关信息的方法。这种方法又可视具体方式不同分为面谈、填询问表及电话询问等几种方法。

面谈就是企业派人直接与用户进行面谈。有个人面谈和集体座谈两种形式。其优点是可以立即得到答复，比较灵活，并可在与对方谈话中提出连锁性问题，使调查比较深入，获得较多、较为全面的资料。其缺点是耗费时间与费用较多。

填询问表就是把询问表寄给对方请他填好后再寄回。可以邮寄也可以采用发送电子邮件的方式进行询问。

利用电话询问的优点是可以当场得到回答。缺点是只能提出一些简单的较容易回答的问题，而且一次通话的时间不能过长，从而影响调查的深入。

第二，观察法。观察法就是由调查人员直接到销售场所从旁边观察记录被调查者的活动。如家具企业派调查员去家具卖场调查，了解顾客的购买方式，对产品的评价要求等。由于被调查者并不感到自己正在被调查，所以了解到的情况最真实，因而有较高的价值。缺点是被调查者往往受到一定的局限。同时，观察到的只是现象，不容易掌握事物内在的联系和消费者的内心活动。

第三，实验法。实验法就是对需要调查的内容选用合适的方法（如举办商品展销会、免费试用新产品等）进行实际的销售实验，从中收集市场信息。当企业要投放新产品或改变老产品质量、包装、设计、价格、广告等因素时，就可以采用此法调查顾客的反应。优点是方法客观、切合实际，缺点是时间长、费用大。

上述 3 种市场调查的方法各有优缺点，企业应根据实际需要，从中选择能达到调查目的、省时间、省费用的方法。

（3）市场调查常用的询问技术

在市场调查中，不论是面谈或问卷调查，都要求调查人员把所要调查询问的问题正确地转达给调查对象，同时要得到对方合作，准确无误地回答，这就要求必须掌握一定的询问技术。常用的方法如下：

① 两项选择法。要求被调查者对所提问题用“是”与“否”和“有”或“无”回答。

例如，你最近有添购家具的需求吗？

有□　　无□

② 多项选择法。要求被调查者在事先拟定的若干个答案中选择一个或几个。

例如，你选择家具时会考虑哪些品牌？

尚品□　红苹果□　华鹤□　曲美□　全友□　宜家□

双叶□　其他□

③ 自由回答法。问卷只提出问题，不提供拟好的答案，让被调查者不受任何限制地回答。

例如：你对×××家具有哪些改进意见？

④ 顺位法。从所列的若干答案中，由被调查者依据自己的爱好或认识程度选定先后顺序。例如：在选择家具时请用序号标出你对下列主要条件的重视程度。

尺寸、规格□　外观造型□　价格□　品牌□

⑤ 程度评定法。要求被调查者表示其对某个问题的态度或认识程度。

例如：你喜不喜欢多功能家具？

很喜欢□ 较喜欢□ 一般□ 较不喜欢□ 很不喜欢□

市场调查是一项技术性很强的工作。这些技术掌握得如何直接关系到调查的效果。调查中抽样的多少，从数据的准确性来看是越多越好，但数据越多，成本也越高。因此，抽样的数量应按照被调查事物的性质确定，如果被调查对象之间的差距不大，采用少量样本即可；如果差距大，则需多抽样。

3. 质量信息的分析与评价

在市场研究中，对所获得的质量信息必须经过分析与评价，得出必要的结论，以便作为质量决策的依据。质量信息的分析与评价应包括以下几个方面。

（1）质量分析

通过对市场调查、分析和研究，了解顾客对产品质量的要求，及时改进产品质量，取得市场竞争的主动权。

（2）用途分析

分析研究产品在使用中的性能、特点发挥的程度，不断发现产品的用途，以求开拓市场，打开销路。

（3）竞争分析

主要分析和研究竞争对手的情况，并与其对比，找出本企业的产品在质量、价格、生产技术上的实力，以及存在的差距，以便取长补短，努力使本企业处于领先位置。

（4）顾客分析

了解消费者或顾客对产品的需求和潜在的期望与需求情况，为新产品开发提供依据。

（5）新产品开拓市场分析

新产品投放市场后，要及时、密切注意市场的反应，听取顾客的意见，以便迅速适应顾客的需要，不断扩大市场。

（6）产品市场寿命周期分析

产品市场寿命周期一般划分为4个阶段，即投入期、成长期、成熟期和衰退期。了解产品所处的阶段，便可以不失时机地采取对策。

（7）其他分析

如销售方式、广告、包装、储运等方面的调查分析。

通过以上的分析和评价，可以了解本企业同竞争对手在产品质量方面的差距，从而为改进和提高产品质量提供方向和依据。

市场调研的成果是要最终确定产品质量要求并形成文件，例如，对于服务来说要制定出服务简报，对于实物产品来说要编制产品开发建议书。

二、产品设计开发的质量管理

产品设计与开发过程是指产品正式投产前的设计、开发、研制等工作或活动的全部过程，包括调查研究、拟订方案、产品设计、工艺设计、试制、试验，鉴定以及标准化等工作内容。

1. 新产品开发的意义

新产品的研究与开发，对社会的进步，对一个国家、一个地区的经济发展有着重要的意义。

（1）产品设计开发是形成产品质量的首要环节

产品设计开发的质量“先天”决定着产品质量，在整个产品质量产生、形成和实现过程中居于首位。设计开发质量是生产制造质量必须遵循的标准和依据，而生产制造质量则要完全符合设计开发质量的要求；设计开发质量又是最后使用质量中必须达到的目标，而使用质量是设计开发质量、生产制造质量的综合反映。如果设计开发过程的质量管理薄弱、控制不严，必将形成因设计开发“先天不足”而带来试制周期长、费用高的成套产品。特别是一次生产的产品对其设计开发过程的质量管理，是全面质量管理的起点，是企业质量管理体系中带动其他各个环节的首要环节。

（2）产品设计开发决定着产品的适用性

产品设计开发过程的质量由市场研究质量、概念质量和规范质量构成。它决定着产品的技术水平、质量等级、功能特性、可靠性、可维修性、工艺性、经济性等产品自身的属性，关系着产品的质量水平是否适宜、是否满足需求和能否“适销对路”。所以，产品设计开发的质量从根本上决定着产品的适用，是产品质量形成的关键环节。

（3）产品设计开发决定着企业的经济效益

产品设计开发是一项具有系统性和创造性的工作，它对产品质量、竞争能力和价格、效益等有着重大的影响。因此，企业必须采取各种有效的质量控制手段和方法，努力提高设计和开发的质量水平。

2. 新产品开发程序

（1）新产品的构思创意

新产品的开发是从新产品构思创意开始的。所谓新产品的构思创意，即对新产品的设想、构思，它包括了对新产品的原理、构造、材料、工艺过程，以及新产品的性能指标、功能、用途等多方面的设想。

新产品开发的构思创意主要通过以下 3 条途径获得。

① 用户。企业开发新产品的目的是为了满足用户的需要，因此，来自用户的创意设想是新产品开发创意的重要来源，在此创意设想基础上开发起来的新产品，开发成功率最高。

② 本企业职工。本企业职工熟悉企业的生产技术水平、生产能力等，尤其是企业销售人员和技术服务人员，经常接触用户，因而在不同程度上了解老产品存在的问题和用户需求，因此，应鼓励本企业职工积极提出创意。这种创意往往能兼顾本企业条件和用户需要。

③ 专业技术人员。包括本企业研发人员提出的创意以及聘请专家和依靠科技开发公司的咨询等方法获得的创意。由于他们具备一定的专业理论知识，最了解本学科技术发展的水平和发展趋势，因此，来自他们的创意设想往往具有技术上的先进性，并能主动引导用户的需要。这种创意属于技术推动型，开发成功率低、风险大，但一旦成功，所获得的经济效益和社会效益则令人瞩目，且有推动技术进步的作用。

（2）构思创意的筛选

构思创意的筛选指从收集到的多个创意中选出具备开发条件者。筛选创意，一要坚持上面讲到的新产品开发的意义，要兼顾企业长远发展和当前市场的需要，要有一定的储备；二要避免误舍和误用。误舍误用都会给企业造成损失。在企业生产经营形势好的时候，要特别注意避免误舍，不能把有开发前途的创意舍掉；在企业技术储备匮乏时，要注意避免误用，不能选取无开发条件的创意。

（3）新产品开发决策

一个创意可能形成多个新产品开发方案。新产品开发方案是根据产品开发目标的要求，对未来产品的基本特征和开发条件所作的描述，包括主要参数、目标成本、销售预计、开发投资、企业现有生产条件利用程度等。新产品的开发决策就是对不同方案进行技术经济论证、比较，决定取舍。新产品开发做决策时应考虑两个因素：产品寿命周期和投资回收期。在投资回收期相同时，应取寿命周期较长的产品方案；在寿命周期相同时，应取投资回收期较短的产品方案；如果两者不相同，则应比较新产品的获利能力，选择获利能力较强的产品方案。

（4）编制设计任务书

新产品开发方案确定后，就要组织设计组，确定设计师，并由他们来编制设计任务书。设计任务书是指导产品设计的基础文件，它是根据产品开发方案编制的，内容包括：要设计产品的结构、特征、技术要求、产品的用途等，与国内外同类产品的分析比较，开发这一产品的理由和根据等。设计任务书必须经过有关部门批准后方可进行产品设计。

（5）设计新产品

为了保证和提高新产品设计质量，新产品设计应该按照一定的程序进行。但由于产品设计步骤因行业、产品结构的复杂程度、设计方式等不同而有差异，一般分为初步设计、技术设计和工作图设计三个阶段。

初步设计主要是对产品结构进行试验和研究，确定产品组合及其结合方式，绘出结构草图；技术设计是新产品设计的重点，是产品开发方案的进一步具体化；工作图设计是在技术设计的基础上，为新产品试制和生产提供所需图纸，为试制、制造和使用提供所需的全部技术文件。

（6）新产品试制

新产品试制是新产品在正式生产前的试验性生产，目的是避免将存在缺陷的设计和工艺投入正式生产而造成人力、物力和财力的浪费，保证新产品开发尽快获得成功。新产品试制一般分为样品试制和小批试制。

样品试制，其目的是考验产品的结构、性能及主要工艺是否达到设计要求，设计图纸是否正确，以便肯定或进一步矫正产品的设计。样品试制是根据设计图纸、工艺文件和必要的工艺装备，由试验车间试制一件或几件样品。样品试制要严格地按照设计图纸进行，制造部门无权修改设计。但可以提出修改意见，由设计部门进行修改。样品试制主要考验设计，通过样品试制，发现图纸中的问题，还可以找出新产品工艺上的缺点，提高结构的工艺性。

小批试制，其目的是考验工艺规程和工艺装备，对产品图纸进行工艺性审查，以便做出必要的校正，为进行成品生产创造条件。小批量试制是在样品试制的基础上进行的，它为大批量生产做准备。所以，小批量试制要根据成批大量生产的要求编制工艺规程，设计制造工艺装备。

（7）新产品鉴定

样品试制后要进行设计定型鉴定，小批量试制后要进行生产定型鉴定。新产品的鉴定是从技术上和经济上对产品做出全面评价。鉴定合格后，才能正式转入成批大量生产。

（8）开发新产品市场

新产品市场开发是新产品开发过程的最后环节。新产品开发的目标不是样品，而是有竞争力的商品。因此，在新产品开发初期就要了解分析其市场需求情况，在设计和试制过程中也要随时收集、分析与开发产品有关的市场情报，为开发决策提供依据。市场开发工作主要有市场分析、样品试用、市场试销和正式投放市场。

3. 产品设计开发的评审工作

产品设计开发的评审工作简称设计评审，是重要的早期报警措施，也是产品设计阶段最重要的质量包装活动。为了尽早地把设计缺陷消除在设计过程中，提高设计质量，必须运用设计评审这种有效的控制手段，以利于及时采取纠正和完善措施。

设计评审是为确定设计开发达到规定目标的适宜性、充分性和有效性所开展的活动，是为了评价设计开发满足要求的能力以及筛查出可能出现的问题，并提出必要的措施而对设计开发所进行的综合的、系统的并形成文件的检查。

设计评审可以在设计过程的任何阶段进行。在设计的适合阶段，应有计划地对设计结果进行正式评审，并形成文件。每次设计评审的参加者应包括与被评审的设计阶段有关的所有职能部门的代表，需要时也应包括其他专家。这些评审记录应予以保存。

（1）设计评审的作用

第一，保证产品的适用性要求，及时纠正不能满足产品适用性要求的缺陷和无助于产品适用性而无谓增加成本的做法。

第二，补充设计开发人员知识和经验不足之处，集中工艺、制造、检验、销售、采购、设备、管理等部门的人员意见，集思广益，使设计开发更加合理。

第三，防止设计开发质量的片面性。设计开发质量不仅表现在产品结构和技术的先进性上，而且必须反映市场和用户的需求，以及满足可靠性要求。要防止不顾市场需求，片面追求结构新颖造成售价过高、不受用户欢迎、影响企业效益的情况发生。

（2）设计评审的要点、内容与要求

设计评审是一项集思广益的咨询活动，评审时应广泛听取来自各个方面的建设性意见，贯彻设计质量责任制，不以行政手段或少数服从多数的形式替代设计开发人员对设计方案的抉择权限。

设计评审有助于进一步完善设计规范，以保证产品在其寿命周期内完全具备规定好需要的各项质量特性，提高用户的满意程度。因此，设计评审应以满足用户的要求为前提，以有关的标准、法规、条例为制约，要站在制造企业和用户共同利益的立场上评审产品的适用性、工艺性、可靠性和安全性、寿命周期成本等内容。在评审产品生产制造的可行性的同时，必须注重工艺试验，提高工艺能力和技术水平。

设计评审工作的内容一般包括：选择评审标准，确定各阶段评审的对象，对新产品的有关质量特性能够进行试验、测量和验证，按照评审标准加以衡量，然后做出评审结论，为下一阶段的设计开发工作指出方向与目标。

从产品开发设计的全过程来看，通常应将初步设计、技术设计、施工图设计、改进设计以及小批量试制阶段的工艺方案列为评审点组织评审。设计评审应根据产品的设计性质、复杂程度、技术难度和生产性质等特点，抓住影响设计和规范质量目标的关键决策点，进行包括与用户需要和满意有关的项目、与产品规范有关的项目、与工艺规范相关的项目等方面的内容进行评审。设计评审的内容和要求，即设计评审要素，应按具体的设计阶段和产品加以考虑。

(3) 设计评审的阶段

通常按照新产品设计开发工作的程序，可将设计评审工作划分为以下几个阶段：

① 初期评审。此时设计处于开始阶段，初期评审是设计工作的基础和起点，这一阶段要求对较好的方案作概略分析和论证，其内容偏重于对技术理论、设计原理以及技术经济效果和实现技术方案可行性等方面的论证和评审。

我国的一些企业在实践中逐渐总结出关于做好设计工作、提供质量保证的一些经验，这些经验可以概括为 3 条原则。为了做好初期评审工作，同样也必须遵守这些原则。

第一，采用新原理、新结构、新技术、新材料等要有实验依据。这就是说，重大的技术关键项目必须在确定总体方案之前基本上解决，达到实用程度，否则就不能进入产品设计阶段。

第二，设计中的系统或项目必须成套论证、成套定型、成套生产、成套交付，突出重点，顾及一般。如果不是系统地组织产品的设计工作，那么即使难题解决了，由于一些容易解决的部件或配件未能预先落实，性能指标达不到要求，同时也对全局产生重大影响。

第三，设计出的产品必须做到“好用、好造、好修、好看、好销”，以满足顾客使用要求为前提，以提高产品生命力为重点，以经济合理为目的。

② 中期评审。这是指从设计开始至设计定型之前的评审工作，其特点是具体、深入、仔细，其目的是验证产品设计的正确性。中期评审包括：

第一，理论验证。把方案的技术条件通过公式（或模拟）进行计算，验证设计的科学性。当有多种方案时，可以通过公式化计算得出比较准确的数据，从中鉴定方案的优劣。

第二，模型验证。把有希望的方案制成模型进行试验，取得初步资料。也可建立实物模拟试验，对系统进行全尺寸或缩小比例的实物模拟试验。

第三，样品验证。把有希望的方案制成样品，通过现场试验、展示，取得必要的技术资料，以验证数据的正确性。

③ 终期评审。这是指在新产品制成后进行的评审，重点是全面审查新产品的各项性能指标与生产成本是否符合原定的各项要求，以便为投产做好准备，防止出现各种问题。终期评审的主要形式是设计定型鉴定和生产定型鉴定，必要时，还应包括对初始试验所用的样品的说明以及在鉴定试验中为纠正不足所进行的修改的说明，以便为投产做好准备，防止出现其他问题。它通过获得技术经济效果的数据分析，做出设计开发成败的结论。

④ 销售准备状态评审。这是确定组织是否有提供新产品或重新设计产品的能力。评审的内容主要包括：安装、操作、维护和修理手册是否齐全并适用，是否有适宜的销售和售后服务，现场人员培训，备件的提供情况，现场试用情况，完成鉴定试

验情况，产品及其包装盒标签的实际检验情况，生产设备的过程能力符合规范的证据。

⑤ 事后评审。为了考核新产品的实用效果，以及质量指标是否满足用户的使用要求，在投产并交付用户使用一段时间之后，一般要进行事后评审（又称实用评价或设计再鉴定）。同时，为了确保设计的持续有效，应定期对产品进行评价，其中包括根据现场试验、现场试用情况的调研或新工艺和新技术，对顾客的要求和技术规范进行复审。可采用走访用户、召开用户座谈会等形式，收集用户意见，作为进一步改进产品质量的依据。

⑥ 设计更改控制。为了有效地开展设计开发质量管理，对设计定型文件发放、更改和使用应有相应的规定和办法。为使设计的更改得以有效控制，必须制定设计更改程序，这些程序应对各种必要的批准手续、执行更改的指定时间和地点、从工作现场收回作废的图样和规范以及在指定的时间和地点对更改进行验证等方面做出规定，程序中还应该包括紧急更改办法，以防止不合格品的生产和交付。当对设计定型文件有重大更改或更改部位较多、更改数量较大时，对产品质量有较大影响或随之而来的风险超过一定的限度时，应考虑再次进行正式的设计评审、确定试验或复查鉴定。在复查鉴定时，应注意保证所有的设计更改不致使产品质量降低，保证所进行的设计更改经过实践的考验符合设计基本文件的全部要求。

任务实施：

1. 进行市场调查

① 制订调查计划。确定调查目标；（主要针对软体家具市场）确定调查对象和调查范围；选择调查方法（建议选择问卷调查法）；设计调查问卷（表格）；安排调查进度；培训调查人员。

② 调查实施。调查实施就是根据调查计划规定的时间、地点、方法、内容进行实地调查，收集有关资料。

③ 撰写调查报告。调查报告是在将实地调查所得资料加工整理为完善、系统的资料，在此基础上编写的总结文件，要有情况、有分析、有结论、有建议。调查报告的撰写必须依据确凿、分析客观、结论明确。

2. 新产品开发

① 新产品的构思创意。新产品的开发是从新产品构思创意开始的。它包括了对新产品的原理、构造、材料、工艺过程，以及新产品的性能指标、功能、用途等多方面的设想。

② 构思创意的筛选。构思创意的筛选指从收集到的多个创意中选出具备开发条件的方案。

③ 新产品开发决策。一个创意可能形成多个新产品开发方案。新产品的开发决策就是对不同方案进行技术经济论证、比较，从而决定取舍。

④ 编制设计任务书。新产品开发方案确定后，就要组织设计组，确定设计师，并由设计组成员负责编制设计任务书。设计任务书内容包括：要设计产品的结构、特征、技术要求、用途等。

⑤ 设计新产品。一般分为初步设计、技术设计和工作图设计三个阶段。初步设计主

要是对产品结构进行试验和研究，确定产品组合及其结合方式，绘出结构草图；技术设计是新产品设计的重点，是产品开发方案的进一步具体化；工作图设计是在技术设计的基础上，为新产品试制和生产提供所需图纸，为试制、制造和使用提供所需的全部技术文件。

⑥ 新产品试制。这是新产品在正式生产前的试验性生产，新产品试制一般分为样品试制和小批试制。

⑦ 新产品鉴定。样品试制后要进行设计定型鉴定，小批量试制后要进行生产定型鉴定。鉴定合格后，才能正式转入成批大量生产。

⑧ 开发新产品市场。新产品市场开发是新产品开发过程的最后环节。市场开发工作主要有市场分析、样品试用、市场试销和正式投放市场。

3. 新产品设计评审

产品设计开发的评审工作是重要的早期报警措施。为了尽早地把设计缺陷消除在设计过程之中，提高设计和规范质量，必须运用设计评审这种有效的控制手段。按照表 3-1 设计评审的内容与要求对新产品进行产品设计开发的评审工作。

表 3-1　　设计评审的内容与要求

设计评审项目与内容		初步设计评审	技术设计评审	施工图设计评审	工艺设计评审
与用户要求和满意有关的项目	将材料、产品和工序的技术规范与产品概要中表达的用户需求进行对比				
	通过样品的试制、展示、试销，对设计进行确认				
	产品在预定使用场所和环境条件下的适应能力				
	考虑误用和滥用问题				
	安全和兼容性及环保性				
	是否符合法律法规、国家标准及公共惯例				
	与竞争的设计进行对比				
	与同类设计进行对比，对过去内部和外部发生的问题进行分析，防止问题再次发生				
与产品规范有关的项目	可靠性、耐用性和可维护性方面的要求				
	允许尺寸误差与加工精度的比较				
	产品的接收和拒收准则				
	可安装性、易装配性、贮存期限和可处理性				
	良性故障和缺陷程度				
	外观要求及其接收准则				
	失效模式及影响分析				
	诊断和纠正问题的能力				
	标签、注意事项、标记、可追溯性要求和使用说明书				
	标准件、外购件及五金配件的审查和使用				
与工艺规定有关的项目	设计的工艺性，包括特种工艺、机械化、自动化、数控、零部件的装配和安装				

续表

<table>
<tr><th colspan="2">设计评审项目与内容</th><th>初步设计评审</th><th>技术设计评审</th><th>施工图设计评审</th><th>工艺设计评审</th></tr>
<tr><td rowspan="3">与工艺规定有关的项目</td><td>项目的可检验性和可试验性，包括特殊的检验和试验项目</td><td></td><td></td><td></td><td></td></tr>
<tr><td>材料、零件、部件规范，包括已被认可的外购件、外包及供方情况</td><td></td><td></td><td></td><td></td></tr>
<tr><td>包装、搬运、防护和贮存期限要求，特别是与进货和产品交付有关的安全因素</td><td></td><td></td><td></td><td></td></tr>
</table>

《家具质量管理与检验》学习任务书

<table>
<tr><td>任　　务</td><td>新产品设计
开发的质量管理方案设计</td><td>所属项目</td><td colspan="2">自主设计研发企业软体家具生产
质量管理与检验的方案设计和实施</td></tr>
<tr><td rowspan="2">学习目标</td><td>能力目标</td><td colspan="2">知识目标</td><td>素质目标</td></tr>
<tr><td>1. 能够设计市场调查问卷，进行调查；分析市场状况并撰写调研报告；
2. 能够根据市场调研情况对新产品进行研发并制定相应的技术文件；
3. 能够根据新产品评审要求对新设计的产品进行评价</td><td colspan="2">掌握设计评审的要点、内容与要求</td><td>养成严谨的工作作风、实事求是的工作态度；提高团队意识和与人协作共事能力</td></tr>
<tr><td>任务描述</td><td colspan="4">能够根据市场需求情况对软体家具市场进行调查，并根据调研结果制定新产品设计开发方案，根据新产品评审要求对新产品进行评价</td></tr>
<tr><td>学习产品</td><td colspan="4">市场调研报告、产品设计评审表</td></tr>
<tr><td>学习步骤</td><td colspan="4">以学习小组为单位，共同完成任务；各小组组长认真组织本组组员：
1. 认真研究确定工作方案；
2. 根据市场需求情况对软体家具市场进行调查；
3. 撰写市场调研报告；
4. 根据市场调研结果制定新产品设计开发方案；
5. 根据新产品评审要求对新产品进行评价；
6. 向其他学习小组展示本组的调查报告和产品设计评审表，接受其质询</td></tr>
<tr><td>学习要求</td><td colspan="4">1. 组长真正起到组织作用，组员要有通力协作、尽职尽责、顾全大局精神；
2. 提出问题，独立（小组）解决问题；
3. 相互尊重，相互交流，相互学习；
4. 勤于思考，善于总结（知识）</td></tr>
<tr><td>信息来源</td><td colspan="4">1. 计算机网络系统；2. 学习资料</td></tr>
<tr><td>参考资料</td><td colspan="4">1. 教材：《家具质量管理与检验》；
2. 参考资料：国家标准和企业标准</td></tr>
</table>

单元学习考核

表 3-2 **任务学习评价表**

<table>
<tr><td colspan="2">学生姓名</td><td></td><td>班级</td><td></td><td>组别</td><td></td></tr>
<tr><td>序号</td><td>评估项目</td><td>评估内容</td><td colspan="3">评估标准</td><td>评估等级</td></tr>
<tr><td rowspan="4">1</td><td rowspan="4">任务
完成情况
（60分）</td><td>任务准备
（10分）</td><td colspan="3">优:课前准备充分,学习笔记记录全面,方法步骤多
良:课前准备充分,学习笔记记录全面
及:课前准备基本能满足要求,有学习笔记记录
不:课前准备不充分,没有学习笔记记录</td><td>□优 □良
□及 □不</td></tr>
<tr><td>任务进度
（10分）</td><td colspan="3">优:完成任务速度快,并能保证质量
良:能在规定时间内完成任务,并能保证质量
及:能在规定时间内完成任务,但不能保证质量
不:不能在规定时间内完成任务</td><td>□优 □良
□及 □不</td></tr>
<tr><td>完成步骤
（10分）</td><td colspan="3">优:调查问卷设计准确、全面,市场分析准确
良:调查问卷设计基本全面,市场分析较为准确
及:能够完成调查问卷设计
不:没有完成</td><td>□优 □良
□及 □不</td></tr>
<tr><td>完成质量
（30分）</td><td colspan="3">优:能够制定设计评审要求并进行设计评审工作
良:较好地完成设计评审工作
及:基本完成设计评审工作
不:没有完成</td><td>□优 □良
□及 □不</td></tr>
<tr><td rowspan="2">2</td><td rowspan="2">基本素质
（10分）</td><td>团队协作
（4分）</td><td colspan="3">优:在完成任务过程中能够主动帮助同学,共同提高
良:在完成任务过程中能够互相帮助
及:在完成任务过程中能够帮助同学,但有不愿意回答同学问题的情况
不:在完成任务过程中不能帮助别人,不愿意回答同学的提问</td><td>□优 □良
□及 □不</td></tr>
<tr><td>劳动纪律
（6分）</td><td colspan="3">优:能遵守公司管理制度,不迟到、早退,无违纪行为
良:能遵守公司管理制度,不迟到、早退,但有事、病假
及:能遵守公司管理制度,有迟到、早退现象
不:不能遵守公司管理制度,劳动纪律出现重大问题,取消成绩</td><td>□优 □良
□及 □不</td></tr>
<tr><td>3</td><td>总结
报告
（10分）</td><td colspan="4">综合评价报告中是否详细说明在任务完成过程中掌握了什么知识、学会了什么技能、发现了什么技巧、出现了什么问题、问题得到了怎样的解决等</td><td>□优 □良
□及 □不</td></tr>
<tr><td>4</td><td>总评
意见
（20分）</td><td colspan="4">综合评价学生是否掌握学习目标里要求的知识、技能、方法,是否有探索精神和创新意识</td><td>□优 □良
□及 □不</td></tr>
<tr><td colspan="2">教师评语</td><td colspan="5"></td></tr>
<tr><td colspan="2">成绩</td><td></td><td>教师签名</td><td></td><td>日期</td><td></td></tr>
<tr><td colspan="2">备注</td><td colspan="5">各等级权重:优＝1,良＝0.8,及＝0.6,不＝0.5</td></tr>
</table>

任务二　采购过程中质量管理的方案设计与实施

任务目标：

知识目标：

(1) 了解供应商的选择与评价以及对供应商的控制要点；

(2) 掌握对供应商产品的质量控制方法。

技能目标：

(1) 能够制定原、辅材料的采购计划及验收标准；

(2) 能够评价采购产品的质量。

任务描述：

任务提出：

能够根据企业的具体情况，生产特点确定采购物料的种类以及编制采购计划，制定采购产品的验收标准。

任务分析：

首先根据企业生产的产品确定采购物料的种类，然后编制采购计划，最后制定物料验收标准。

知识准备：

一、物料采购过程的质量管理

物料采购过程中的质量管理，详见项目一的任务一中知识准备部分，包括采购计划；采购合同；采购作业管理；供应商管理等内容。

二、制作软体家具的材料

制作软体家具的材料大致可分为以下五种：木架材料、软性材料、紧固材料、绷结材料和表面装饰材料。

1. 木架材料

软体家具所用的木架材料，一般多采用质地较硬的阔叶材为主要用材。

常用于软家具的木材树种有水曲柳、榆木、柞木、黄菠萝、色木、桦木、马尾松、柳桉、柚木等。

木材含水率应略低于当地的平衡含水率，一般应控制在8%～15%。

木质材料详见项目二的任务一中知识准备。

2. 软体材料

软体家具的主要材料是软体材料。传统工艺的软体家具采用多种软体材料，由里及表逐层包制。因此它的材料比较复杂，选料也颇为讲究。

(1) 棕丝

一般软体座椅和床垫的第二层壳子（弹簧上面一层）和蒙面都是采用棕丝为填衬材料。棕丝的弹性较好，可以使坐面、背面等表面平整，加厚柔软层，并与弹簧起相互配合的作用。一般高档软体家具还可以用马棕、椰榈丝（又称椰衣丝）代替棕丝，普通软体家具也可采用细藤丝、竹丝甚至用稻草代用。

（2）弹簧

常用的弹簧有螺旋弹簧、蛇簧、螺旋穿簧三种，见图 3-1 所示。可根据产品的档次和使用场合灵活选用。

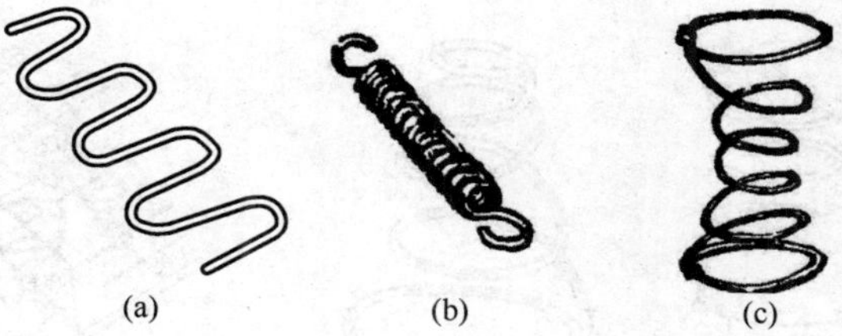

图 3-1　常用弹簧的类型
（a）蛇簧　（b）螺旋弹簧　（c）螺旋弹簧

① 螺旋弹簧。它是软体家具制造中用途最广泛的主要弹性材料。一般选用 65Mn 及 70 号碳素弹簧钢丝制成。其常用规格如表 3-3 所示。

表 3-3　常用螺旋弹簧规格尺寸

弹簧规格	钢丝直径/mm	自由高度/mm	上下圆盘直径/mm	一般绷紧限度/mm	盘芯直径/mm
＃13,5″	2.3	127	85～90	80～90	50～52
＃12,5″	2.8	127	85～90	80～90	50～52
＃12,6″	2.8	152.4	90～92	95～110	52～53
＃11,6″	2.9	152.4	90	95～110	52～53
＃11,7″	2.9	178	90～95	120～135	52～53
＃10,8″	3.2	203	95～100	145～160	53～55
＃9,9″	3.6	229	105	170～190	55～57
＃8,10″	4.0	254	105～110	195～215	55～57

除了上述规格的螺旋弹簧外。在软体家具制作中尚有其他两种形状螺旋弹簧：即包布簧和宝塔簧，见图 3-2 所示。

包布簧是一种圆柱螺旋压力弹簧，一般用于席梦思床垫和沙发软垫，此种弹簧在使用前要先用布包扎，故称包布簧。包布簧常采用 13 号钢丝，弹簧外径 75mm，自由高度为 100mm。

宝塔簧是一种单圆锥螺旋弹簧。它往往用钢丝穿扎成弹簧垫子，适用于汽车坐垫与沙发坐垫，如图 3-3 为用宝塔簧穿成的垫子。

沙发用中凹形螺旋弹簧的要求是在压缩自由高度的 80％、静压 24h 或动压 50 次、卸压半小时后，其自由高度的残余变形不超过 10％。弹簧软床垫中使用的为中凹形螺旋弹簧，图 3-4 为凹形螺旋弹簧与螺旋穿簧组合制成的席梦思垫子，其技术要求是钢丝直径为 1.3～2.8mm，自由高度为 110～150mm，圈数不少于 5 圈，上下盘端面外径不得大于 95mm，中腰外径不得小于端面外径的 44％，两端面的钢丝打结点位差不大于 200mm。在压缩自由高度的 80％后，静压 24h 或动压 50 次，卸压半小时后，其自由高度残余变形量不超过 10％。

② 蛇簧。主要用于沙发、弹簧椅和席梦思床垫的成型弹簧垫等。采用蛇簧制作的软体家具，其工艺简单、制作方便，但弹性较差。沙发用蛇簧的要求是：钢丝直径底座不小于 3.2mm，背部不小于 2.8mm。手握成品蛇簧的两端，用力将蛇簧弯曲成 45°，反复 5 次后将蛇簧平放半小时，其残余变形量（弦高）不超过自由长度的 3％。

③ 螺旋穿簧。螺旋穿簧是小圆柱形的弹簧，主要与螺旋弹簧（盘簧）和蛇簧配合使用，起连接作用。弹簧床垫用的螺旋穿簧的钢丝直径为 1.3～1.6mm，其内孔与被穿物的间隙不大于 25mm。图 3-4 就是席梦思垫子中的螺旋穿簧与螺旋弹簧组合使用示意图。

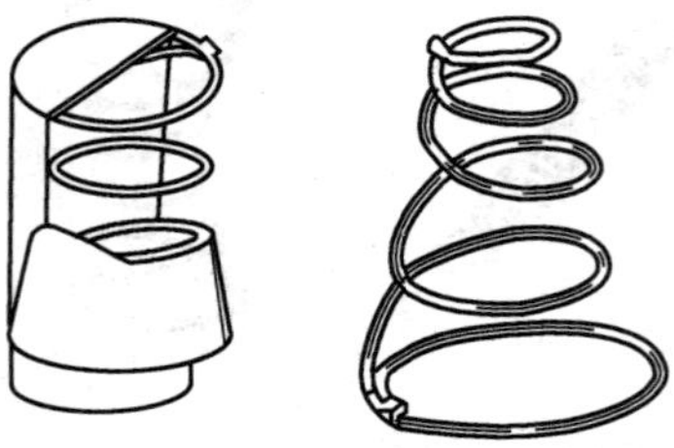

图 3-2 包布簧与宝塔簧

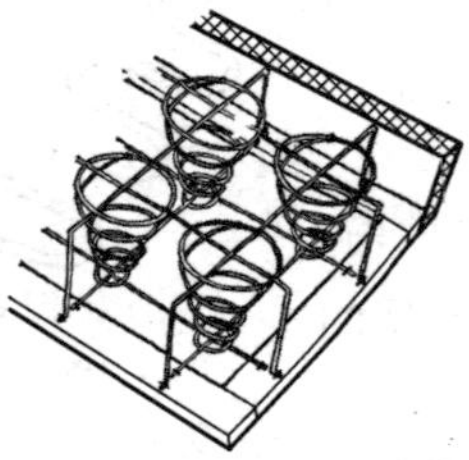

图 3-3 用宝塔弹簧穿成的垫子

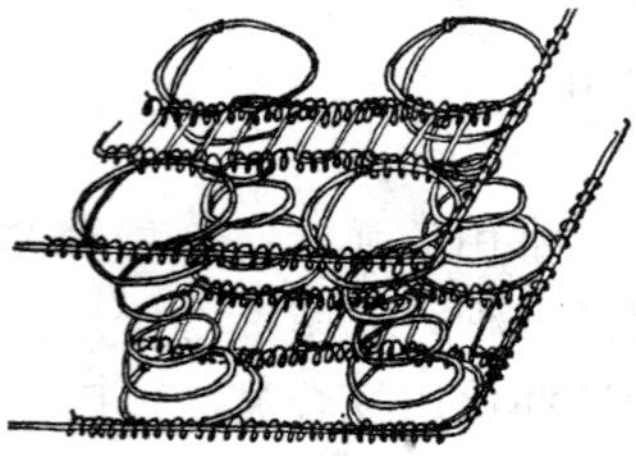

图 3-4 席梦思垫子的组合弹簧

(3) 软质泡沫塑料

是软体家具的主要材料，其中软质聚氨酯泡沫塑料（聚醚型）是用作软垫的良好材料。其性能如表 3-4 所示。

表 3-4 软质聚氨酯泡沫塑料的耐化学性能

介质名称	耐腐蚀性能
肥皂水	无变化
苛性钠(50%)	无变化
碳酸钠(10%)	无变化
氨水	无变化
氯仿	膨润较大
丙酮	微胀，部分溶解
机油	微胀，干后复原状
汽油	微胀，干后复原状
苯	微胀，干后复原状
二甲苯	微胀，干后复原状

家具用聚醚型聚氨酯泡沫塑料（软质）的密度为：床垫不低于 $22kg/m^3$，沙发用于底座的不低于 $25\sim30kg/m^3$，其他部位不低于 $22kg/m^3$。

(4) 乳胶海绵

乳胶海绵也是用于家具软垫的一种材料，是乳胶经发泡处理后形成富有弹性的物质，其减震性能较好，但透气性差且价格较高，适合用作汽车坐垫材料，也可用于高级的软体家具上。乳胶海绵的厚度通常为 3～60mm。

3. 紧固材料

(1) 骑马钉

骑马钉用于有弹簧挡板的沙发木架和床垫，起固定弹簧的作用。制作沙发用的骑马钉，一般规格为 13mm。

(2) 鞋钉

鞋钉是将麻布、绷绳、蒙面材料等固定在木架上所使用的。常用的规格有 10mm、13mm、16mm、19mm 几种，根据不同的情况选用不同规格的鞋钉。

用于固定绷绳的应选用较大的规格，以 16mm 和 19mm 的为宜；固定麻布和面料等则需用 13mm 的规格，10mm 钉只能用于席梦思床背、扶手柱头和装饰板等处，也就是说，在板面软层较薄之处使用。在沙发专业制造厂中，为获得较高的劳动生产率和减轻工人劳动强度，已逐步采用气钉来制作。

4. 绷结材料

(1) 绷绳

绷绳主要起固定连接沙发弹簧的作用。生产上采用蜡绷绳的规格有 160＃及 180＃两种。上蜡的绷绳可起防潮、防腐和提高强度的作用。

（2）鞋线

用于包扎麻布，使铺面结实和四周形成平整的轮廓线的作用，常用的规格有：21 支 21 股；21 支 24 股和 21 支 26 股。

（3）麻布

用于张托和蒙罩棕丝，并起覆盖和平直弹簧作用。一般用于沙发座身及扶手等处，可使软体家具结实平整。

（4）绷带

代替弹簧挡板，作固定弹簧用，富有弹性。常用的有麻织带、棉织带和尼龙织带，宽度一般为 50～60mm。绷带在不采用弹簧挡板时使用，采用绷带制作的软体家具，比用弹簧挡板更富有弹性，但使用寿命短，一般适用于有软垫的中、高档家具。

（5）市布（普通白布）

软体家具制作中的蒙底布、塞头布和拉手布均采用市布。蒙底布起防尘作用，塞头布可代替一部分比较昂贵的面料，拉手布是为了满足制作工艺的需要。

5. 表面装饰材料

（1）蒙面料

软体家具除进行外形设计外，还通过面料的质地、色彩、光泽、图案等体现装饰效果，丰富其造型。基本上所有的织物均可作为软体家具的面料，有棉织品、毛织品、丝织品（绸除外）、尼龙化纤织品。此外，还有人造革、真皮等。根据产品的等级和质量要求，使用场合等来选用不同的面料。

高级产品：牛皮、羊皮、缎、丝绒等。

中级产品：长毛绒、呢绒、尼龙化纤织物。

普级产品：灯芯绒、装饰布及其他棉织品和人造革等。

（2）漆泡钉

用于将面料钉住，并起装饰作用，漆泡钉颜色种类较多，可根据面料色彩选用。常用的规格为：小号 $\phi9\times13$mm、大号 $\phi10.5\times13$mm。

（3）嵌线绳

嵌线绳用于表面的嵌线部分，往往用于面与面的交界处，以使棱角线条更突出与美观。嵌线绳的规格与绷绳一样，但表面不需要上蜡。有时也可用同样粗细的纱绳来代替，但必须柔软。嵌线处经常与人体接触，硬的纱绳容易磨损面料。

制作软体家具时，除上述主要原辅材料以外，还需要脚轮、脚座、气钉、缝纫线、椅脚钉、表面装饰塑料、表面装饰螺钉、501、502 和快 3 秒等胶水，可根据需要灵活选用。

三、皮革材料的商检测试标准

牛皮是天然材料，在理化性能方面具有其他皮革所不具备的不可替代性，因此深受广大消费者青睐。牛皮在牛成长、屠宰以及加工、保存过程中难免产生缺陷。这里将介绍成品皮革的缺陷、皮革的国家标准、检验标准。

1. 牛皮品质的鉴定

鉴定牛皮的品质要在先确定种类、性别和兽龄的前提下，进行下列四方面的鉴定，并进行综合评价。

（1）皮板品质的鉴定

鉴定张幅、厚度、厚薄均匀度；板质肥瘦，皮色及毛的粗细、长短、防腐等情况；是否有异味，有无掉毛或毛根松动、腐烂等。

（2）伤残的鉴定

牛皮常见的伤残种类很多，主要有刀洞、描刀（描刀是指剥皮时用力不慎，造成皮板肉面上有条状伤痕）、破口、掉毛、虻伤、虱疗、烙印、划刺伤等。上述伤残除划刺伤、虱疗、虻伤在带毛时难以看见以外，其他的都可细心辨认。下面对沙发皮革的缺陷名称及其分类做一下简单介绍。

① 直接由原皮带来的。虻伤（虻眼、虻底），虱疗，划刺伤，擦伤，皮皱（头、颈、四肢、腹、两侧皱纹），疮疤，剪伤，刀洞，描刀（伤），折裂，烙印，皮形不正等。

② 化学处理及工艺管理不当造成的。松面，管皱，粒面发暗无光，粒面粗皱，裂面，烂面，霉斑，油霜，盐霜，染色不匀，染黑不黑，色调不正，脱色，涂层发黏，涂层耐干，湿擦不良，强度不够，颓软无弹力，僵硬，伸长率过大、过小，露底，不耐磨等。

③ 操作及机械处理不当造成的。刮油伤或肉伤，剖层伤，磨面伤，推挤伤，熨压斑痕，涂饰粒点，涂饰刷痕及流浆，过厚、过薄及厚度不均，压折皱纹，革身变形，不平展，水分过大、过小等。

④ 保存、运输不当造成的。霉斑，水分过大、过小，压折，压皱，污渍、淋雨，涂层老化，暴晒等。

2. 常用厚度

一型：0.9～1.5mm；

二型：1.5～2.0mm；

薄皮：0.9～1.2mm；中厚皮：1.4～1.8mm；厚皮：2.0～3.0mm。

3. 外观要求

（1）革面

纹路细致、均匀；允许皮革自然纹路、暗痕、牛筋等轻微缺陷；色泽均匀不花，不裂面；涂饰革涂饰均匀，涂层粘着牢固，不掉浆；

（2）革身

全张革厚薄基本均匀，革身丰满，柔软而有弹性，允许轻微自然异味；

（3）革里

洁净，无油腻感。

4. 理化性能

理化性能见表 3-5。

5. 分级

根据全张革可利用面积的比例分为四级

① 利用率面积

一级：>90％；

二级：＞80％；

三级：＞70％；

四级：＞60％。

表 3-5　　皮革的物理性能

项目	一型	二型
抗张强度/(N/mm)	≥10	≥15
撕裂强度/(N/mm)	≥30	≥35
断裂伸长率/%	≤80	
颜色摩擦牢度级	干：4.5 级；湿：3.5 级	
涂层黏着牢度	≥2.5N/10mm	
pH	3.5～6.6	
稀释差	0.7(当 3.5≤pH≤4.0 时，检验此项)	

② 允许轻微缺陷＜5％；

③ 整张革主要部位（皮心，臀背部）不得有影响使用功能的伤残；

④ 轻微缺陷是指不影响产品的内在质量和使用，只略影响外观的缺陷，如轻微的花色，革面粗糙，压花革花纹不清，色泽不均匀等；

⑤ 若革面缺乏丰满弹性，一级品和二级品应降一级。

真皮是动物原皮一生慢慢自然形成的，是大自然才有的产品，它不仅具有天生高贵、耐久的特性，而且使用有益健康，是一种世世代代广为全世界人民喜爱、永恒流行的大自然的瑰宝。

四、海绵测试标准

（1）常用规格型号

① 红软超（T103）。密度：22kg/m³，回弹力：47％，压陷硬度：75N，压缩变形率：5.0％；

② 硬超（T104）。密度：31kg/m³，回弹力：45％，压陷硬度：165N，压缩变形率：4.0％；

③ 兰中超（T106）。密度：27kg/m³，回弹力：45％，压陷硬度：145N，压缩变形率：4.5％；

④ 灰高弹软（T107S）。密度：32kg/m³，回弹力：50％，压陷硬度：110N，压缩变形率：3.9％；

⑤ 灰高弹硬（T107H）。密度：32kg/m³ 回弹力：48％，压陷硬度：140N，压缩变形率：5.9％；

⑥ 超软超（FT108）。密度：24kg/m³，回弹力：51％，压陷硬度：45N，压缩变形率：5.5％；

⑦ 橙高弹（FT108）。密度：36kg/m³，回弹力：56％，压陷硬度：100N，压缩变形

率：2.5%；

⑧ 绿高弹（T111）。密度：34kg/m³，回弹力：58%，压陷硬度：95N，压缩变形率：6.3%；

⑨ 黄高弹（T112）。密度：37kg/m³，回弹力：60%，压陷硬度：100N，压缩变形率：6.4%；

⑩ 紫罗兰（T113）。密度：29kg/m³，回弹力：52%，压陷硬度：25N，压缩变形率：5.3%。

（2）权限公差

密度：±1.5kg/m³；回弹率：±3%；压陷硬度：±20N。

（3）拉伸强度

拉伸强度≥85kPa。

（4）伸长率

伸长率≥140mm。

（5）75%压缩永久变形

75%压缩永久变形为10.0%。

（6）撕裂强度

撕裂强度≥1.70N/cm。

（7）压陷性能

压陷25%时的硬度≥80；

压陷65%时的硬度≥130；

65%/25%压陷比≥1.70。

（8）适用范围

密度：25kg/m³ 或以上适合座面使用；

密度：25kg/m³ 以下适合其他部位使用。

（9）安全卫生要求

① 目视无危害健康的节足动物或蟑螂卵等；

② 干燥，无霉烂变质及刺鼻异常气味；

③ 无夹杂泥沙及金属物等。

（10）物理性能

① 色泽。基本均匀，允许轻度黄芯；

② 裂缝。用胶水黏好，如不影响外观尺寸的可以继续使用，黏合总长度不超过150mm；

③ 条纹。允许轻度条纹；

④ 刀纹。不允许超过1.5mm；

⑤ 气孔。不允许有直径超过3mm对穿孔和直径超过6mm大气孔。

五、麻绒测试标准

（1）常用规格型号、等级

见色板（分普通、优质、高级三种，异型需先咨询）。

（2）宽幅

宽幅为152cm。

（3）向抗撕裂强度

经向：≥300kg，纬向：≥300kg。

（4）抗张强度

经向16.5kg，纬向11.8kg。

（5）耐汗色牢度、耐洗色牢度

酸碱性条件下：≥3～4。

（6）耐摩擦坚牢度

干≥3～4；湿≥4。

（7）耐光紧牢度

耐光紧牢度≥4～5。

（8）起球（级）

≥3～5。

（9）甲醛含量

直接接触皮肤类符合E1环保要求。

（10）纱线抗滑移

经向：≤3～6mm；纬向≤3～6mm。

（11）具有抗静电，抗菌，防尘等功能。

六、喷胶测试标准

（1）成分

弹性体橡胶（SBS）、丙酮、乙酯、溶剂油、天然树脂、填料。

（2）表观

淡黄色或褐色黏稠液体。

（3）黏度

2～3Pa・s。

（4）不挥发量

45%±0.1%。

（5）热分解温度

＞200℃（强力分解温度＞300℃）。

（6）自燃温度

＞300℃。

（7）使用方法

① 清洁粘接物表面的油污及杂质；

② 涂胶。用喷涂工具将胶黏剂均匀地涂在被粘合物的表面；

③ 贴合。将要粘合的材料铺放在涂胶的基面上，粘贴后不加压，若稍许加压，黏结更为牢固；

④ 固化。在25℃条件下，5min内即可达到粘接强度，24h后即可使用。

（8）环保

游离甲醛：≤0.5mg/kg；苯：≤5mg/kg；甲苯＋二甲苯：≤200mg/kg；总挥发性有机物：≤750mg/l；符合E1环保要求。

（9）性能

操作性好，喷涂无飞丝，附着力强，耐热，耐水，耐老化性。

（10）技术参数

① 黏合时间5～10min；

② 黏度110±30Pa·s；固含量45%±1%；

③ 耐热性65℃，14天无弹开现象；

④ 剥离强度≥1.0kN/m。

七、五金配件检测标准

五金配件检测标准如下：

① 金属件及各类弹簧等配件均经防锈处理，无锈蚀；

② 五金配件安装配合严密牢固；

③ 弹簧等无倾斜，无松动断簧；

④ 金属脚平稳性好，着地不平度偏差≤2.0mm。

八、金属外架检测标准

金属外架检测标准如下：

① 不锈钢管专用钢管型材，通过锥缩、钢艺弯弧、曲折、造型成架；

② 表面处理经抛光、喷沙、磷化、烤漆着色或电镀保护处理。

九、无纺布检测标准

无纺布检测标准如下：

① 韧性大，透气好，耐磨性强，软硬适宜，厚度均匀；

② 耐酸、耐碱、无毒性、无虫蛀、透水、易洗涤、环保。

任务实施：

1. 产品分析

① 根据新产品的技术文件确定采购材料的种类；

② 编制采购计划。编制的采购计划要严格按照预算执行并考虑到企业的支付能力。编制采购计划要充分考虑到采购物料的先进性和适用性，在企业财力允许的情况下，适度提高采购物料的余量和品质。编制采购计划时充分考虑采购物料与成本的支出，按照降低成本的要求，确定采购物料的技术参数。编制采购计划时还应按照物料的轻重缓急分为不同的等级，对重点采购物料或急需物料要确保优先采购。

采购计划的内容主要包括：采购物料的数量、技术规格、技术参数及要求；采购物料的价格及供应商；采购物料在生产中的投入使用阶段；签订采购协议时使用的合同类型；整个采购工作的协调管理工作等。

2. 制定产品验收标准

根据采购计划列出采购物品的种类，并制定相应的验收标准。并根据验收标准对来料进行检测，检测结果填写在来料检测记录表中。来料检测记录表如表 3-6 所示。

表 3-6　　来料检测记录表

序号	产品名称	检验内容	缺陷程度		缺陷描述
			轻微	严重	

《家具质量管理与检验》学习任务书

任　务	采购过程中的质量管理的方案设计与实施		所属项目	自主研发企业软体家具生产的质量管理与检验的方案设计和实施
学习目标	能力目标	知识目标		素质目标
	能够制定原、辅材料的采购计划及验收标准	了解供应商的选择与评价以及对供应商的控制要点；掌握对供应商产品的质量检验方法		养成严谨的工作作风、实事求是的工作态度；提高团队意识和与人协作共事能力
任务描述	通过查阅资料，分析软体家具结构，结合自主研发企业特点，制定原材料采购计划以及来料验收标准，并对主要原材料进行检验			
学习产品	来料验收标准			
学习步骤	以学习小组为单位，共同完成任务；各小组组长认真组织本组组员： 1. 认真研究确定工作方案； 2. 查阅资料，分析自主研发企业的特点； 3. 确定自主研发企业软体家具原辅材料采购计划； 4. 确定采购的种类； 5. 制定来料检验标准； 6. 向其他学习小组展示本组的来料检验标准，接受其质询； 7. 按照“检验标准”对主要原材料进行检验			
学习要求	1. 组长真正起到组织作用，组员要有通力协作、尽职尽责、顾全大局精神； 2. 提出问题，独立(小组)解决问题； 3. 相互尊重，相互交流，相互学习； 4. 勤于思考，善于总结(知识)			
信息来源	1. 计算机网络系统；2. 来料检验标准；3. 学习资料			
参考资料	1. 教材：《家具质量管理与检验》； 2. 参考资料：国家标准和企业标准			

单元学习考核

表 3-7　　　　任务学习评价表

<table>
<tr><td colspan="2">学生姓名</td><td></td><td>班级</td><td></td><td>组别</td><td></td></tr>
<tr><td>序号</td><td>评估项目</td><td>评估内容</td><td colspan="3">评估标准</td><td>评估等级</td></tr>
<tr><td rowspan="4">1</td><td rowspan="4">任务
完成情况
（60 分）</td><td>任务准备
（10 分）</td><td colspan="3">优：课前准备充分，学习笔记记录全面，方法步骤多
良：课前准备充分，学习笔记记录全面
及：课前准备基本能满足要求，有学习笔记记录
不：课前准备不充分，没有学习笔记记录</td><td>□优 □良
□及 □不</td></tr>
<tr><td>任务进度
（10 分）</td><td colspan="3">优：完成任务速度快，并能保证质量
良：能在规定时间内完成任务，并能保证质量
及：能在规定时间内完成任务，但不能保证质量
不：不能在规定时间内完成任务</td><td>□优 □良
□及 □不</td></tr>
<tr><td>完成步骤
（10 分）</td><td colspan="3">优：采购计划设计准确，详细
良：采购计划设计准确
及：能够完成采购计划设计
不：没有完成</td><td>□优 □良
□及 □不</td></tr>
<tr><td>完成质量
（30 分）</td><td colspan="3">优：具有完整的各类产品验收标准
良：各类产品的标准基本完整
及：验收标准不完整
不：没有完成</td><td>□优 □良
□及 □不</td></tr>
<tr><td rowspan="2">2</td><td rowspan="2">基本素质
（10 分）</td><td>团队协作
（4 分）</td><td colspan="3">优：在完成任务过程中能够主动帮助同学，共同提高
良：在完成任务过程中能够互相帮助
及：在完成任务过程中能够帮助同学，但有不愿意回答同学问题的情况
不：在完成任务过程中不能帮助别人，不愿意回答同学的提问</td><td>□优 □良
□及 □不</td></tr>
<tr><td>劳动纪律
（6 分）</td><td colspan="3">优：能遵守公司管理制度，不迟到、早退，无违纪行为
良：能遵守公司管理制度，不迟到、早退，但有事、病假
及：能遵守公司管理制度，有迟到、早退现象
不：不能遵守公司管理制度，劳动纪律出现重大问题，取消成绩</td><td>□优 □良
□及 □不</td></tr>
<tr><td>3</td><td>总结
报告
（10 分）</td><td colspan="4">综合评价报告中是否详细说明在任务完成过程中掌握了什么知识、学会了什么技能、发现了什么技巧、出现了什么问题、问题得到了怎样的解决等</td><td>□优 □良
□及 □不</td></tr>
<tr><td>4</td><td>总评
意见
（20 分）</td><td colspan="4">综合评价学生是否掌握学习目标里要求的知识、技能、方法，是否有探索精神和创新意识</td><td>□优 □良
□及 □不</td></tr>
<tr><td colspan="2">教师评语</td><td colspan="5"></td></tr>
<tr><td colspan="2">成绩</td><td></td><td>教师签名</td><td></td><td>日期</td><td></td></tr>
<tr><td colspan="2">备注</td><td colspan="5">各等级权重：优＝1，良＝0.8，及＝0.6，不＝0.5</td></tr>
</table>

任务三　生产过程中质量管理的方案设计与实施

任务目标：

知识目标：

（1）掌握产品的生产工艺流程；

（2）了解软体家具生产设备的操作规程；

（3）掌握质量控制点的设置方法并且掌握质量控制点的验收标准。

技能目标：

（1）能够制定产品的生产工艺；

（2）能够确定生产产品的主要设备，制定设备的操作规程；

（3）能够设置质量控制点，并且确定质量控制点的验收标准。

任务描述：

任务提出：

根据企业的具体情况确定生产工艺流程，生产中主要设备的操作规程；主要工序的控制；工序控制点的验收标准。

任务分析：

首先根据企业生产的产品确定生产工艺流程，然后编制主要设备的操作规程，最后设置主要工序控制点，并制定工序质量控制点的验收标准。

知识准备：

一、生产过程中的质量管理

生产过程中的质量管理详见项目一任务二中知识准备部分。

二、软体家具生产工艺流程

软体家具生产工艺流程如图 3-5 所示。

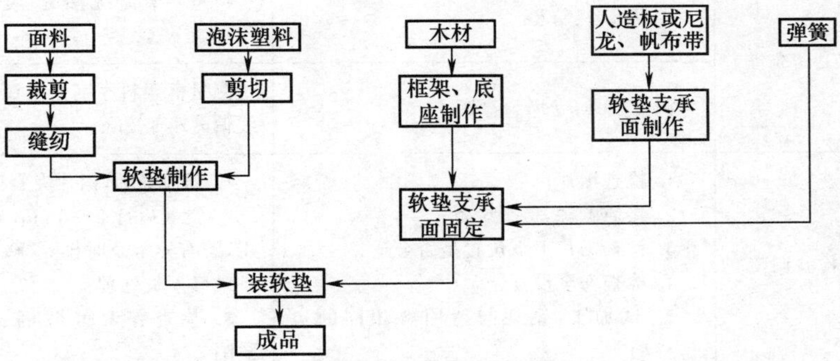

图 3-5　软体家具生产工艺流程

1. 木框架加工

（1）木框架加工过程

以木材为基材的沙发框架零部件的加工过程以表 3-8 为例进行说明。

表 3-8　　沙发框架零部件的加工过程

工段名称	工序名称	使用设备、工具
板材配料	画线、纵向锯截、横截	纵锯机、细木工带锯、圆锯机
毛料加工	基准面、基准边、相对面、相对边、横截	平刨床、压刨床、四面刨床、铣床、圆锯机
净料加工	钻孔、开槽、砂光	钻床、铣床、砂光机
框架部件装配	木材零件装配、木框架修整、钉接木材零件、钉弹簧、钉绷带	射钉枪、羊角锤

（2）木框架加工工序工艺规程

板材配料、毛料加工、净料加工的各工序工艺规程详见项目二中任务二部分，现将框架加工工序工艺规程归纳如表3-9所示。图3-6为软体家具框架加工。

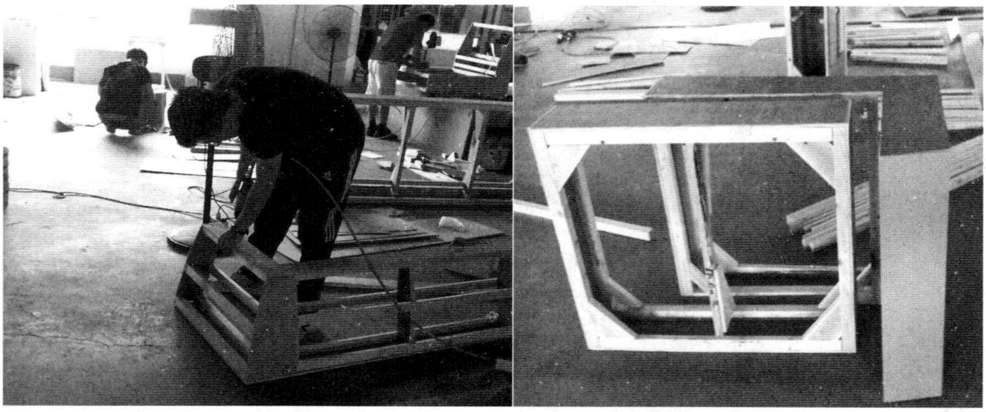

图3-6 软体家具框架加工

表3-9 框架加工工序工艺规程

项目	工作内容	工作方法	质量（工作）标准
产前准备	技术文件	认真阅读技术文件	1. 明确框架结构关系； 2. 明确框架料的规格，打钉位置
	工装工具准备	工具准备：钉枪	钉枪安装好无漏气，装钉牢固，能正常使用
		测量工具：卷尺、卡尺	测量框架料厚度偏差0.2mm以内，对角线偏差小于2mm
	设备检验调整	1. 检查锯片； 2. 接通电源，检查设备； 3. 检查锯片上下位置是否合适； 4. 检查安全设置； 5. 试加工：锯切与待用料相同的边角料	1. 锯齿锋利，锯片夹紧牢固； 2. 空载运行2～3min，确认正常方可使用，若有异常及时排除，解决不了的报请设备维修人员处理； 3. 检查有无崩茬、涨边、掉角等质量缺陷
	材料准备	1. 互检框架料的质量及规格尺寸，并摆放在工作台边，框架料摆放时位置合理，便于操作； 2. 配件准备：（弓簧、弓簧扣、绷带）	1. 规格符合技术文件要求、不缺料，两侧框架料无严重腐朽及超过$\phi10$以上脱落死节，单侧边无$\phi5$以上死节，无超过5mm深的戗茬、偏棱，框架料侧弯不能超过2mm 2. 根据设计要求，确定弓簧、绷带的数量以及安装位置
过程	加工过程中	认真阅读技术文件，核对尺寸是否准确	1. 加工时严格按照技术要求打钉，严格控制打钉位置； 2. 打钉时不允许过快，不得有穿钉或漏打钉现象（发现穿钉马上拔出，重新打钉）

续表

<table>
<tr><th>项目</th><th>工作内容</th><th>工作方法</th><th>质量(工作)标准</th></tr>
<tr><td rowspan="6">产后工作</td><td>质量处理</td><td>对不合格的框架及存在问题的产品要挑出单独摆放，并及时通知班组长处理</td><td></td></tr>
<tr><td>技术文件</td><td>在技术文件上填上主机手名字及加工时间</td><td>认真填写，字迹清晰</td></tr>
<tr><td>工艺工装、处理</td><td>将工具清理干净</td><td>物见本色，放于指定位置</td></tr>
<tr><td>设备清理保养</td><td>关闭设备，按设备保养要求进行保养</td><td>达到保养标准</td></tr>
<tr><td>作业现场清理</td><td>按“5S”要求</td><td>达到“5S”标准</td></tr>
<tr><td>完工产品记录</td><td>做好完工产品的记录、填写工票</td><td>记录翔实、准确</td></tr>
</table>

（3）沙发木框架的检测

① 沙发框架尺寸、形状和位置公差的要求详见表 3-10。

表 3-10　沙发木框架的尺寸、形状和位置公差要求

<table>
<tr><th>序号</th><th>检验项目</th><th colspan="4">要　求</th></tr>
<tr><td>1</td><td>框架尺寸</td><td colspan="4">框架产品的实际尺寸与产品的设计尺寸的差值为±5mm</td></tr>
<tr><td>2</td><td>功能尺寸</td><td colspan="4">座高 400、420、440mm
扶手内宽＞460mm</td></tr>
<tr><td rowspan="4">3</td><td rowspan="4">翘曲度</td><td colspan="2" rowspan="4">面板、正视面板件</td><td>对角线/mm</td><td>允许值/mm</td></tr>
<tr><td>≥1400</td><td>≤3</td></tr>
<tr><td>＜1400，≥700</td><td>≤2</td></tr>
<tr><td>＜700</td><td>≤1</td></tr>
<tr><td>4</td><td>底脚平稳性/mm</td><td colspan="3">底脚着地平稳性</td><td>≤2</td></tr>
<tr><td rowspan="4">5</td><td rowspan="4">邻边垂直度</td><td colspan="2">面板</td><td>对角线长度</td><td>≤2.5</td></tr>
<tr><td colspan="2" rowspan="3">框架</td><td>对角线</td><td>允许值/mm</td></tr>
<tr><td>≥1000</td><td>≤3</td></tr>
<tr><td>＜1000</td><td>≤2</td></tr>
<tr><td>6</td><td>位差度</td><td colspan="3">抽屉与框架相邻表面间的距离偏差（非设计要求的距离）</td><td>≤1</td></tr>
<tr><td rowspan="2">7</td><td rowspan="2">抽屉分缝/mm</td><td>嵌装式</td><td colspan="2">上、左、右分缝</td><td>≤1.5</td></tr>
<tr><td>盖装式</td><td colspan="2">抽屉面背面与框架平面的间隙</td><td>≤1.5</td></tr>
<tr><td rowspan="2">8</td><td rowspan="2">抽屉下垂度、摆动度/mm</td><td colspan="3">下垂</td><td>≤20</td></tr>
<tr><td colspan="3">摆动</td><td>≤15</td></tr>
</table>

注：表中所有的公差标准（允许值）都是参照国家标准制定的，企业在生产中应有自己的公差标准。企业的标准只能高于国家标准，不能低于国家标准。

② 用料及木工要求

a. 单件或成套产品采用树种的质地应相似，同一胶拼材料树种应无明显差异，针、阔叶材不得混用。

b. 虫蛀材必须经杀虫处理，不得使用昆虫尚在继续侵蚀的木材。

c. 可视部件不得使用腐朽材，内部或封闭部位用材轻微腐朽面积不得超过零件面积的15%，深度不得超过材厚的25%。

d. 外表及存放物品部件的用材不得有树脂囊。

e. 产品受力部位的斜纹程度超过20%的不得使用。

f. 节子宽度不得超过可见材宽的1/3，直径不超过12mm的，经过修补加工后不影响产品结构强度和外观的可以使用。

g. 其他轻微材质缺陷，如裂缝（贯通裂除外）、钝楞等，应进行修补，不影响产品结构强度和外观的可以使用。

h. 影响产品结构强度或外观的贯通裂缝的木制零件不得使用。

i. 塞角等支承零件的接合应牢固。

j. 各种配件不得有少件、漏钉、透钉。

k. 雕刻的图案应均匀、清晰、层次分明，对称部位应对称，凹凸和大挖、过桥、棱角、圆弧处应无缺角，铲底应平，各部位不得有锤印或毛刺。

l. 车木的线型应一致，凹凸台级应匀称，对称部位应对称，车削线条应清晰，加工表面不得有崩茬、刀痕、砂痕。

2. 绷带钉制工艺

当座框和靠背等采用绷带结构时，常采用绷带的种类有麻织绷带、棉织绷带、橡胶绷带、塑料绷带、铁皮条等。不同的绷带其钉制工艺不同。

① 塑料绷带是一种装饰性绷带，多采用编钉形式与座框结合，编钉方式通常与藤编方式相同。

② 橡胶绷带弹性大，但不耐用，钉制方法是在座框上开一个沟槽，其深度应足以放入橡胶绷带和一根窄木条。然后用螺钉将绷带锁紧，这种方式适合于沙发座框较厚的情况。

③ 钢制绷带（铁腰子）安装时通常用钉固定在座框旁板上。固定是用钢制绷带拉紧器张紧钢绷带。

④ 铁制绷带通常固定于沙发座框纵横档下面，比较适合用于螺旋弹簧的支承。在座框背后用铁皮条交叉穿成“井”字形，这不但要铁皮条之间交叉，同时与弹簧的底圈也要交叉，并用钉子把铁皮条固定于纵横档上。

⑤ 麻织绷带的钉制，如图3-7所示。

a. 棉织绷带强度较低，一般用于扶手或靠背，而不用于底座。而麻织绷带强度较高，弹性较好，是底座常用的绷带，一般用钢圆钉或特制的绷带钉固定。

b. 绷带要先用枪钉或圆钉固定在前望板上，从中间向两边钉起，钉绷带时留出30～40mm的折头倒折回来，再加钉以加强绷带钉制的牢固度。

c. 将前望板固定好的绷带拉向后望板拉紧，拉紧的方式有手工拉紧、机器拉紧（机器拉紧主要的用紧带器拉紧）。手工拉紧方式生产软体家具的方式比较传统，其张紧力大小不一致。而机器自动张紧可以避免上述缺陷，可以使每条松紧带的张力保持一致。

d. 将绷带拽紧后加钉固定，同时留30～40mm的绷带折头，剪断，将折头倒折回来再钉。绷带的张紧程度以用手下压有弹性为宜，如绷带拽得太紧，钉子可能被拽松或使绷带在长期受力下而失去或降低强度。

e. 用相同步骤将其余绷带钉到前望板与后望板上，每根绷带都要求保持平直，间距均匀。

f. 用相同方法钉制旁板之间的绷带，但纵横绷带需要互相穿插交错呈“井”字形（如图 3-8 所示），以提高强度和重量分布的均匀性。

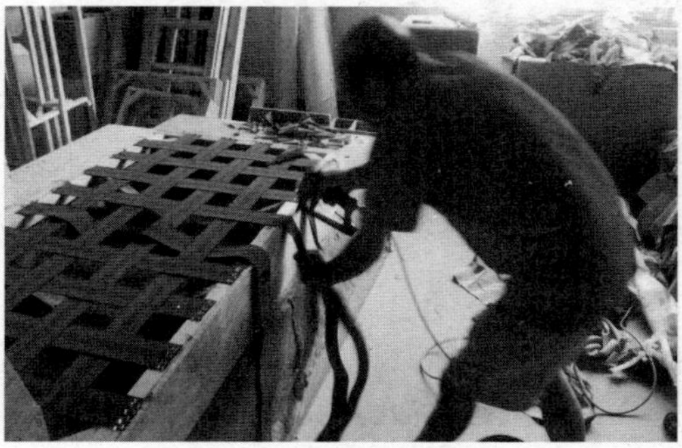

图 3-7　麻织绷带的钉制

图 3-8　“井”字形钉制

3. 蛇簧的固定

蛇簧被广泛用于制作现代沙发的坐垫和靠背的支承面。这种蛇簧可以加工 30～40m 长的规格，使用时按需要截成一定的长度；也可以直接加工成所需要的规格长度，直接使用。

蛇簧安装时，根据框架的尺寸，按要求截取一定长度的蛇簧（或根据尺寸选择定制好的蛇簧），然后把三角扣一侧定在框架上，最后挂上蛇簧，并用钉子再加固三角扣（如图 3-9 所示）。

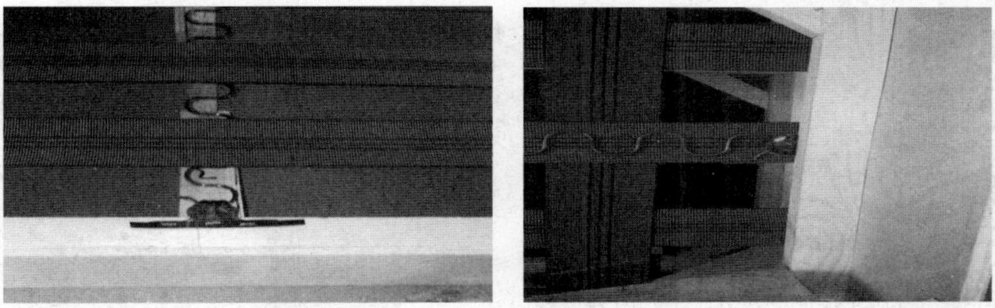

图 3-9　蛇簧的固定

4. 海绵切割及粘贴工艺

在沙发框架粘贴海绵之前，通常先钉一层麻布层。麻布在沙发制作中主要有两个方面的用途：一是在弹簧结构的沙发中覆盖弹簧；二是在非弹簧结构沙发中覆盖绷带。钉麻布如图 3-10 所示。

（1）海绵加工

先按样板画线，然后对海绵进行切割加工。

（2）贴海绵

在钉好框架的接触面上粘贴切割好的海绵（如图 3-11 所示），原则上是先粘贴薄、硬的海绵，再粘贴厚、软的海绵。贴海绵时，先用喷枪将胶喷在框架上或麻布上。如果不钉麻布，将胶直接喷在绷带上；如果不用绷带而直接使用蛇簧，通常将胶喷在海绵上进行粘贴。

图 3-10　钉麻布

图 3-11　贴海绵

5. 沙发面料的剪裁与缝纫

沙发面料剪裁主要取决于沙发的造型，在产品批量生产之前，首先要设计试样、做好样板，然后再进行排料、剪裁和缝纫。

(1) 排料

一件沙发，往往由许多块不同形状规格的面料组成。先按所需面料块数列出明细表，然后根据面料的形状、尺寸制成 1∶1 的纸样（纸样的制作如图 3-12 所示，制好的 1∶1 纸样如图 3-13 所示）；最后根据采购织布（皮革）的幅面尺寸进行合理安排（排料如图 3-14 所示）。沙发面料在排料的时候应注意以下几点：

图 3-12　面料纸样的制作

图 3-13　1∶1 纸样

① 面料的纹理。排料时面料按布幅直接安排，由上向下，扶手由里向外，外扶手、大外背均随里背顺向。但必须根据面料具体纹理和花纹决定，以图案不颠倒为原则。

② 绒毛的倒顺。排料时必须注意灯芯绒、丝绒等绒类面料绒毛的倒顺。一般绒毛顺向应由上向下，底座由里向外，扶手面由后向前，这样绒毛的顺向就与人体移动方向一致，以利于保证绒料的光泽。

③ 对图案。采用有规律、有主次花纹图案的面料时，一般均需将花纹和图案对正，不能有错位，特别是成套沙发，更要注意花纹和图案的对正，这样会使沙发更高雅。

④ 色差。所谓色差，是指面料颜色的深浅差别。一个沙发如果出现两种及两种以上

的深浅色差，会使人产生不协调的感觉，所以要注意面料的色差。

图 3-14　排料

（2）剪裁

根据产品产量可采用手工剪裁或机械剪裁，手工剪裁如图 3-15 所示，机械剪裁如图 3-16 所示。

图 3-15　手工剪裁

图 3-16　机械剪裁

沙发在剪裁时应注意面料的伸缩性，适当缩放尺寸；沙发面料剪裁时还应注意留有适当的余量，一般面料靠背上端需要留有 80～100mm 的余量，底座上角边及扶手里塞头处需要留有 50～60mm 的余量；除上述余量外，裁剪时还必须考虑缝头余量，一般面料缝头余量为 10mm，皮革类缝头留 8mm。剪裁工序工艺规程如表 3-11 所示。

表 3-11　　剪裁工序工艺规程

项目	工作内容	工作方法	质量(工作)标准
剪裁前准备	核对技术文件	核对任务单是否与样板、面料型号相符合	加工前首先核实任务单内容，检查样板、面料型号是否与任务单相符
	检查	平铺面料时，检查面料是否有气味、污渍、残次、色差及纹理不清的现象	领来面料平铺时看颜色是否一致，是否掉毛、掉色；是否有气味；检查面料是否有污渍、残次，纹理是否清晰
剪裁过程中	剪裁	排料合理，部件形状、尺寸与样板一致，面料绒毛顺向一致，正面颜色一致，纹理图案一致	剪裁时排料合理，部件的形状、尺寸与样板一致；面料绒毛顺向一致；正面颜色一致；纹理和图案一致；面料无划粉印、无污渍、无残次

续表

项目	工作内容	工作方法	质量(工作)标准
剪裁后工作	理货	将产品所有部件统一叠放，检查有无缺件少件情况，检查标识是否与任务单相符。检查合格后将所有部件与产品标识一同捆好，并摆放整齐	产品部件要叠放整齐，配件齐全，标识、面料型号、数量与任务单相符
	作业现场清理	按5S要求	达到5S标准

(3) 沙发面料的缝纫

沙发面料在包蒙前，需要将剪裁好的面料缝合在一起，为了提高家具的美观性，必要时还要加入嵌线。嵌线为缝合面料时加入的线条，主要作用是掩盖缝合缝和修饰边线。面料缝合如图3-17所示。

在缝合时一般先采用试缝，试缝就是先把两块面料正面相对临时缝合在一起，采用试缝主要是帮助面料定位，待正式缝合后应拆去缝合线，然后正式缝合。正式缝合最简单的方法就是平缝。平缝是在试缝的基础上，沿边10mm左右正式缝一条线。最后拆除试缝的缝合线。面料缝纫工序工艺规程如表3-12所示。

图3-17　面料缝纫

表3-12　缝纫工序工艺规程

项目	工作内容	工作方法	质量(工作)标准
缝纫前准备	核对技术文件	对照任务单内容，检查标识是否与面料型号和任务单相符	首先检查标识与实物是否相符，配件是否齐全
	码边	对照任务单，进行码边加工，完工后捆好，要求标识清晰，码放整齐	按标准做缝合，针距为1cm2.5针，用线要规范统一，缝合时不能抽皱起褶，缝合缝宽窄一致
	检查	检查面料是否有残次、色差、缺片少片，纹理、图案是否一致，有无标识	纹理、图案、格条要对齐，如有花形图案花头要向上，绒毛顺向一致

续表

项目	工作内容	工作方法	质量(工作)标准
缝纫过程中	缝纫	根据任务单的要求,不同要求采取不同的缝合方法。缝纫时注意前口尖对齐,圆角对称,绒毛顺向一致,纹理、图案完整	明显线条要顺畅,线迹均衡,面线不能有浮线,无跳线,拉链缝合要平整,无抽皱起褶,拉合要顺畅;倒针一定要打结实,嵌线宽窄要一致
缝纫后工作	自检	检查是否有线头、断针,标识与实物是否相符,线条是否顺畅,有无遗漏工序	检查是否有线头;线条是否顺畅;有无抽皱起褶现象;缝合面料中是否有断针;有无漏缝或缝合方式不正确的现象
	理货	配套理货,核对标识与实物是否符合	完工的产品无线头,叠放整齐,要订有商标,要求有明显的标识
	设备清理保养	工作结束后对缝纫机进行擦洗、润滑	应写清操作者及作业、维护保养时间
	作业现场清理	按"5S"要求	达到"5S"标准

6. 沙发的包蒙

包蒙沙发面料时一般先包底座、再包扶手，然后包内背、外背。包蒙沙发因沙发款式而异。如图 3-18 所示。

图 3-18　沙发的包蒙

7. 软垫的制作

在软体家具中使用多种软垫。常根据其内部结构可以分成两类，一类是带弹簧的填充软垫；另一类是无弹簧的填充软垫。在第二类中，可以看到有边条的软垫和无边条的软垫。有边条的软垫就是周围用一条嵌线盖住接缝。软垫也分多种形状和规格。基本形状为方形、矩形软垫，也有圆形软垫、三角形软垫，"T"型软垫在全包软体家具中用得也很普遍。

制作无弹簧填充软垫时，里面的填充物可以是海绵，也有用羽毛、绒毛或动物毛填充软垫。用绒毛、羽毛或动物毛填充软垫时应该有里衬，以防填充材料透过面料穿出来。下面介绍以海绵为填充物的软垫的制作。首先进行海绵的裁切（如图 3-19 所示），根据设计的要求，确定软垫的形状和尺寸。根据软垫的形状和尺寸裁切海绵，然后在海绵的表面罩一层内衬（如图 3-20 所示），最后罩面（如图3-21所示）。

图 3-19　海绵的裁切

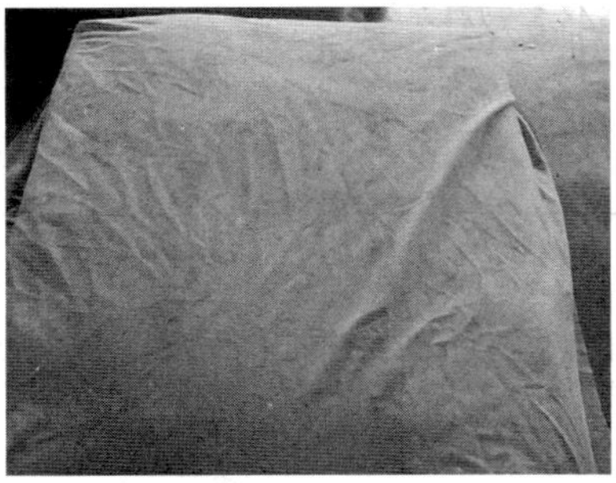

图 3-20　罩内衬

图 3-21　罩面

任务实施：

1. 图样分析

分析讨论产品的结构，制定生产工艺，并绘制生产流程图。

2. 设置质量控制点

根据产品生产的工艺过程，找出重点工序，并加以控制。制定工序质量控制点质量验收标准。制定结果填写在工序质量控制表中。工序质量控制表，如表 3-13 所示。

质量控制点是生产质量控制的重点，设置质量控制点就是要根据生产项目的特点，抓住影响工序施工质量的主要因素，对工序活动中的重要部位或薄弱环节，事先分析影响的原因，并提出相应的措施，以便进行预控。

3. 生产过程质量检验

生产过程质量检验主要包括自检、互检和专检三个部分。

自检是指在制造过程中每一位生产者均应对所生产的产品进行自检，有质量异常问题应及时解决，如遇到特殊或重大异常时需要及时报告，车间主管负责督促各位生产者实施自检，并设置车间质检员对每道工序产品进行抽检，如遇到异常情况应当及时处理。

互检是指加工工序接到上道工序的加工制品时，应检查上道工序产品的质量是否合格后再进行加工作业，若上道工序制品不符合质量要求，可以拒绝接收该制品。

表 3-13　　工序质量控制表

序号	工序名称	检验项目	检验内容及标准	检验周期	备注

专检是指质量管理部门专职检验人员对各个工序产品进行检查。对于批量较大、工艺简单、不容易出问题的工序进行抽检；对于原材料特殊、价格昂贵、工艺复杂、容易出问题的工序进行全检。成品在入库前需要进行专检，并在专检合格后方能入库。专检人员要做到对整个产品的生产过程质量加以控制。

牛津管理评论消息指出：在管理中，大家都看中结果。但是没有过程哪来的结果呢？因此对于产品品质的控制，只有紧跟了过程控制，才能控制品质。所谓的过程控制要做到首检控制、巡检控制和终检控制。

首检控制。在产品生产前必须要求操作者对在投入生产的物料都要仔细核实，要确认设备是否稳定完好，然后小批量生产 2～3 部件进行检验，确认生产合格后才能批量生产，如果不合格要查找原因。

巡检控制。在生产过程中，管理人员和质量管理人员要对加工的零部件进行抽检，要用大部分精力关注生产中的薄弱环节，如：新员工、关键设备、关键岗位等。

终检控制。在工作结束时，对于最后的产品要重点控制，往往这时员工的心态比较急躁，这时容易产生不合格产品，因此要严格加以控制。

4. 生产车间工艺文件管理

① 工厂各车间都应有工艺规程和生产操作规程，操作过程复杂的工段必须有岗位作业指导书。

② 新产品或新工艺规程和操作规程由技术部负责组织编写，总经理批准实施。

③ 对原产品供应规程和操作规程的修改由技术部组织，生产人员配合进行。

④ 技术部应对工业规程和操作规程的事实进行监控，对工序质量偏离控制范围的情况及时进行纠正。

5. 生产过程的工艺管理

① 在车间的生产过程中，技术部应派工艺员在生产现场进行巡检，监督、指导工艺规程与生产操作规程的实施。

② 生产中出现不合格品时，应迅速查明原因，并做出以下有效处理。

第一，若属于工艺本身原因，现场的工艺员应及时上报技术部，由技术部根据工艺的更改办法进行工艺的更改。

第二，属于工艺执行的原因时，现场的工艺员上报技术部后，技术部负责制定更改措施和预防措施。

第三，不合格品与工艺无关时，现场的工艺员应协同相关部门进行解决，提供与工艺相关方面的帮助。

③ 关键过程管理

第一，关键过程是指对产品质量有重大影响或不稳定的过程。质量不稳定或重要的产品在必要时由技术部设置关键过程，由车间对工艺参数实行连续监控，车间定期对过程能力进行综合评价，技术部定期检查。

第二，关键过程的能力达不到要求时，由技术部和生产车间组织人员查明原因，及时采取纠正措施及提高过程能力。

第三，短期查不出原因时，技术部应组织人员进行技术攻关，确保生产过程处于受控状态。

《家具质量管理与检验》学习任务书

<table>
<tr><td>任　　务</td><td colspan="2">生产过程中的质量管理的方案设计与实施</td><td>所属项目</td><td>自主研发企业软体家具生产质量管理与检验的方案设计和实施</td></tr>
<tr><td rowspan="2">学习目标</td><td>能力目标</td><td colspan="2">知识目标</td><td>素质目标</td></tr>
<tr><td>能够制定产品的生产工艺;能够设置质量控制点，并且确定质量控制点的验收标准</td><td colspan="2">掌握软体家具的生产工艺,了解生产设备的操作规程;掌握质量控制点的设置方法并且掌握质量控制点的验收标准</td><td>养成严谨的工作作风、实事求是的工作态度;提高团队意识和与人协作共事能力</td></tr>
<tr><td>任务描述</td><td colspan="4">通过查阅资料,分析软体家具产品的结构,结合自主研发企业特点,制定产品的生产工艺,设置质量控制点,并对主要工序产品进行检验</td></tr>
<tr><td>学习产品</td><td colspan="4">工序质量控制点的验收标准</td></tr>
<tr><td>学习步骤</td><td colspan="4">以学习小组为单位,共同完成任务;各小组组长认真组织本组组员:
1. 认真研究确定工作方案;
2. 查阅资料,分析自主研发企业的特点和软体家具的结构特点;
3. 确定软体家具生产工艺;
4. 确定质量控制点的验收标准;
5. 向其他学习小组展示本组的工序质量控制点检验标准,接受其质询;
6. 按照“检验标准”对主要工序产品进行检验</td></tr>
<tr><td>学习要求</td><td colspan="4">1. 组长真正起到组织作用,组员要有通力协作、尽职尽责、顾全大局精神;
2. 提出问题,独立(小组)解决问题;
3. 相互尊重,相互交流,相互学习;
4. 勤于思考,善于总结(知识)</td></tr>
<tr><td>信息来源</td><td colspan="4">1. 计算机网络系统;2. 软体家具生产工艺、工序质量控制点的验收标准;3. 学习资料</td></tr>
<tr><td>参考资料</td><td colspan="4">1. 教材:《家具质量管理与检验》;
2. 参考资料:国家标准和企业标准</td></tr>
</table>

单元学习考核

表 3-14　　　　任务学习评价表

<table>
<tr><td colspan="2">学生姓名</td><td></td><td>班级　　　　组别</td><td></td></tr>
<tr><td>序号</td><td>评估项目</td><td>评估内容</td><td>评估标准</td><td>评估等级</td></tr>
<tr><td rowspan="4">1</td><td rowspan="4">任务
完成情况
（60 分）</td><td>任务准备
（10 分）</td><td>优：课前准备充分，学习笔记记录全面，方法步骤多
良：课前准备充分，学习笔记记录全面
及：课前准备基本能满足要求，有学习笔记记录
不：课前准备不充分，没有学习笔记记录</td><td>□优 □良
□及 □不</td></tr>
<tr><td>任务进度
（10 分）</td><td>优：完成任务速度快，并能保证质量
良：能在规定时间内完成任务，并能保证质量
及：能在规定时间内完成任务，但不能保证质量
不：不能在规定时间内完成任务</td><td>□优 □良
□及 □不</td></tr>
<tr><td>完成步骤
（10 分）</td><td>优：工艺制定准确，工序质量控制点设置准确
良：工艺制定准确，能够设置工序质量控制点
及：能够制定产品生产工艺，但没能将重点工序加以控制
不：没有完成</td><td>□优 □良
□及 □不</td></tr>
<tr><td>完成质量
（30 分）</td><td>优：具有完整的工序质量控制点验收标准
良：工序质量控制点的标准基本完整
及：验收标准不完整
不：没有完成</td><td>□优 □良
□及 □不</td></tr>
<tr><td rowspan="2">2</td><td rowspan="2">基本素质
（10 分）</td><td>团队协作
（4 分）</td><td>优：在完成任务过程中能够主动帮助同学，共同提高
良：在完成任务过程中能够互相帮助
及：在完成任务过程中能够帮助同学，但有不愿意回答同学问题的情况
不：在完成任务过程中不能帮助别人，不愿意回答同学的提问</td><td>□优 □良
□及 □不</td></tr>
<tr><td>劳动纪律
（6 分）</td><td>优：能遵守公司管理制度，不迟到、早退，无违纪行为
良：能遵守公司管理制度，不迟到、早退，但有事、病假
及：能遵守公司管理制度，有迟到、早退现象
不：不能遵守公司管理制度，劳动纪律出现重大问题，取消成绩</td><td>□优 □良
□及 □不</td></tr>
<tr><td>3</td><td>总结
报告
（10 分）</td><td colspan="2">综合评价报告中是否详细说明在任务完成过程中掌握了什么知识、学会了什么技能、发现了什么技巧、出现了什么问题、问题得到了怎样的解决等</td><td>□优 □良
□及 □不</td></tr>
<tr><td>4</td><td>总评
意见
（20 分）</td><td colspan="2">综合评价学生是否掌握学习目标里要求的知识、技能、方法，是否有探索精神和创新意识</td><td>□优 □良
□及 □不</td></tr>
<tr><td colspan="2">教师评语</td><td colspan="3"></td></tr>
<tr><td colspan="2">成绩</td><td></td><td>教师签名　　　　日期</td><td></td></tr>
<tr><td colspan="2">备注</td><td colspan="3">各等级权重：优＝1，良＝0.8，及＝0.6，不＝0.5</td></tr>
</table>

任务四　产品销售服务过程质量管理方案设计

任务目标：

知识目标：

（1）掌握产品售前质量管理的内容；

（2）掌握产品售后质量管理的主要内容（售后服务的内容）。

技能目标：

（1）能够制定销售前质量管理的方案（包括产品包装、产品的识别标志设计、产品的促销方案设计等）；

（2）能够制定产品销售后的质量管理方案。

任务描述：

任务提出：

通过查阅资料，分析软体家具的结构，结合自主研发企业特点，学生能够根据设计软体家具图纸，学会制定新产品的产品包装、产品的识别标志设计、产品的促销方案设计等设计开发的方案，逐渐提高资料收集与应用，口语表达与答辩的能力，逐步加强团队意识。

任务分析：

首先根据软体家具的特点确定新产品的产品包装和识标志设计，然后制定产品促销方案以及产品售后方案。

知识准备：

销售和服务过程是产品质量产生、形成和实现的最后一个过程，即实现过程，包括产品的包装、识别、搬运、贮存与防护、安装与调试、交付、广告宣传和售后服务等一系列活动。销售和服务过程的质量职能就是开展售前和售后服务，收集用户现场使用的质量信息。

一、销售服务过程的质量职能

家具产品销售是家具企业经营管理的重要组成部分，也是家具企业质量职能的重要环节。随着市场经济的发展，家具产品销售工作已经成为家具企业生产经营和质量管理中最富有生机活力的一环。

产品销售是企业根据自身的经营发展战略，通过营销工作，在市场上销售产品，以满足市场和用户的需求，并使企业获得收益和实现产品的使用价值与经济价值的活动。家具产品销售的质量管理，是家具企业质量管理从生产过程向市场、用户以及流通领域和使用过程的延伸。

1. 产品销售的基本任务

家具产品销售的基本任务是：

① 扩大传统市场，开发潜在市场，提高本企业产品的市场占有率，以实现产品销售的计划目标。

② 要在市场竞争中维护企业的权益和树立企业的信誉，以提高企业和产品的社会知

名度，并努力降低销售成本，提高企业的综合经济效益。

产品销售质量管理的基本职能及各项职能活动，均应服从于上述任务的需要。

2. 产品销售的质量职能

产品销售的质量职能可归纳如下：

① 确定国内外目标市场并制定具体的营销策略，开发和建立营销渠道、销售服务网点。

② 开展市场研究，确定用户和市场对产品的要求和期望，向设计开发部门提供初始的产品规范，向企业有关职能部门提供用户和市场对本企业产品需求和期望的信息，并促进其提高满足营销要求的能力。

③ 确定并实施企业的商标和广告策略，策划并提供产品介绍，开展宣传，提高产品知名度以及产品在市场上的信誉。

④ 制定、实施并控制企业的产品销售计划，确保实现企业的市场营销目标。

⑤ 组织、实施、监控对产品的搬运、贮存、包装、防护、交付以及安装和服务。

⑥ 建立营销职能的信息反馈系统，了解用户和市场对本企业产品的需求和期望，获得用户对产品满意与不满意信息，掌握产品在整个寿命周期内质量特性的表现与演变情况。

⑦ 策划并制订营销人员的培训计划，建立培训档案。

⑧ 做好营销职能范围所需的质量记录，并实施全过程的控制。

二、产品售前的质量管理

产品售前服务就是从技术角度帮助用户对适用产品做出适合的选择，为市场、销售人员和用户提供产品的广告资料，举办展览和报告会，为用户演示经销产品及应用案例，通过市场宣传，让用户深入地了解所要销售的产品。在顾客使用产品之前，从保证实现产品的既定质量出发，要着重抓好下列工作：

1. 产品的包装

包装通常是家具产品生产制造过程的最后一道工序，是为在流通过程中保护产品、方便贮存和运输、促进销售，使用适当的材料做成和物品相适应的容器，以及采用适当的处理技术和方法的总称。包装是产品质量的重要组成部分，也是企业生产经营的重要工作。包装的质量既直接影响家具产品的质量，又直接影响到产品在市场上的可销性和价值，包装质量不好，甚至会直接造成浪费。

产品包装的作用：一是为了保护产品安全、清洁卫生，防止散失、变质和损坏；二是有利于促销、具有广告和推销的功能；三是增加利润，即提高产品身价，激发消费者购买的兴趣。包装质量特性的内涵在于包装的适用性、美观性、可靠性、安全性、耐用性和经济性。这些都要从包装方式、包装设计和包装材料等几方面来考虑。其中，产品的包装方式应根据产品特点、运输条件、途中的搬运方式、可能遇到的贮存条件以及合同的规定等因素予以确定。

2. 产品的识别标志

产品的识别标志与产品的出厂、贮存、防护、运输、接收、交付、使用等均有直接关系。如果产品识别标志不清，使产品混淆，不便辨认，易导致不良后果，甚至造成人身伤害或其他损失，所以产品识别标志的质量控制也至关重要。产品识别标志的内容十分广泛，从商标图案到数字、型号、符号，从商品标签到订货附件，以及色彩涂料等均可作为产品的识别标志。

为做好家具产品的识别标志，要求做到：

① 标志和标签的字迹清晰、图案美观、牢固耐久，符合规范化要求；

② 产品从出厂、接收、交付直到最终用户，均须保持识别标志的完整；

③ 随货附件和特殊订货附件等也必须有明显的识别标志；

④ 产品的标志应便于识别，如果产品质量出现问题，可将识别标志追回，以便于贯彻产品质量的可追溯性管理；

⑤ 产品的商标是不同生产者专有产品的商品标志。依法注册的商标是企业在产品上具有专用权的“厂牌”，受法律保护。

使用注册商标的意义：一是维护企业的正当权益，保护企业的信誉；二是有助于督促企业搞好产品质量，如果企业不顾商标信誉，工商行政管理部门还将依法进行追究；三是商标可以发挥促进销售的作用，著名的商标对于产品的销售有着积极的推动作用。

由于商标使用关系到消费者、生产者和国家、社会的利益，所以各国均以法律和法规对商标进行管理。家具企业必须通过质量管理对商品的设计、注册、使用和维护进行质量控制，包括对商标设计、商标注册、使用和维护进行质量控制，以及实行商标设计的质量审核等。

3. 产品的搬运、贮存与防护

产品搬运就是在保持产品原有质量水平的前提下，采用经济合理的方式把产品安全、准确地运到用户手中的过程。产品搬运的质量控制包括下列方面：

① 制定并严格执行产品搬运管理制度，保证合同交货期和产品发运的质量，在企业内部的搬运工作，也要建立健全并实施有关的管理制度；

② 控制产品装卸、搬运等环节的操作规程，保证安全作业，装卸搬运人员应经培训考核合格后上岗，对以上环节加强监督；

③ 在搬送、运输过程中要有防护措施，对运输质量进行控制，若受企业条件限制，委托运输企业发运时，应对运输方的合格能力进行评审；

④ 要有防止产品错发、漏发及转运过程丢失、损坏等现象的控制措施，加强对产品押运工作的管理；

⑤ 对体积大、超重的特殊产品，须制定产品发运的质量控制措施计划，并与承运方协调落实起吊、装卸、运输、防护等方案。

产品入库贮存的质量控制，应抓住以下环节：

① 贮存区域应整洁，具有适宜的环境条件，对温度、湿度和其他条件敏感的产品，应有明显的识别标志，贮存环境应符合技术要求；

② 采用适当的贮存方法，对可能变质或腐蚀的产品采取相应的防护措施包装贮存；

③ 验证合格产品入库时应注明接收日期并作明显标记，对有贮存期要求的产品要有适用的产品贮存周转制度，产品堆放应划分区域，并摆放整齐，便于存取，防止误用；

④ 定期检查库存产品状况，加强出库管理；

⑤ 企业应制定产品贮存质量控制程序文件，满足质量保证的要求。

产品防护与贮存的质量控制活动紧密相连。就防护而言，其质量控制的主要环节是：

① 成品仓库应做到“四防”：防火、防水、防盗、防破坏事故；“十不”：不漏、不潮、不腐、不锈、不霉、不变、不混、不噬（咬坏）、不蛀、不曝不冻；

② 对大型产品或无法入成品库的产品，更要加强防护，按产品防护有效期规定已超期存放的产品要开箱检查并重新防护，如发现异常要及时返工，只有达到防护质量要求时才能发运交付；

③ 为用户（需方）代为保管的产品，包括逾期不发的产品，要与产成品一视同仁的进行防护，并作明显标记，以免误发给其他用户；

④ 防护工作要把责任落实到人，加强岗位责任的检查与考核工作。

4. 产品的安装

产品安装是家具企业为用户或消费者提供技术支持与服务的活动内容之一。对于安装要求较高的产品，企业应派出人员为用户进行安装，同时为用户传授有关技术、知识与技能。企业应制定并提供用户正确安装产品的技术指导文件，明确安装方法、具体要求与注意事项，以防止由于用户安装不当造成产品故障，或引起的产品质量降低，以使产品顺利进入正常工作状态。

为了传播产品安装与调试的知识与技术以及使用方法和维修保养技术，企业可以举办各种形式的培训班，帮助用户培训技术骨干。

5. 产品的交付

产品交付是指家具产品从进入成品仓库，直至抵达需方收货地点并由需方完成验收的整个过程。在交付的各个环节，企业均应采取保护产品质量的控制措施，并制定相应的程序文件。就产品交付的质量控制而言，应抓好以下两方面：

第一，产品的交付质量必须满足合同规定的交货期、交货状态、交货条件的要求，要保证产品质量的责任一直延续到交付的目的地为止，开箱合格率确保100%。其中，交货状态是指部件交货、整体交货、解体发运、现场整体交货、散件装箱、成套交货等形式。

第二，产品交付的质量控制活动应该包括以下几项：①由交货人员同用户一起做好货品清点并核对发运通知说明的各项内容，共同检验、复核到达的货品包装及外观质量状态，核检随货到达的质量证明文件及其他文件资料；②用户对家具货品收妥无误后，应完成交货手续并在有关资料上签字；③与用户落实货款支付、结算等事宜，以利于及时收回货款。

6. 产品的广告宣传

产品广告宣传是企业产品促销活动之一。广告是社会范畴的经济、文化活动，受法律的约束和保护。广告的作用在于：传递商品信息，沟通产需联系；介绍知识，指导应用；激发需求，增加销量；招揽顾客，促进竞争；启迪思索，丰富文化生活。

广告的质量，首先要求内容清楚明白，实事求是，不得以任何形式弄虚作假、蒙蔽或欺骗用户和消费者。同时，广告内容与形式均应健康，设计构思要有创造性和艺术性。

产品质量是广告宣传的基础。产品质量差，广告宣传再多也无济于事，只有产品质量好，再加上广告宣传的媒介作用，才能有助于拓展市场，在竞争中取胜。

三、产品售后的质量管理

产品销售后的质量管理主要指的是售后服务，售后服务属于产品的附加利益，是现代产品整体概念中十分重要的组成部分。

1. 售后服务的作用

售后服务的作用表现在以下几个方面：

第一，售后服务有助于迅速、有效、持久地发挥产品的功能和社会效益。顾客购买产品的目的是为了使用产品，作为产品的生产者和销售者，应帮助顾客尽快运送、安装、调试产品，培训操作人员，以及提供维修配件和维修服务。这样才能使产品迅速、有效、持久地发挥应有的功能，否则虽然从生产企业看，产品已经销售出去，但从顾客和社会看，产品并未发挥应有的功能和效益。

第二，售后服务有助于高效快速地解决用户在使用产品时出现的各种技术问题，保证用户的产品连续、稳定高效地运行，最大限度地保护用户投资，为用户提供产品系统扩充和提升服务等。

第三，售后服务有助于提高产品信誉，促进产品销售。使用中的产品最有说服力。产品在使用过程中难免发生故障，其中有些是生产企业造成的，有些是顾客使用不当造成的。产品发生故障后，不仅顾客受到了损失，产品生产者同样蒙受很大的损失。具有战略头脑的经营者总是千方百计地降低企业产品的故障率，其中重要的措施之一是加强售后服务，指导和帮助顾客正确使用本企业的产品。如在保证期内一旦发生重大故障，不仅立即派人赶往现场维修，甚至无偿地用新产品更换有故障的产品。其结果是企业只花极少的销售费用，而极大地提高产品的信誉，加强了顾客的信任感、安全感，从而有力地促进产品的销售。

第四，售后服务有助于生产企业直接倾听顾客的意见，了解顾客的需要，设计出更好的产品。因为售后服务可使生产者和顾客直接见面，互通信息，如果生产者能根据产品使用条件和使用中发生的种种问题来设计产品，就有可能生产出顾客满意的产品。许多成功的产品都是根据顾客的意见不断改进而日益完善的。

第五，售后服务还有助于向顾客介绍产品，引导消费。有许多产品虽然性能良好、物美价廉，但由于顾客不了解，或者由于习惯而不愿意接受，或者由于对新技术无知而抱怀疑拒绝的态度，从而影响产品的生存和发展。如果生产者能够主动向潜在的顾客免费传授技术，免费试用新产品，自然就会把新产品介绍给潜在顾客。一大批潜在顾客就可能成为忠实顾客，从而起到引导消费的作用。

2. 售后服务的内容

售后服务的内容很多，归纳起来，主要有以下几项：

第一，咨询介绍服务。家具企业不仅要向顾客提供产品，同时还应提供详细的产品技术说明书，必要的产品结构、安装图样、产品使用和维修手册等资料，将产品向顾客详细介绍。除提供书面资料外，还可设立咨询服务窗口，专门接待感兴趣的顾客，在保守商业秘密的前提下，诚恳、热情、实事求是地回答他们所提出的一切咨询。必要时也可组织潜在顾客参观产品的生产过程和试验过程。通过咨询介绍增强未来的顾客对本企业产品的了解程度和信赖程度，及时解决他们的疑虑和将来使用中可能发生的问题。

第二，技术培训服务。技术培训服务可以针对已经购买或准备购买本企业产品的顾客，也可以针对一切可能购买本企业产品的顾客进行。这种培训完全是服务性的，通常不收费甚至提供培训期间的生活费用。许多生产高级、复杂、技术密集型产品的企业都普遍开展技术培训服务。当受训者掌握和熟悉产品的使用方法后，自然就会倾向于购买该种产品。

第三，“三包”服务。我国生产企业一般都实行包退、包换、包修的“三包”服务。有的企业还增加包使用寿命、包赔偿损失、包技术培训等新的内容。“三包”实际上是生产企业对产品质量和功能所作出的保证和承诺。正因为产品可能发生某种问题才需要“三包”，因此应把“三包”看作产品质量出现问题时的一种补救措施，而不应把“三包”看成是对顾客的恩赐。

第四，维修服务。任何产品特别是耐用产品在使用中都会发生磨损，都需要维修服务。生产企业对产品的维修服务形式一般有 3 种：

① 定点维修。生产企业在本企业产品销售比较集中的地区，派人设立修理部。为了节省费用也可委托各地有关企业、商店作为本企业某种产品的特约维修点。特别是对于那些比较笨重，不便长途运输的产品，或者结构特殊、需求专门零件和修理技术的产品，更应在产品市场覆盖范围内设立维修点，以方便顾客修理。

② 上门修理。定点修理需要顾客把损坏的产品送到修理店才能修理，对某些产品而言这样做仍不方便。较好的方法是上门修理。顾客通过信件、电话等方式把产品故障情况和停放地点通知企业，企业派人上门维修。如：某家具企业向顾客保证在接到顾客要求维修的函电后，本省 24h 内赶到现场，国内其他地区 3 天内赶到现场进行修理。尽管产品质量好，但难免发生故障，所以这种及时的修理服务保证对顾客具有极大的吸引力，可以防止顾客可能因产品问题所造成的损失。

③ 巡回服务。对于一些高档、复杂、昂贵的产品，生产企业应根据产品档案，主动巡回进行预防性维修，这样就可以避免故障发生后产生的损失，使顾客更加放心。

四、访 问 服 务

家具生产企业要做好访问服务，一般分 4 次：第一次访问在产品售后 1 个月左右进行，主要检查产品安装和操作情况，建立产品顾客档案；第二次访问在产品出售后 3～6 个月，主要帮助顾客对产品进行保养，发现顾客在使用中的问题，及时予以提示；第三次访问在产品出售后 2～3 年进行，主要进行维修服务，更换一些已经损坏的零件，恢复产品的使用功能，同时也要向顾客介绍此类产品目前还可以使用，但正在变得陈旧和落后；第四次访问在产品出售后 5～6 年进行，主要目的是向顾客介绍新产品，并用大量的事实向顾客证明购买新产品代替老产品所能带来的经济效益。

五、现场使用质量信息的收集与管理

顾客使用产品的质量信息是评价产品质量最直接、最确切、最及时的重要信息，做好现场使用信息的收集、整理、分析和传递工作，是不断改进和提高产品质量的重要措施。

1. 顾客意见分析和处理

这里所说的“意见”是指顾客对产品质量所表示的不满，其中包括退货、换货、包修、损失索赔等情况。绝大多数的生产企业能认真对待这些意见，并迅速组织人员予以处理。处理意见的目的是重新为顾客提供服务，从而保持生产企业在顾客中的信誉。对于个别意见比较好处理。问题是对于重复性故障或缺陷的原因，应采取纠正措施，从技术上或管理上彻底根除。

但应该注意，对产品质量意见的多少不是衡量产品质量好坏的唯一指标，重要的是对具体问题要具体分析，切忌笼而统之，大而化之。经验表明，造成用户意见多少的原因是多方面的，主要包括以下内容。

① 产品质量不好，但顾客没有提意见。造成顾客不提意见的原因是：产品价格低，不值得提；超过保修期，顾客自费修理；产品在市场上供不应求。这些没有正式提出的不满意见，可以说是对生产企业的一种威胁。当顾客自认倒霉后，决定不再购买该企业的产品，还会对该企业的产品进行“反宣传”，这样就会失去顾客。如果企业的经营者体会不到产品故障的实际严重程度，而是自欺欺人，洋洋得意地认为产品已经使顾客满意，那将会导致严重后果。为了避免这种危险，企业必须采取措施来获取真实的产品使用质量信息。

② 顾客意见有假象，不能充分反映质量状况。主要是有些顾客意见表达得有些过分，如顾客使用不当，提出修理，实际上在保修期内送修产品中约有1/3并非是质量问题，如果顾客学习有关手册或指导书，本来是完全可以避免这些故障的；维修不当，退换较多零部件，在维修过程中，维修技术员在判断产品故障时找错了原因，于是换下了可以的零部件，而故障依然存在，技术员把换下的零部件作为“不合格品”退回，其实这些零部件中往往有很多是合格的。虽然这种顾客意见的重要性是有限的，但可以通过分析所得到的数据说明现场使用的质量情况。然而，不要仅限于顾客意见的数据，而是要收集更为广泛的数据。

③ 单价对顾客意见的影响。产品的单价往往对顾客意见数与现场故障数之比具有极大的影响。调查的数据显示：在单价低时，意见和现场故障数之比低于1%。对于这类产品，仅仅利用意见数来衡量现场使用质量是完全靠不住的。单价上升时，意见数也上升。对于单价极高的产品，意见数与现场故障数之比几乎是1∶1，每当产品出现故障，就会有一次报修。

④ 时间对顾客意见的影响。对于寿命长的产品来说，首次发生故障以前的工作时间是决定投诉率的主要变量。“磨损”的产品，也就是当其达到规定的使用寿命的产品，因年久失修，并不会引起什么意见。相反，由于无故障运转时间有所增加，中间偶发性故障的概率极小，所以当出现“夭折性”故障时，就易于提出投诉。

2. 现场使用质量信息的管理

为了正确分析顾客意见，使其成为提高质量的可靠信息来源，就必须对现场使用的质量信息进行管理。这里的“现场使用的质量信息”是指产品出厂后所形成的对生产企业有用的一切有关的信息情报。因而单从修理部门获取信息是不够的，应通过各种渠道收集信息，并组织管理好这项重要工作，才能收到应有的效果。

① 确定信息内容。由于产品不同，现场使用的质量信息的内容就有较大的差别。现场使用信息对企业的设计、生产制造等多方面都有重要作用，因此企业质量部门可以会同厂内设计、工艺、生产、检验、维修和销售等部门，共同研究确定所需要的信息内容。

对家具的使用质量信息，可以包括以下内容：产品及其重要的几项质量特性；产品故障类型、部位，故障前产品正常使用的累积时间（包括已过保修期的产品）；故障影响范围的大小，通常是以包修服务率（保修费与包修产品总量之比）等指标作为统计量；最易损坏或损失最大的故障次数；了解产品的使用环境，以便分析故障是在使用环境下出现的还是在环境恶劣情况下出现的；收集顾客对产品的满意程度信息。

② 选择合适的信息收集方法。现场使用信息的来源有多种：同现场有关人员接触，包括向销售员、顾客调查员、技术维修人员、修理部门人员了解情况；有控制地“试用”产品，生产企业可以充分利用自己的产品，有选择地在某些顾客中试用，按规定时间提取数据；向顾客购买情报，可以签订合同，按规定执行；产品监测，可以在产品使用过程中对产品的完好状态进行监测。

③ 现场使用信息的管理。现场使用信息来源多，信息量大，只有集中进行归纳整理分析，才能变为有用的信息。目前，很多企业都还没有设立一个专门负责质量信息的部门。质量信息工作一般分散在几个部门中进行，如销售、服务、维修等部门，技术设计和制造部门在处理现场技术问题时也收集到部分第一手信息。我国一些家具企业的经验表明，在质量管理部门中配备专职人员从事质量信息管理的办法是有效的。这类专职人员的主要职责是：厂内外质量信息反馈的组织联络工作；进行数据处理和质量信息综合分析工作，并写出报告，作为领导决策的依据；必要时参加分析试验和组织现场调查；组织回复顾客意见等。随着产品和质量信息数据的不断增多，单纯靠传统的统计分析方法已经不能适应当前信息管理的要求，应该借助于计算机和网络，将现场使用的质量信息进行分类、编码、储存，经过处理，及时、准确地提供所需要的质量信息。

任务实施：

1. 新产品的产品包装设计方案

包装通常是家具产品生产制造过程的最后一道工序，是为在流通过程中保护产品、方便贮存和运输、促进销售，使用适当的材料做成和物品相适应的容器，以及采用适当的处理技术和方法的总称。包装是产品质量的重要组成部分，也是企业生产经营的重要工作。包装的质量既直接影响家具产品的质量，又直接影响产品在市场上的可销性和价值，包装质量不好，甚至会直接造成浪费。根据新产品的特性选择合适的包装方案。

2. 确定新产品的识别标志设计方案

产品的识别标志与产品的出厂、贮存、防护、运输、接收、交付、使用等均有直接关系。如果产品识别标志不清，使产品混淆，不便辨认，易导致不良后果，甚至造成人身伤害或其他损失，所以产品识别标志的质量控制也至关重要。产品的识别标志的内容十分广泛，从商标图案到数字、型号、符号，从商品标签到订货附件，以及色彩涂料等均可作为产品的识别标志。

根据新产品的特性，结合新产品包装确定新产品的识别标志设计方案，包括产品商标、型号等信息。

3. 制定产品的促销方案

明确销售的目的或必要性、进行市场状况分析和销售效果调查、设计销售目标、促销策略组合设计、制定具体活动安排。

4. 制定产品售后方案

产品销售后的质量管理主要指的是售后服务，售后服务属于产品的附加利益，是现代产品整体概念中十分重要的组成部分。

前文的“访问服务”内容为某企业的售后询问服务方案，通过该案例，制定适合本企业的产品售后服务方案。

《家具质量管理与检验》学习任务书

任　　务	产品销售服务过程质量管理方案设计	所属项目	自主设计研发企业软体家具生产质量管理与检验的方案设计和实施
学习目标	能力目标	知识目标	素质目标
	能够制定销售前质量管理的方案(包括产品包装、产品的识别标志设计、产品的促销方案设计等)能够制定产品销售后的质量管理方案	掌握产品售前质量管理的内容；掌握产品售后质量管理的主要内容(售后服务的内容)	养成严谨的工作作风、实事求是的工作态度；提高团队意识和与人协作共事能力
任务描述	通过查阅企业销售质量管理文件，分析软体家具的结构，结合自主研发企业特点，让学生能够根据设计软体家具图纸，学会制定新产品的产品包装、产品的识别标志设计、产品的促销方案设计以及产品售后服务方案设计等，逐渐提高资料收集与应用、口语表达与答辩的能力，逐步加强团队意识		
学习产品	产品包装设计(包括产品标识)、产品售后服务方案		
学习步骤	以学习小组为单位，共同完成任务；各小组组长认真组织本组组员： 1. 认真研究确定工作方案； 2. 查阅企业的质量控制材料，分析自主研发企业的特点； 3. 确定软体家具销售前质量控制方案； 4. 确定软体家具销售后质量控制方案； 5. 向其他学习小组展示本组的试装检验标准，接受其质询； 6. 按照方案对产品质量控制		
学习要求	1. 组长真正起到组织作用，组员要有通力协作、尽职尽责、顾全大局精神； 2. 提出问题，独立(小组)解决问题； 3. 相互尊重，相互交流，相互学习； 4. 勤于思考，善于总结(知识)		
信息来源	1. 计算机网络系统；2. 学习资料		
参考资料	1. 教材：《家具质量管理与检验》； 2. 参考资料：国家标准和企业标准		

单元学习考核

表 3-15　　任务学习评价表

<table>
<tr><td colspan="2">学生姓名</td><td></td><td>班级</td><td colspan="2"></td><td>组别</td><td></td></tr>
<tr><td>序号</td><td>评估项目</td><td>评估内容</td><td colspan="4">评估标准</td><td>评估等级</td></tr>
<tr><td rowspan="4">1</td><td rowspan="4">任务
完成情况
（60 分）</td><td>任务准备
（10 分）</td><td colspan="4">优：课前准备充分，学习笔记记录全面，方法步骤多
良：课前准备充分，学习笔记记录全面
及：课前准备基本能满足要求，有学习笔记记录
不：课前准备不充分，没有学习笔记记录</td><td>□优 □良
□及 □不</td></tr>
<tr><td>任务进度
（10 分）</td><td colspan="4">优：完成任务速度快，并能保证质量
良：能在规定时间内完成任务，并能保证质量
及：能在规定时间内完成任务，但不能保证质量
不：不能在规定时间内完成任务</td><td>□优 □良
□及 □不</td></tr>
<tr><td>完成步骤
（10 分）</td><td colspan="4">优：产品的包装设计完整、准确
良：产品的包装设计内容较完整、基本准确
及：能够列出产品的包装设计内容，但不够完整
不：没有完成</td><td>□优 □良
□及 □不</td></tr>
<tr><td>完成质量
（30 分）</td><td colspan="4">优：能够制定产品的售后服务方案
良：产品的售后服务方案基本准确
及：产品的售后服务方案不准确
不：没有完成</td><td>□优 □良
□及 □不</td></tr>
<tr><td rowspan="2">2</td><td rowspan="2">基本素质
（10 分）</td><td>团队协作
（4 分）</td><td colspan="4">优：在完成任务过程中能够主动帮助同学，共同提高
良：在完成任务过程中能够互相帮助
及：在完成任务过程中能够帮助同学，但有不愿意回答同学问题的情况
不：在完成任务过程中不能帮助别人，不愿意回答同学的提问</td><td>□优 □良
□及 □不</td></tr>
<tr><td>劳动纪律
（6 分）</td><td colspan="4">优：能遵守公司管理制度，不迟到、早退，无违纪行为
良：能遵守公司管理制度，不迟到、早退，但有事、病假
及：能遵守公司管理制度，有迟到、早退现象
不：不能遵守公司管理制度，劳动纪律出现重大问题，取消成绩</td><td>□优 □良
□及 □不</td></tr>
<tr><td>3</td><td>总结
报告
（10 分）</td><td colspan="5">综合评价报告中是否详细说明在任务完成过程中掌握了什么知识、学会了什么技能、发现了什么技巧、出现了什么问题、问题得到了怎样的解决等</td><td>□优 □良
□及 □不</td></tr>
<tr><td>4</td><td>总评
意见
（20 分）</td><td colspan="5">综合评价学生是否掌握学习目标里要求的知识、技能、方法，是否有探索精神和创新意识</td><td>□优 □良
□及 □不</td></tr>
<tr><td colspan="2">教师评语</td><td colspan="6"></td></tr>
<tr><td colspan="2">成绩</td><td colspan="2"></td><td>教师签名</td><td></td><td>日期</td><td></td></tr>
<tr><td colspan="2">备注</td><td colspan="6">各等级权重：优＝1，良＝0.8，及＝0.6，不＝0.5</td></tr>
</table>

任务五　成品质量检验

任务目标：

知识目标：

（1）掌握软体家具成品检验的内容；

（2）掌握沙发成品检验的方法。

技能目标：

（1）能够制定成品检验方案；

（2）能够进行成品的质量检验。

任务描述：

任务提出：

能够根据企业的具体情况的生产特点，确定成品检验项目并编制成品检验方案，对软体家具进行质量检验。

任务分析：

首先根据企业生产的产品（软体家具）确定成品检验项目，然后编制成品检验方案，最后对成品（沙发）进行检验。

知识准备：

一、家具的外观质量检验

家具的外观质量检验，详见项目一任务三中家具外观质量检验。

二、沙发的质量检验

沙发质量检验的目的在于确保从外观设计、样板设计与制作到沙发生产等各个环节的质量。这就要求沙发设计与生产的每一环节都要有相应的质量检验标准。因此，有一定规模的企业都会拟定产品检验标准并设立质检部门，各个车间设有质检员，把关各个环节的质量。

国家层面则有相关的国家标准、行业标准（GB、QB），由质检部门负责检验、监督。沙发产品的主要标准是《QB/T 1952.1—2012 软体家具　沙发》《GB 17927—2011 软体家具　弹簧软床垫和沙发抗引燃特性的评定》等。

1. 常见质量检验工具、仪器、设备及方法

（1）塞尺

塞尺用于测量分缝（缝隙），如沙发四脚平整度、木质榫的配合精度、抽屉的下垂度和摆动度等。塞尺为一系列薄钢片。规格从 0.05mm、0.06mm 到 1.00mm，如图 3-22 所示。

（2）泡沫塑料密度测试仪

泡沫塑料密度测试仪用于测定海绵的密度。

（3）纺织面料色牢度测试仪

纺织面料色牢度测试仪用于测定纺织原材料面料质量，如图 3-23 所示。有些纺织面料摩擦色牢度达不到标准要求，色牢度测试后严重脱色。应当对原材料定期进行抽查检验，防止不合格材料过关进厂。

图 3-22　塞尺

图 3-23　纺织面料色牢度测定仪

（4）皮革色牢度测试仪

皮革色牢度测试仪用于测定皮革原材料的面料质量，如图 3-24 所示。有些皮革面料摩擦色牢度达不到标准要求，色牢度测试后严重脱色。应当对原材料定期进行抽查检验，防止不合格材料过关进厂。

（5）人造板力学测试仪

人造板力学测试仪用于测定人造板原材料的胶合质量，如图 3-25 所示。两拉头上下

图 3-24　皮革色牢度测试仪

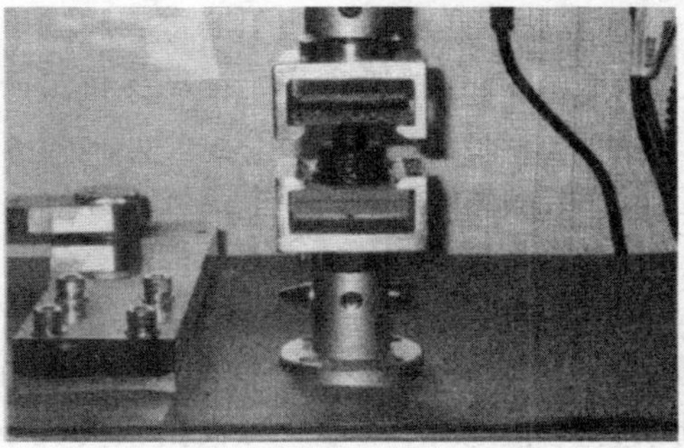

图 3-25　人造板力学测试仪

加强力拉伸，直至试件被破坏，检测胶合质量、胶合板原材料质量。有的人造板的力学强度不够导致家具成品搁板、层板变形弯曲，沙发木框架内人造板也要求保证具有足够的强度、刚度。要对人造板、涂料、胶黏剂、五金件等常用材料制定收货验收标准及要求。

(6) 漆膜附着力交叉切割测定

用刀片沿着模板槽在实验区的漆膜表面切割出两组互成垂直的格状割痕，每组割痕都包括一条长为 35mm、间距为 2mm 的平行割痕。所有切口应穿透到基材表面。割痕方向与木纹方向近似成 45°，如图 3-26 所示。

割痕完毕，用漆刷轻轻拂去漆膜屑，将氧化锌橡皮膏用手指按压粘贴在试验区域上，顺对角线方向猛揭一次。切割方格中，漆膜沿割痕将有碎片剥落。

在观察灯下，用 4 倍放大镜仔细观察试验区域漆膜受损情况，再比对相应等级标准，得到漆膜质量等级，大致有 5 等。根据测试情况，从基材特点、涂料品质、涂装工艺、涂装环境等方面着眼分析（具体检验方法详见项目二任务三中漆膜检测部分）。

(7) 漆膜耐磨测试仪

漆膜耐磨测试仪用于测定漆膜质量，如图 3-27 所示。试件涂饰后存放 10 天至完全干燥。磨转次数为 400、1000、2000、3000、4000、5000 次几种。磨转完毕，观察，根据漆膜露白程度比照标准等级，大致有四等（具体检验方法，详见项目二任务三中漆膜检测部分）。

图 3-26 漆膜附着力交叉切割测定

图 3-27 漆膜耐磨测试仪

(8) 漆膜耐干热测试仪

漆膜耐干热测试仪用于测定漆膜耐干热性，如图 3-28 所示。试件涂饰后存放 10 天至完全干燥（具体检验方法，详见项目二任务三中漆膜检测部分）。

实验温度为 70℃、80℃、90℃、100℃、120℃。实验完毕，观察，根据漆膜颜色、光泽、表状等方面比照标准定级。详见实木家具漆膜质量检验。

(9) 甲醛等有害气体含量检测方法

① 穿孔萃取法。用于人造板等材料的甲醛含量测定。如图 3-29 所示。

② 气候箱法。气候箱法类似一个房间。将大件家具如沙发、床垫、地毯等放入，检测家具整体甲醛释放量。可根据家具大小选择不同的气候箱。如如图 3-30 所示，为一个 $1m^3$ 容量的小型气候箱。

图 3-28　漆膜耐干热测试

图 3-29　穿孔萃取法测定甲醛

图 3-30　$1m^3$ 气候箱

2. 沙发的常见检测项目

沙发的检测项目涉及外观（尺寸、形状）、材料、结构、环保性等多个方面。每个方面又包括几个子项目。比如外观的检测包括翘曲度、平整度、位差度等。这里着重介绍家具成品力学性能的检测。其他方面的检测标准见项目一任务三和项目二任务三和 2.3 知识准备部分。

力学性能检测项目包括静载荷试验、耐久性试验、冲击载荷试验、稳定性试验等。沙发产品主要是进行耐久性试验检测。

力学性能试验的目的主要是试验沙发的座、背和扶手的耐久性以及背松动量、压缩量等附带参数。测试模拟日常使用条件进行。

测试座面的金属模块，仿人体的臀部形状与尺寸（边缘倒圆角），重量与人体重量相当，保证测试的可靠性。表面尺寸为 340mm×200mm，两凸起处大致和人体的两个坐骨关节相当，距离为 140mm，质量为 50kg。有时也用沙袋替代金属模块。

测试背部的金属模块共两个，每个表面为 200mm×100mm 的长方形，边缘倒圆角。

耐久性项目标准（A 级为 60000 次，B 级为 40000 次，C 级为 20000 次）以及一些附带的质量要求。耐久性次数的统计由检测设备旁边的一台计算机完成，可以看到，测试频率为 20.99 次/min，基本上 3s 模块冲击一次。质检时还要依据标准分阶段进行。

三、沙发产品质量要求和项目分类

国家标准对沙发产品质量要求明细如表 3-16 所示。沙发产品质量要求和检验项目分类产品的要求应符合本表中的规定。

表 3-16　　沙发质量检验项目与要求

序号	检验项目	要求	
1	主要尺寸（功能尺寸）/mm	座前宽 B	单人≥480，双人≥960，三人≥1440
		座深 T	480～600
		座前高 H_1	340～440
		背高 H_2	≥600

续表

序号	检验项目	要求		
2	外形对称度/mm	部位	对角线长度界限	允许差值
		座面对称度	≤1000	≤8
			>1000	≤10
		背面对称度	≤1000	≤8
			>1000	≤10
		相同扶手对称度	≤1000	≤8
			>1000	≤10
		围边对称度	厚度差	≤5
3	底脚平稳性/mm	沙发底脚着地不平度偏差		≤2.0
4	内部不制件用料要求	内部用料不应使用：(1)昆虫尚在侵蚀的木材；(2)轻微腐朽材面积超过零部件面积的15%；(3)腐朽材深度超过材厚的25%；(4)受力部位的木材自然倾斜程度超过20%；(5)有轻微裂缝或节子的木材影响结构强度；(6)带有树皮的木材		
5	外表木制件用料要求	产品用料的树种应与标识明示一致		
		外表用料：(1)针、阔叶树种在同一胶拼件中不得混用； (2)材色和纹理相似		
		外表用料不应使用：(1)节子宽度超过材宽的1/3；(2)节子直径超过12mm；(3)产品受力部位的木材斜纹程度超过20%；(4)贯通裂缝材，死节材、腐朽材；(5)昆虫尚在侵蚀的木材；(6)未经处理带有树脂囊的材料；(7)脱胶的人造板		
		外表用料正视面不应有裂纹和缺棱		
		外表用料侧视面裂纹、缺棱应进行修补加工		
6	木材含水率/%	产品木材含水率应不大于产品所在地区年平均木材平衡含水率(合同另有要求时，应在合同中明示)		
7	金属件用料要求	各种管材或异型管材，其受力部件的管壁厚度应不小于1.2mm		
8	铺垫料安全卫生要求	麻毡(布)、棕毡、棉毡、棉(或化学)絮纤维等铺垫材料应：(1)干燥；(2)无霉烂变质及刺鼻异常气味；(3)无夹含泥沙及金属杂质；(4)目视无检出危害健康的节足动物或蟑螂卵等		
9	泡沫塑料要求	表观(体积)密度/(kg/m³)	座面	≥25
			其他部位	≥20
		回弹性	A级 B级	≥45 ≥40
			C级	≥35
		压缩永久变形/%	A级	≤5.0
			B级	≤7.0
			C级	≤10.0
10	面料用料要求	各种面料颜色摩擦色牢度/级		≥4
		皮革涂层黏着色牢度		≥2.5N/10mm

续表

<table>
<tr><th>序号</th><th>检验项目</th><th colspan="3">要　求</th></tr>
<tr><td rowspan="5">11</td><td rowspan="5">木工要求</td><td colspan="3">人造板制成的零部件外露部位应封边处理，封边应平整无脱胶</td></tr>
<tr><td colspan="3">外表木制件应平整精光：无啃头，无刨痕，无崩茬，无逆纹，无沟纹</td></tr>
<tr><td colspan="3">外表木制件应：倒棱均匀；圆角和弧度及线条对称均匀，顺直光滑</td></tr>
<tr><td colspan="3">外表木制件车木线型应：对称部位对称一致，无刀痕、砂痕等缺陷</td></tr>
<tr><td colspan="3">内部木制件应经刨削处理，粗光</td></tr>
<tr><td rowspan="3">12</td><td rowspan="3">面料外观要求</td><td colspan="3">面料应保持清洁</td></tr>
<tr><td colspan="3">纺织面料：(1)同一部位绒面的绒毛方向应一致；(2)面料无明显色差；(3)无残疵点</td></tr>
<tr><td colspan="3">皮革或人造革料面应：无明显色差，无表面龟裂，无破损</td></tr>
<tr><td rowspan="4">13</td><td rowspan="4">缝纫和包覆要求</td><td colspan="3">面料缝线应：无跳针或明显浮线，无断线或脱线现象或外露线头</td></tr>
<tr><td colspan="3">嵌线应圆滑顺直或圆弧处均匀对称</td></tr>
<tr><td colspan="3">外露泡钉应：排列整齐，间距基本相等；无松动脱落；无明显敲扁或脱漆</td></tr>
<tr><td colspan="3">面料的包覆应：平服饱满无明显皱折，松紧均匀无明显松弛现象，对称工艺性皱折线条应对称均匀</td></tr>
<tr><td>14</td><td>摩擦声</td><td colspan="3">徒手掀压座面或背面，应无异常的金属件摩擦或撞击等响声</td></tr>
<tr><td rowspan="4">15</td><td rowspan="4">安全性要求</td><td colspan="3">沙发在正常使用中应无尖锐金属物穿出座面或背面等部位</td></tr>
<tr><td colspan="3">座面与扶手或靠背之间的间隙缝内，徒手伸入后应无刃口、毛刺等</td></tr>
<tr><td colspan="3">外露金属件应无刃口或毛刺</td></tr>
<tr><td colspan="3">座面、背面、靠包等缝纫部件应无断针</td></tr>
<tr><td rowspan="6">16</td><td rowspan="6">外表金属件要求</td><td rowspan="2">不圆度/mm</td><td>金属管弯曲处直径≤25</td><td>允许≤2.0</td></tr>
<tr><td>金属管弯曲处直径＞25</td><td>允许≤2.5</td></tr>
<tr><td colspan="3">弯曲处圆弧应圆滑一致</td></tr>
<tr><td colspan="3">金属件铆接处应端正圆滑，无明显锤印，金属件铆接处不应有漏铆或脱铆</td></tr>
<tr><td colspan="3">金属件焊接处应：无夹渣，无气孔，无焊瘤，无焊丝头，无咬边或飞溅，无焊穿</td></tr>
<tr><td colspan="3">管材表面接缝处应：无缝隙或虚焊，无明显叠缝；
管件焊接处不应有：脱焊、虚焊</td></tr>
<tr><td rowspan="4">17</td><td rowspan="4">饰面外观要求</td><td rowspan="2">金属件</td><td colspan="2">烘漆或喷塑涂层应：无明显流挂；无凹凸疙瘩；无皱皮；无飞漆；电镀层应：表面无烧焦，无明显针孔，无划痕，无毛刺</td></tr>
<tr><td colspan="2">涂层饰面应：无明显色差及裂纹或脱落；电镀层应无明显露底及锈迹</td></tr>
<tr><td rowspan="2">木制件</td><td colspan="2">漆膜涂层应：无明显流挂，无针孔，无皱皮或无涨边，无明显积粉或杂渣，无明显刷毛等缺陷，无明显色差</td></tr>
<tr><td colspan="2">漆膜涂层应：无漏漆，无明显鼓泡，无涂层脱落或裂纹</td></tr>
<tr><td rowspan="3">18</td><td rowspan="3">五金件安装要求</td><td colspan="3">五金配件安装应配合严密牢固</td></tr>
<tr><td colspan="3">五金配件安装固定孔（选择孔除外）不应漏拧连接螺丝或少件</td></tr>
<tr><td colspan="3">活动零件使用应灵活</td></tr>
</table>

续表

序号	检验项目	要求			
19	防锈处理要求	内部的金属件和各类型弹簧等配件		均应经防锈处理	
				不应有锈蚀	
20	力学性能要求	沙发座背耐久性	A级	60000 次	
			B级	40000 次	
			C级	20000 次	
			通过各个等级时座、背的面料应完好无损，面料缝纫处无脱线或开裂，垫料无移位或破损，弹簧无倾斜、无松动或断簧，绷带无断裂损坏或松动；骨架无永久性松动或断裂		
		背松动量	≤2°		
		背剩余松动量	≤1°		
		扶手松动量/mm	单人沙发≤20，双人以上（含双人）≤10		
		扶手剩余松动量/mm	单人沙发≤10，双人以上（含双人）≤5		
		压缩量/mm	座面压缩量 a（平均值）≥55		
			座面压缩量 c（平均值）≤110		
21	饰面理化性能要求	木制漆膜涂层	附着力价差切割法	A级	1 级
				B级	2 级
				C级	3 级
			耐磨性 2000 次磨转	A级	1 级
				B级	2 级
				C级	3 级
			耐冷热温差	3 周期应无鼓泡、裂纹和明显失光	
			抗冲击	冲击高度 50mm≥3 级	
		烘漆或喷塑涂层	涂层硬度	≥0.4	
			冲击强度	≥3.92J，无剥落、裂纹	
			附着力	≥3 级	
			耐腐蚀	盐浴试验 1h 应无锈蚀、鼓泡和开裂	
		金属电镀层	镀层结合力	镀层应无起泡和脱落	
			耐腐蚀	盐雾试验 1 周期应锈点≤20 点/dm^2，其中直径 1.5mm 锈点不超过 5 点	
			铬层厚度	≥0.3μm	
22	阻燃性要求	产品通过香烟点火源试验，在 1h 内应无隐燃或有焰燃烧现象（该要求仅对合同规定时）			
23	产品标志	产品或标识上应提供	生产者中文名称、地址和通信信息		
			出厂检验合格证明；家具使用说明书		

注：当有特殊要求或合同要求时，各类产品的主要尺寸由供需双方商定，并在合同中明示。

任务实施：

1. 制定成品检验方案

分析讨论产品的结构制定成品检测的方案。

2. 确定成品检验内容

根据成品家具的特点，确定成品检验的项目、检验的内容以及成品验收标准，并根据成品验收标准对家具成品进行检验。

《家具质量管理与检验》学习任务书

<table>
<tr><td>任　务</td><td colspan="2">成品的质量检验</td><td>所属项目</td><td>自主研发软体家具生产质量管理与检验的方案设计和实施</td></tr>
<tr><td rowspan="2">学习目标</td><td>能力目标</td><td colspan="2">知识目标</td><td>素质目标</td></tr>
<tr><td>能够制定成品的质量检验方案；能够对成品进行检验</td><td colspan="2">了解软体家具的特点；掌握软体类产品的检验内容和方法</td><td>养成严谨的工作作风、实事求是的工作态度；提高团队意识和与人协作共事能力</td></tr>
<tr><td>任务描述</td><td colspan="4">通过查阅相关家具企业成品检验文件，分析软体家具的结构，结合软体家具的特点，确定沙发的检验内容和方法并对主要工序产品进行检验</td></tr>
<tr><td>学习产品</td><td colspan="4">成品质量检验报告</td></tr>
<tr><td>学习步骤</td><td colspan="4">以学习小组为单位，共同完成任务；各小组组长认真组织本组组员：
1. 认真研究确定工作方案；
2. 查阅耐力木业有限公司的质量控制材料，分析代工企业的特点；
3. 确定软体家具的质量检验内容；
4. 确定软体家具的质量检验方法；
5. 对成品进行检验；
6. 向其他学习小组展示本组的成品检验标准，接受其质询；
7. 按照“检验标准”对主要成品料进行检验</td></tr>
<tr><td>学习要求</td><td colspan="4">1. 组长真正起到组织作用，组员要有通力协作、尽职尽责、顾全大局精神；
2. 提出问题，独立(小组)解决问题；
3. 相互尊重，相互交流，相互学习；
4. 勤于思考，善于总结(知识)</td></tr>
<tr><td>信息来源</td><td colspan="4">1. 计算机网络系统；2. 成品检验；3. 学习资料</td></tr>
<tr><td>参考资料</td><td colspan="4">1. 教材：《家具质量管理与检验》；
2. 参考资料：国家标准和企业标准</td></tr>
</table>

单元学习考核

表 3-17　　任务学习评价表

<table>
<tr><td colspan="2">学生姓名</td><td></td><td>班级</td><td>组别</td><td></td></tr>
<tr><td>序号</td><td>评估项目</td><td>评估内容</td><td colspan="2">评估标准</td><td>评估等级</td></tr>
<tr><td rowspan="2">1</td><td rowspan="2">任务
完成情况
(60分)</td><td>任务准备
(10分)</td><td colspan="2">优：课前准备充分，学习笔记记录全面，方法步骤多
良：课前准备充分，学习笔记记录全面
及：课前准备基本能满足要求，有学习笔记记录
不：课前准备不充分，没有学习笔记记录</td><td>□优 □良
□及 □不</td></tr>
<tr><td>任务进度
(10分)</td><td colspan="2">优：完成任务速度快，并能保证质量
良：能在规定时间内完成任务，并能保证质量
及：能在规定时间内完成任务，但不能保证质量
不：不能在规定时间内完成任务</td><td>□优 □良
□及 □不</td></tr>
</table>

续表

<table>
<tr><th>序号</th><th>评估项目</th><th>评估内容</th><th colspan="3">评估标准</th><th>评估等级</th></tr>
<tr><td rowspan="2">1</td><td rowspan="2">任务
完成情况
(60分)</td><td>完成步骤
(10分)</td><td colspan="3">优:成品检验内容完整、准确
良:成品检验内容较完整、基本准确
及:能够列出成品检验内容,但不够完整
不:没有完成</td><td>□优 □良
□及 □不</td></tr>
<tr><td>完成质量
(30分)</td><td colspan="3">优:成品检验内容完整,方法准确
良:成品检验的方法基本准确
及:成品检验的方法不够准确
不:没有完成</td><td>□优 □良
□及 □不</td></tr>
<tr><td rowspan="2">2</td><td rowspan="2">基本素质
(10分)</td><td>团队协作
(4分)</td><td colspan="3">优:在完成任务过程中能够主动帮助同学,共同提高
良:在完成任务过程中能够互相帮助
及:在完成任务过程中能够帮助同学,但有不愿意回答同学问题的情况
不:在完成任务过程中不能帮助别人,不愿意回答同学的提问</td><td>□优 □良
□及 □不</td></tr>
<tr><td>劳动纪律
(6分)</td><td colspan="3">优:能遵守公司管理制度,不迟到、早退,无违纪行为
良:能遵守公司管理制度,不迟到、早退,但有事、病假
及:能遵守公司管理制度,有迟到、早退现象
不:不能遵守公司管理制度,劳动纪律出现重大问题,取消成绩</td><td>□优 □良
□及 □不</td></tr>
<tr><td>3</td><td>总结
报告
(10分)</td><td colspan="4">综合评价报告中是否详细说明在任务完成过程中掌握了什么知识、学会了什么技能、发现了什么技巧、出现了什么问题、问题得到了怎样的解决等</td><td>□优 □良
□及 □不</td></tr>
<tr><td>4</td><td>总评
意见
(20分)</td><td colspan="4">综合评价学生是否掌握学习目标里要求的知识、技能、方法,是否有探索精神和创新意识</td><td>□优 □良
□及 □不</td></tr>
<tr><td colspan="2">教师评语</td><td colspan="5"></td></tr>
<tr><td colspan="2">成绩</td><td colspan="2"></td><td>教师签名</td><td></td><td>日期 |</td></tr>
<tr><td colspan="2">备注</td><td colspan="5">各等级权重:优=1,良=0.8,及=0.6,不=0.5</td></tr>
</table>

附录1 木家具质量检验项目与要求

附表1 木家具质量检验项目与要求

<table>
<tr><th>序号</th><th colspan="2">检验项目</th><th colspan="4">检验内容及要求</th></tr>
<tr><td rowspan="3">1</td><td rowspan="19">主要尺寸</td><td rowspan="3">产品外形尺寸极限偏差</td><td colspan="2" rowspan="3">受检样品图样外形宽、深、高尺寸与实测值允差（配套或组合产品的极限偏差应同取正值或负值）</td><td>高度</td><td>A级：±3</td></tr>
<tr><td>宽度</td><td>B级：±4</td></tr>
<tr><td>深度</td><td>C级：±5</td></tr>
<tr><td rowspan="4">2</td><td rowspan="4">桌类</td><td colspan="4">桌面高：680～760</td></tr>
<tr><td colspan="4">中间净空高：≥580</td></tr>
<tr><td colspan="4">中间净空宽：≥520</td></tr>
<tr><td colspan="4">桌、椅（凳）配套产品的高度差：250～320</td></tr>
<tr><td rowspan="2">3</td><td rowspan="2">椅凳类</td><td colspan="4">座高：硬面400～440，软面400～460（包括下沉量）</td></tr>
<tr><td colspan="4">扶手椅扶手内宽：≥460</td></tr>
<tr><td rowspan="5">4</td><td rowspan="5">柜类</td><td colspan="3" rowspan="2">挂衣棍上沿至底板内表面间距</td><td>挂长衣≥1400</td></tr>
<tr><td>挂短衣≥900</td></tr>
<tr><td colspan="4">深度方向挂衣空间深度≥530（设计为宽度方向挂衣时不受限制）</td></tr>
<tr><td colspan="4">折叠衣物放置空间深≥450</td></tr>
<tr><td colspan="4">书柜层净高(1)≥230 (2)≥310</td></tr>
<tr><td rowspan="5">5</td><td rowspan="5">床类</td><td colspan="4">床铺面净长：1920、1970、2020、2010</td></tr>
<tr><td colspan="4">床铺面宽：800、900、1000、1100、1200、1350、1500、1800、2000</td></tr>
<tr><td colspan="4">双层床净空高：≥1150</td></tr>
<tr><td colspan="4">双层床安全栏板上应设置限制床垫放置高度的永久性警示线，该警示线距安全挡板上端面距离≥200</td></tr>
<tr><td colspan="4">双层床安全栏板缺口长：500～600</td></tr>
<tr><td rowspan="3">6</td><td rowspan="13">形状和位置公差</td><td rowspan="3">翘曲度</td><td rowspan="3">面板、正视面板件</td><td>对角线长度≥1400</td><td colspan="2">A级≤1.0；B级≤2.0；C级≤3.0</td></tr>
<tr><td>700≤对角线长度<1400</td><td colspan="2">A级≤0.7；B级≤1.0；C级≤2.0</td></tr>
<tr><td>对角线长度<700</td><td colspan="2">A级≤0.4；B级≤0.7；C级≤1.0</td></tr>
<tr><td>7</td><td>平整度</td><td colspan="4">面板、正视面板件≤0.2</td></tr>
<tr><td rowspan="4">8</td><td rowspan="4">邻边垂直度</td><td rowspan="4">面板、框架</td><td rowspan="2">对角线长度</td><td>≥1000</td><td>长度差≤3</td></tr>
<tr><td><1000</td><td>长度差≤2</td></tr>
<tr><td rowspan="2">对边长度</td><td>≥1000</td><td>对边长度差≤3</td></tr>
<tr><td><1000</td><td>对边长度差≤2</td></tr>
<tr><td>9</td><td>位差度</td><td colspan="4">门与框架、门与门相邻表面，抽屉与框架、抽屉与门、抽屉与抽屉相邻两表面间的距离偏差（非设计要求的距离）：≤2.0</td></tr>
<tr><td>10</td><td>分缝</td><td colspan="4">所有分缝（非设计要求时）≤2.0</td></tr>
<tr><td>11</td><td>底脚平稳性</td><td colspan="4">底脚着地平稳性≤2.0</td></tr>
<tr><td>12</td><td>抽屉下垂度</td><td colspan="4">≤20</td></tr>
<tr><td>13</td><td>抽屉摆动度</td><td colspan="4">≤15</td></tr>
</table>

续表

<table>
<tr><th>序号</th><th colspan="3">检验项目</th><th>检验内容及要求</th></tr>
<tr><td>14</td><td rowspan="6">材料</td><td colspan="2">标识一致性</td><td>产品中所主要使用的木材名称(包括实木贴面家具的基材)及人造板类别、其他木质材料名称及其使用部位,应与产品使用说明中明示的一致</td></tr>
<tr><td>15</td><td colspan="2">杀虫处理</td><td>产品中不应使用有活虫尚在侵蚀的木质材料,实木类材料应经杀虫处理。</td></tr>
<tr><td>16</td><td colspan="2">木材含水率</td><td>家具用木材应经干燥处理,木材含水率应为8%~产品所在地区年平均木材平衡含水率+1%</td></tr>
<tr><td rowspan="2">17</td><td colspan="2" rowspan="2">人造板的物理力学性能</td><td>纤维板:其吸水厚度膨胀率、内结合强度、静曲强度、握螺钉力至少应符合《GB/T 11718—2009 中密度纤维板》表4中合格品的规定</td></tr>
<tr><td>刨花板:其静曲强度、内接合强度、2h吸水厚度膨胀率应符合《GB/T 4897—2015 刨花板》表2中的规定,厚度不小于16mm板测定握钉力,板面握螺钉力不小于1100N,板边握螺钉力不小于700N</td></tr>
<tr><td>18</td><td colspan="2">人造板含水率</td><td>人造板类家具,中密度纤维板、刨花板含水率为4%~13%;细木工板含水率为6%~16%;浸渍胶膜纸饰面人造板、装饰单板贴面人造板含水率为6%~14%</td></tr>
<tr><td rowspan="6">19</td><td rowspan="27">外观</td><td rowspan="6">木制件外观</td><td>贯通裂纹</td><td>应没有贯通裂缝的木材</td></tr>
<tr><td>腐朽材</td><td>外表应无腐朽材,内表轻微腐朽面积不应超过零件面积的20%</td></tr>
<tr><td>树脂囊</td><td>外表和存放物品部位用材应无树脂囊</td></tr>
<tr><td>节子</td><td>外表节子宽度不超过材宽的1/3,直径不超过12mm(特殊设计要求除外)</td></tr>
<tr><td>死节、孔洞、夹皮和树脂道、树胶道</td><td>应进行修补加工(最大单个长度或直径小于5mm的缺陷不计),缺陷数外表不超过4个,内表不超过6个</td></tr>
<tr><td>其他轻微材质缺陷</td><td>如龟裂(贯通裂纹除外)、钝楞等,应进行修补加工</td></tr>
<tr><td rowspan="7">20</td><td rowspan="7">人造板外观</td><td rowspan="2">干花、湿花</td><td>外表应无干花、湿花</td></tr>
<tr><td>内表干花、湿花面积不超过板面面积的5%</td></tr>
<tr><td>污斑</td><td>同一板面外表允许2处,面积在3~30mm²</td></tr>
<tr><td>表面划痕</td><td>外表应无明显划痕</td></tr>
<tr><td>表面压痕</td><td>外表应无明显压痕</td></tr>
<tr><td>色差</td><td>外表应无明显色差</td></tr>
<tr><td>鼓泡、龟裂、分层</td><td>外表应无鼓泡、龟裂、分层</td></tr>
<tr><td rowspan="8">21</td><td rowspan="8">家具五金件外观</td><td rowspan="2">电镀件</td><td>镀层表面应无锈蚀、毛刺、露底</td></tr>
<tr><td>镀层表面应光滑平整,应无起泡、泛黄、黄斑、烧焦、裂纹、划痕和磕碰伤等缺陷</td></tr>
<tr><td rowspan="2">喷涂件</td><td>涂层应无漏喷、锈蚀</td></tr>
<tr><td>涂层应光滑均匀,色泽一致,应无流挂、疙瘩、皱皮、飞漆等缺陷</td></tr>
<tr><td rowspan="2">金属合金件</td><td>应无锈蚀、氧化脱落、刃口、锐楞</td></tr>
<tr><td>表面细密,应无裂纹、毛刺、黑斑等缺陷</td></tr>
<tr><td rowspan="2">焊接件</td><td>焊接部位应牢固,应无脱焊、虚焊、焊穿</td></tr>
<tr><td>焊缝均匀,应无毛刺、锐楞、飞溅、裂纹等缺陷</td></tr>
<tr><td rowspan="2">22</td><td colspan="2" rowspan="2">玻璃件外观</td><td>外露周边应磨边处理,安装牢固</td></tr>
<tr><td>玻璃应光洁平滑,不应有裂纹、划伤、砂粒、疙瘩和麻点等缺陷</td></tr>
<tr><td>23</td><td colspan="2">塑料件外观</td><td>塑料件表面应光洁,应无裂纹、皱褶、污渍、明显色差</td></tr>
<tr><td rowspan="3">24</td><td colspan="2" rowspan="3">木工要求</td><td>人造板部件的非交接面应进行封边或涂饰处理</td></tr>
<tr><td>板件或部件在接触人体或贮物部位不应有毛刺、刃口或棱角</td></tr>
<tr><td>板件或部件的外表应光滑、倒楞、圆角、圆线应均匀一致</td></tr>
</table>

续表

序号	检验项目			检验内容及要求		
24	外观	木工要求		封边、包边不应出现脱胶、鼓泡或开裂现象		
				贴面应严密平整,不应有明显透胶		
				榫、塞角、零部件等接合处不应断裂		
				零部件的接合应严密、牢固		
				各种配件、连接件安装不应有少件、漏钉、透钉(预留孔、选择孔除外)		
				各种配件安装应严密、平整、端正、牢固,结合处应无开裂或松动		
				启闭部件安装后应使用灵活		
				雕刻的图案应均匀、清晰、层次分明,对称部位应对称,凹凸和大挖、过桥、棱角、圆弧处应无缺角,铲底应平整,各部位不应有锤印或毛刺,缺陷数不应超过4处		
				车木的线性应一致,凹凸台阶应匀称,对称部位应对称,车削线条应清晰,加工表面不应有崩茬,刀痕、砂痕、缺陷数不应超过4处		
				家具锁锁定、开启应灵活		
25		软包件要求		包覆的面料拼接对称图案应完整;同一部位绒面料的绒毛方向应一致;不应有明显色差		
				包覆的面料不应有划痕、色污、油污		
				软面包覆表面应:(1)平服饱满、松紧均匀,不应有明显皱折;(2)有对称工艺性皱折应匀称、层次分明		
				软面嵌线应:(1)圆滑挺直;(2)圆角处对称;(3)无明显浮线、明显跳针或外露线头		
				外露泡钉:(1)排列应整齐,间距基本相等;(2)不应有泡钉明显敲扁或脱漆		
26		漆膜外观要求		同色部件的色泽应相似		
				应无褪色、掉色现象		
				涂层不应有皱皮、发黏或漏漆现象		
				涂层应平整光滑、清晰,无明显粒子、涨边现象;应无明显加工痕迹、划痕、雾光、白楞、白点、鼓泡、油白、流挂、缩孔、刷毛、积粉和杂渣;缺陷数不超过4处		
27	表面理化性能	漆膜	耐液性	10%碳酸钠溶液,24h 10%乙酸溶液,24h	A级	不低于1级
					B级	不低于2级
					C级	不低于3级
			耐湿热	20min	A级	85℃ 不低于1级
					B级	70℃ 不低于2级
					C级	70℃ 不低于3级
			耐干热	20min	A级	85℃ 不低于1级
					B级	70℃ 不低于2级
					C级	70℃ 不低于3级
			附着力	2mm划格法	A级	不低于1级
					B级	不低于2级
					C级	不低于3级
			耐冷热温差	3周期	应无鼓泡、裂缝和明显失光	
			耐磨性	1000r	A级	不低于1级
					B级	不低于2级
					C级	不低于3级
			抗冲击	冲击高度50mm	A级	不低于1级
					B级	不低于2级
					C级	不低于3级
			耐香烟灼烧	应无脱落黑斑、裂纹、鼓泡现象		

续表

<table>
<tr><th>序号</th><th colspan="3">检验项目</th><th colspan="3">检验内容及要求</th></tr>
<tr><td rowspan="13">28</td><td rowspan="13">表面理化性能</td><td rowspan="13">软、硬质覆面</td><td>耐冷热循环</td><td colspan="3">无裂缝、开裂、起皱、鼓泡现象</td></tr>
<tr><td>耐干热</td><td colspan="3">无龟裂、无鼓泡</td></tr>
<tr><td>耐划痕</td><td colspan="3">加载 15N，表面无整圈连续划痕</td></tr>
<tr><td rowspan="3">耐液性</td><td rowspan="3">10%碳酸钠溶液，24h
10%乙酸溶液，24h</td><td>A 级</td><td>不低于 1 级</td></tr>
<tr><td>B 级</td><td>不低于 2 级</td></tr>
<tr><td>C 级</td><td>不低于 3 级</td></tr>
<tr><td>表面耐磨性</td><td colspan="3">图案、素色</td></tr>
<tr><td>耐香烟灼烧</td><td colspan="3">应无脱落黑斑、裂纹、鼓泡现象</td></tr>
<tr><td rowspan="3">抗冲击</td><td rowspan="3">冲击高度 50mm</td><td>A 级</td><td>不低于 1 级</td></tr>
<tr><td>B 级</td><td>不低于 2 级</td></tr>
<tr><td>C 级</td><td>不低于 3 级</td></tr>
<tr><td>耐光色牢度（灰色样卡）</td><td colspan="3">≥4 级</td></tr>
<tr><td>表面胶合强度</td><td colspan="3">≥0.4MPa</td></tr>
<tr><td rowspan="17">29</td><td rowspan="15">力学性能</td><td rowspan="2">桌几类</td><td>强度</td><td colspan="3" rowspan="6">1. 零部件应无断裂或豁裂；
2. 无严重影响使用功能的磨损或变形；
3. 用手揿压某些应为牢固的部件，应无永久性松动；
4. 连接部位应无松动；
5. 活动部件（门、抽屉等）开关应灵活；
6. 家具五金件应无明显变形、损坏</td></tr>
<tr><td>耐久性</td></tr>
<tr><td rowspan="2">椅凳类</td><td>强度</td></tr>
<tr><td>耐久性</td></tr>
<tr><td rowspan="2">单层床</td><td>强度</td></tr>
<tr><td>耐久性</td></tr>
<tr><td rowspan="6">柜类</td><td rowspan="5">强度</td><td colspan="3">1. 零部件应无断裂或豁裂；
2. 无严重影响使用功能的磨损或变形；
3. 用手揿压某些应为牢固的部件，应无永久性松动；
4. 连接部位应无松动；
5. 活动部件（门、抽屉等）开关应灵活；
6. 家具五金件应无明显变形、损坏</td></tr>
<tr><td colspan="3">搁板挠度与长度的比值≤0.5%</td></tr>
<tr><td colspan="3">挂衣棍挠度与长度的比值≤0.4%</td></tr>
<tr><td colspan="3">挂衣棍支承件位移≤3mm</td></tr>
<tr><td colspan="3">柜类主体结构和底架位移值 d≤15mm</td></tr>
<tr><td>耐久性</td><td colspan="3">1. 零部件应无断裂或豁裂；
2. 无严重影响使用功能的磨损或变形；
3. 用手揿压某些应为牢固的部件，应无永久性松动；
4. 连接部位应无松动；
5. 活动部件（门、抽屉等）开关应灵活；
6. 家具五金件应无明显变形、损坏</td></tr>
<tr><td colspan="2">桌类稳定性</td><td colspan="3">应无倾翻现象</td></tr>
<tr><td colspan="2">椅凳类稳定性</td><td colspan="3">应无倾翻现象</td></tr>
<tr><td colspan="2">柜类稳定性</td><td colspan="3">垂直加载力：门 100N，抽屉 150N；水平加载力：搁板 50N，试验后无倾翻现象</td></tr>
<tr><td colspan="3">有害物质限量</td><td colspan="3">木家具中有害物质限量应符合《GB 18584—2001 室内装饰装修材料　木家具中有害物质限量》的规定</td></tr>
<tr><td colspan="3">阻燃性（合同要求）</td><td colspan="3">公共场所木家具阻燃性至少应达到《GB 20286—2006 公共场所阻燃制品及组件燃烧性能要求和标识》中规定的阻燃 2 级水平；其他场所木家具阻燃性可由供需双方约定</td></tr>
<tr><td colspan="7">注：特殊规格尺寸由供需双方协定，并在合同中明示</td></tr>
</table>

注：此表根据《QB/T 1951.1—2010 木家具　质量检验及质量评定》编制。

附录 2　金属家具质量检验项目与要求

附表 2　　金属家具质量检验项目与要求

序号	检验项目		检验内容及要求			
1	主要尺寸	桌类主要尺寸	桌面高:680～760			
			中间净空高:≥580			
			中间净空宽:≥520			
			桌、椅(凳)配套产品的高度差:250～320			
2		椅凳类主要尺寸	座高:硬面 400～440,软面 400～460(包括下沉量)			
			扶手椅扶手内宽:≥460			
3		柜类主要尺寸	深度方向挂衣空间深度≥530			
			折叠衣物放置空间深≥450			
4		床类主要尺寸	书柜层净高(1)≥230 ;(2)≥310			
			床铺面净长:1920、1970、2020、2010			
			床铺面宽:800、900、1000、1100、1200、1350、1500、1800、2000			
			双层床上下铺间净空高		6 岁及以下使用者:≥750	
					其他:≥1150	
			双层床安全栏板上应设置限制床垫放置高度的永久性警示线,该警示线距安全挡板上端面距离≥200			
			单层床铺面高		有床垫:240～280	
					无床垫:400～440	
			双层床安全栏板缺口长		6 岁及以下使用者:300～400	
					其他:500～600	
5	外形尺寸偏差		非折叠式±5;折叠式±6			
6	配套或组合产品极限偏差		配套或组合产品的极限偏差应同取正值或负值			
7	形状和位置公差	邻边垂直度	面板、框架	对角线长度	<1000	折叠式≤4;非折叠式≤2
					≥1000	折叠式≤6;非折叠式≤3
			面板、正视板件	对边长度	<1000	折叠式≤4;非折叠式≤2
					≥1000	折叠式≤6;非折叠式≤3
8		翘曲度	面板、正视面板件	对角线长度<700		≤1.0
				700≤对角线≤1400		≤2.0
				对角线长度≥1400		≤3.0
9		桌面水平偏差	折叠桌面			≤7‰
10		圆度	圆管弯曲处		$\phi<25$	≤2.0
					$\phi\geq25$	≤2.5
11		位差度	门与框架、门与门、抽屉与框架、抽屉与门、抽屉与抽屉相邻两表面件的距离偏差			≤2.0
12		分缝	所有分缝(非设计要求时)			≤2.0
13		抽屉下垂度和摆动度	下垂度			≤20
			摆动度			≤15
14		着地平稳性	底脚与水平面差值			≤2.0
15		抽屉深度	产品内空深度	≤600		抽屉深度与产品内部深度的偏差≤50
				>600		500≤抽屉深度≤550

续表

序号	检验项目			检验内容及要求
16	外观	金属件	管材	管材应无裂缝、叠缝
				外露管口端面应封闭
			焊接件	焊接处应无脱焊、虚焊、焊穿、错位
				焊接处应无夹渣、气孔、焊瘤、焊丝头、咬边、飞溅
				焊疤表面波纹应均匀，高低之差不应大于 1mm
			冲压件	冲压件应无脱层、裂缝
			铆接件	铆接出应铆接牢固、无漏铆、脱铆
				铆钉应端正圆滑，无明显锤印
			皱纹或波纹	圆管和扁线管弯曲处的皱纹高低之差不应大于 0.4mm，弯曲处弧形应圆滑一致
			喷涂层	涂层应无漏喷、锈蚀
				涂层应光滑均匀，色泽一致，应无流挂、疙瘩、皱皮、飞漆等
			电镀层	电镀层表面应无剥落或露底、返锈、毛刺
				电镀层表面应无烧焦、起泡、针孔、皱纹、花斑(不包括镀彩锌)和划痕
17		木制件	虫蛀材	虫蛀材应经杀虫处理，不应使用昆虫尚在继续侵蚀的木材
			贯通裂缝	零部件应无贯通裂缝
			腐朽材	外表不应使用腐朽材，内部腐朽材面积不应超过零件面积的 15%，深度不应超过材厚的 25%
			节子	承重部位的节子宽度不应超过可见材宽度的 1/3，直径不超过 12mm(特殊设计要求除外)
			人造板封边	人造板部件的非交接面应进行封边或涂饰处理
				封边处应无脱胶、鼓泡、透胶、露底
			树脂囊	涂饰或存放物品的部位应无树脂囊
			斜纹材	产品受力部位使用的木材斜纹程度不应超过 20%
			倒棱	外表应倒棱、圆角圆线应一致
			崩茬	结合处应无崩茬
			表面装饰层	贴面部件表面应无明显透胶、脱胶、凹陷、压痕、鼓泡、胶迹
				表面应手感光滑，应无划痕、压痕、雾光、白楞、白斑、鼓泡、流挂、刷毛、积粉和杂渣、明显色差、皱皮、发黏、漏漆等
18		软包件	软面包覆表面	包覆的面料拼接对称图案应完整；同一部位绒面料的绒毛方向应一致；不应有明显色差
				包覆的面料应无破损、严重划痕、色污、油污等
				软面包覆表面应：(1)平服饱满、松紧均匀，不应有明显皱折；(2)有对称工艺性皱折应匀称、层次分明
			外露泡钉	外露泡钉：(1)排列应整齐，间距基本相等；(2)不应有泡钉明显敲扁或脱漆
			缝纫	缝纫线迹间距应均匀，无明显浮线，跳针或外露线头、脱线、开缝、脱胶
19		塑料件		应无裂纹，无明显变形
				应无明显缩孔、气泡、杂质、伤痕
				外表用料件表面应光洁，无划痕、无污渍、无明显色差

续表

序号	检验项目			检验内容及要求
20	外观	玻璃件		玻璃外露部件不应有裂纹或缺角
				应符合《GB 28008—2011 玻璃家具安全技术要求》中 5.3.2、5.3.3、5.3.4 的规定
21		其他		在接触人体或收藏物品的部位应无毛刺、刃口、棱角
				固定部位的结合应牢固无松动、无少件、漏钉、透钉(预留孔、选择孔除外)
				产品的所有涂饰表面不应有脱色、掉色现象
22		标志		产品或包装上应有标志
23	活动部件			启闭配件、部件应启闭灵活
				脚轮中至少应有两个能被锁定,并且锁定装置完好,开锁状态下应运动灵活
				除儿童家具外,活动部件间距离不应超过 8mm 或不少于 25mm
				折叠产品应折叠灵便,应无自行折叠现象
24	含水率			家具中的木材应经干燥处理,木材含水率 W 应符合:8%≤W≤产品所在地区年平均木材含水率+1%
				产品中各类人造板的含水率应符合相关人造板标准的规定
25	使用说明			产品应有使用说明,使用说明可用标签、标牌、使用说明书等任意形式表示
				使用说明应符合 GB 5296.6 的规定
26	有害物质限量			GB 18584—2001 修订版实施前,产品中有害物质限量应符合 GB/T 3325—2008 中的规定
				GB 18584—2001 修订版实施后,产品有害物质限量应符合 GB 18584—2001 的规定
27	表面涂层、覆面材料理化性能	金属喷漆(塑)涂层	硬度	≥H(GB/T 6739—2006 中涂膜硬度铅笔测量法)
			冲击强度	100h 内,观察在溶剂中样板上划道两侧 3mm 以外处,应无气泡产生
				100h 后,检查划道两侧 3mm 以外处,应无锈迹、剥落、起皱、变色和失光等现象
			附着力	不应低于 2 级(GB/T 9286—1998 以多数相同值作为评定结果)
28		金属电镀层	抗盐雾	18h,1.5mm 以下锈点不应超过 20 点/dm^2,其中 1.0mm 以上的锈点不应超过 5 点/dm^2(距离边缘棱角 2mm 以内的不计)
29		木制件表面涂层	耐液	10%碳酸钠溶液,24h;10%乙酸溶液,24h,不应低于 3 级
			附着力	不应低于 3 级
			耐湿热	70℃,20min,不应低于 3 级
			耐干热	70℃,20min,不应低于 3 级
			耐冷热温差	温度(40±2)℃,相对湿度 98%～99%:(−20±2)℃,3 周期,应无鼓泡、裂缝和明显失光
			冲击强度	冲击高度 50mm,不应低于 3 级
			耐磨	1000 转,不应低于 3 级
30		覆面材料(纺织面料/皮革)	耐干摩擦	≥4 级(纺织面料按 GB/T 3920—2008 中的规定,皮革按 QB/T 2537—2016 中的规定进行试验,光面皮革干摩擦 500 次,湿摩擦 250 次,绒面皮革干摩擦 50 次,湿摩擦 25 次)
			耐湿摩擦	≥3 级(试验方法同耐干摩擦)
			纺织面料 pH	4.0～7.5
			皮革 pH	3.0～6.0
			皮革涂层黏着牢度	≥2.5N/10mm(在样品的座面或背面取样,也可在样品相同的材料上取样,按 GB/T 4689.20—1996 规定)
31		泡沫塑料	压缩永久变形	不应大于 10.0%(试样厚度 25mm,压缩 75%,取样部位为样品的座面)。也可在样品相同的材料上取样,按 GB/T 6669—2008 测定,试验方法 A,温度(70±1)℃

续表

<table>
<tr><th>序号</th><th colspan="2">检验项目</th><th>检验内容及要求</th></tr>
<tr><td rowspan="2">32</td><td colspan="2" rowspan="2">玻璃件理化性能</td><td>在户外频繁使用的有耐高温要求的金属家具玻璃部件耐热冲击性能应符合GB28008—2011 中 5.5.1、5.5.2 的规定</td></tr>
<tr><td>用于摆放餐饮器具等或有耐高温要求的玻璃台面部件表面耐干热性能应符合 GB28008—2011 中 5.5.3 的规定</td></tr>
<tr><td rowspan="4">33</td><td rowspan="4">人造板理化性能</td><td>吸水厚度膨胀率</td><td>≤8.0%</td></tr>
<tr><td>握钉力</td><td>(板厚≥16mm)板面握钉力≥1100N;板边握钉力≥700N,(当人造板的厚度<16mm 时,握钉力不做要求)</td></tr>
<tr><td>表面胶合强度</td><td>≥0.40MPa</td></tr>
<tr><td>装饰单板饰面人造板浸渍剥离试验</td><td>试件贴面胶层上的每一边剥离长度不超过 25mm</td></tr>
<tr><td>34</td><td colspan="2">人造板封边条表面胶合强度</td><td>人造板封边条表面胶合强度不应小于 0.40MPa,特殊试验条件及要求可由供需双方协定,在合同中明示</td></tr>
<tr><td>35</td><td colspan="2">阻燃性能</td><td>公共场所使用的阻燃家具及其组件的阻燃性能应符合 GB20286 的规定,阻燃级别根据阻燃制品的标识,无标识时按 2 级要求(合同要求)</td></tr>
<tr><td>36</td><td rowspan="7">力学性能</td><td>桌类强度和耐久性</td><td rowspan="3">1.零部件应无断裂或豁裂
2.无严重影响使用功能的磨损或变形
3.用手揿压某些应为牢固的部件,应无永久性松动
4.连接部位应无松动
5.活动部件(门、抽屉等)开关应灵活
6.家具五金件应无明显变形、损坏</td></tr>
<tr><td>37</td><td>椅凳类强度和耐久性</td></tr>
<tr><td>38</td><td>单层床强度和耐久性</td></tr>
<tr><td>39</td><td>柜类强度和耐久性</td><td>应符合 GB/T 10357.5—2011 第 9 章中的规定</td></tr>
<tr><td>40</td><td>桌类稳定性</td><td>应无倾翻</td></tr>
<tr><td>41</td><td>椅凳类稳定性</td><td>应无倾翻</td></tr>
<tr><td>42</td><td>柜类稳定性</td><td>应无倾翻</td></tr>
</table>

注:此表根据《QB/T 1951.2—2013 金属家具 质量检验及质量评定》编制。

附录 3　弹簧软床垫质量检验项目与要求

附表 3　　　　　　　　　　弹簧软床垫质量检验项目与要求

序号	检验项目名称	检验内容及技术要求
1	主要尺寸(设计尺寸)/mm	长 L:1900、1950、2000、2100
		宽 B:单人:800、900、1000、1100、1200 双人:1350、1400、1500、1800
		高 H:≥140
2	尺寸极限偏差/mm	ΔL:(−15,+10)
		ΔB:(−10,+10)
		ΔH:(−10,+10)
3	邻边垂直度,mm	单人 ≤20
		双人 ≤25
4	面料外观要求	应无破损、无污渍、无明显色差
5	缝纫要求	浮线累计长度:A 级≤20mm;B 级≤40mm;C 级≤60mm
		应无断线
		跳单针:A 级≤5 处;B 级≤10 处;C 级≤20 处
		跳双针:A 级≤3 处;B 级≤5 处;C 级≤10 处
		不应连跳 3 针及以上
6	缝边要求	缝边应顺直
		四周圆弧应均匀对称
		露毛边长度:A 级无 B;级≤10mm;C 级≤20mm
		应无断线
		跳针:A 级≤1 处;B 级≤3 处;C 级≤5 处
		浮线累计长度:A 级≤10mm;B 级≤30mm;C 级≤50mm
7	复合面料物理性能	面料克重:A 级≤100g/m²;B 级≤80g/m²;C 级≤60g/m²
		面料耐干摩擦色牢度≥3 级
		符合面料上的泡沫塑料密度≥100kg/m³
8	辅垫料物理性能　毡垫	棕纤维垫、椰丝垫强度≥16N/cm
		化纤(棉)毡强度≥10N/cm
	泡沫塑料	回弹性≥35%
		拉伸强度≥80kPa
9	总克重	复合面料、铺垫料总克重≥1300g/m²
10	安全要求	样品应通过抗香烟引燃试验
		床垫弹簧钢丝不应刺出垫面
11	弹簧要求	不应有锈迹
		不应有锈蚀现象
		徒手用力重压垫面,应无弹簧摩擦声
		弹簧覆盖率≥55%

续表

<table>
<tr><th>序号</th><th colspan="2">检验项目名称</th><th>检验内容及技术要求</th></tr>
<tr><td rowspan="8">12</td><td rowspan="8">卫生要求</td><td rowspan="7">辅垫料</td><td>应无异常气味</td></tr>
<tr><td>不应出现霉变或虫蛀现象，肉眼观察不应检出蜱、臭虫等节足动物和蟑螂卵</td></tr>
<tr><td>不应使用医用废弃物、废旧服装及其他类似废旧纤维制品</td></tr>
<tr><td>不应使用未经高温成型(热熔)、消毒等工艺处理的纤维性工业下脚料或用其加工的再生纤维状物质</td></tr>
<tr><td>不应夹杂塑料编织材料、植物秸秆或叶、壳、竹丝、刨花、泥沙、石粉、金属等杂物</td></tr>
<tr><td>所用絮状纤维不应漂白</td></tr>
<tr><td>不应检出绿脓杆菌、金黄色葡萄球菌和溶血性链球菌等致病菌</td></tr>
<tr><td>甲醛释放量</td><td>床垫的甲醛释放量≤0.050mg/m²·h</td></tr>
<tr><td>13</td><td colspan="2">耐久性</td><td>A级:8万次;B级:4万次;C级:2.5万次。试验后应:面料无破损，无断簧，缝边无脱线，铺垫料无破损或位移</td></tr>
<tr><td rowspan="2">14</td><td colspan="2" rowspan="2">产品标志</td><td>产品应具有产品标志</td></tr>
<tr><td>产品应提供使用说明</td></tr>
</table>

注:此表根据《QB/T 1952.2—2011 软体家具　弹簧软床垫》编制。

附录 4　细木工板国家标准

一、细木工板的技术要求

细木工板定义：细木工板就是具有实木板芯的胶合板。其实木板芯是由胶拼或不胶拼实木条组成的实木板状材料。

二、细木工板尺寸与公差要求

1. 幅面尺寸

细木工板的幅面尺寸为：915mm×915mm；915mm×1830mm；915mm×2130mm；1220mm×1220mm；1220mm×1830mm；1220mm×2130mm；1220×2440mm。

表板纹理方向为细木工板长度方向。

2. 厚度

细木工板的厚度为 12mm，14mm，16mm，19mm，22mm，25mm。

3. 尺寸公差

细木工板长度和宽度公差为正公差 5mm，不允许有负公差。细木工板四个厚度测量点中，每一点的厚度与公称厚度的公差，如附表 4 所示。

附表 4　细木工板厚度公差

工称厚度/mm	公差值/mm	
	不砂光	砂光(单面或双面)
≤16	±0.6	±0.4
>16	±0.8	±0.6

4. 对角线

细木工板对角线长度允差，如附表 5 所示。

附表 5　细木工板对角线长度允差

细木工板公称长度/mm	对角线长度允差/mm	细木工板公称长度/mm	对角线长度允差/mm
≤1220	≤3	>1830≤2135	≤5
>1220≤1830	≤4	>2135	≤6

5. 翘曲度

优等品不允许超过 0.1%，一等品不允许超过 0.2%，合格品不允许超过 0.3%。

6. 波纹度

细木工板砂光表面波纹度不允许超过 0.3mm，细木工板补砂光表面波纹度不允许超过 0.5mm。

7. 边缘不直度

细木工板的边缘补直度不允许超过 1/1000（mm/mm）。

三、细木工板通用技术要求

1. 板的构成与要求

① 板芯两边的对称层单板应为同一厚度，同一树种或材质相近的树种。

② 表板拼接应选择同一树种的单板，优等品面板应表面光滑且为整张单板或两张单板拼接而成，优等品和一等品面板拼接应选择颜色和纹理相近的单板。

③ 表板应接面朝外。

④ 同一张细木工板的芯条应为同一厚度、树种或材质相近的树种。

⑤ 细木工板芯条宽度不允许大于其厚度的 2.5 倍。

⑥ 细木工板芯条的两个端接缝的距离不允许小于 50mm，在同一芯条上的两个端接缝距离（即芯条长度）不允许小于 100mm。

⑦ 芯条侧面缝隙不允许超过 2mm，芯条端面缝隙不允许超过 4mm。

⑧ 拼缝用的无孔胶带不允许用于细木工板内部。

2. 表板构成与要求

① 表板可以是整张单板，也可以由多片单板按要求拼接而成。

② 表板材质缺陷和加工缺陷应符合标准规定。

3. 芯板构成与要求

① 芯板可以是整张单板，也可以由任意宽度的单板拼接或补拼接而成。

② 芯板缺陷应符合细木工板外观分等要求。

4. 加工质量

细木工板应为正方形或长方形，具有直边，直角，其尺寸公差应符合细木工板尺寸与公差要求的规定。

5. 板的种类

① 面板的树种为细木工板的树种。

② 细木工板的常用树种包括阔叶树有椴木、水曲柳、桦木、杨木、榆木、柞木等。针叶材有马尾松、云南松、落叶松、云杉等。

6. 物理力学性能

① 含水率。细木工板出厂时的含水率应为 6%～14%。含水率测定按含水率测定规定进行。单张细木工板的三个含水率试件的算术平均值为该板的含水率。

② 横向静曲强度。细木工板的横向静曲强度，如附表 6 所示。

附表 6　　细木工板横向静曲强度

芯板拼接形式	芯条胶拼			芯条不拼胶、方格板芯		
厚度/mm	≤14	>14～≤19	>19	≤14	>14～≤19	>19
横向静曲强度/MPa	≥25.0	≥22.0	≥20.0	≥16.0	≥14.0	≥12.0

细木工板的横向静曲强度测定按静曲强度和弹性模量规定进行。对于单张细木工板的

6 个横向静曲强度试件，若有 5 个试件符合规定值，判定该板横向静曲强度合格，否则不合格。

③ 胶合强度。细木工板的胶合强度，如附表 7 所示。

附表 7　细木工板的胶合强度规定值

树　种	单个试件的胶合强度/MPa
椴木、杨木、拟赤杨	≥0.70
水曲柳、枫木、槭木、榆木、柞木、马尾松、云南松、落叶松、云杉	≥0.80
桦木	≥1.00

胶合强度测定按胶合强度测定规定进行。用不同树种制作的细木工板，其胶合强度规定值应取各种树种中胶合强度规定的最小值。胶合强度试件的平均木材破坏率超过 80% 时，其胶合强度值可比表 4 的规定值低 0.2MPa。对于单张细木工板的 6 个胶合强度试件，若有效试件数为 6，至少应有 5 个试件符合规定值；若有效试件为 5 或 4，应至少有 4 个试件符合规定值。满足上述条件，判定该细木工板胶合强度合格，否则判为不合格。若有效试件数为 3 或 3 以下，则另行取样检验。

四、细木工板外观分等

1. 分等

① 细木工板按其外观的材质缺陷和加工缺陷分成 3 个等级；优等品、一等品、合格品。

② 细木工板主要根据板面的材质缺陷和加工缺陷分等，并对背板、芯板和板芯上的缺陷加以限制。

③ 一般通过目测细木工板板面上的外观缺陷判定其等级。

2. 允许缺陷

① 以阔叶树材单板为表板的细木工板外观分等允许缺陷，如附表 8 所示。

附表 8　阔叶树材细木工板外观分等的允许缺陷

<table>
<tr><th rowspan="3">缺陷种类</th><th rowspan="3" colspan="2">检量项目</th><th colspan="3">面板</th><th rowspan="3">背板</th></tr>
<tr><th colspan="3">细木工板等级</th></tr>
<tr><th>优等品</th><th>一等品</th><th>合格品</th></tr>
<tr><td>针节</td><td colspan="2">—</td><td colspan="4">允许</td></tr>
<tr><td>活节</td><td colspan="2">最大单个直径/mm</td><td>10</td><td>20</td><td colspan="2">不要求</td></tr>
<tr><td rowspan="4">半活节、死节、夹皮</td><td colspan="2">每平方米板面上总个数</td><td>不允许</td><td>3</td><td>6</td><td>不要求</td></tr>
<tr><td>半活节</td><td>最大单个直径/mm</td><td>不允许</td><td>10</td><td colspan="2">不要求</td></tr>
<tr><td>死节</td><td>最大单个直径/mm</td><td>不允许</td><td>15</td><td>15</td><td>50</td></tr>
<tr><td>夹皮</td><td>最大单个长度/mm</td><td>不允许</td><td>15</td><td colspan="2">不要求</td></tr>
<tr><td>木材异常结构</td><td colspan="2">—</td><td colspan="4">允许</td></tr>
</table>

续表

<table>
<tr><th rowspan="3">缺陷种类</th><th rowspan="3">检量项目</th><th colspan="3">面板</th><th rowspan="3">背板</th></tr>
<tr><th colspan="3">细木工板等级</th></tr>
<tr><th>优等品</th><th>一等品</th><th>合格品</th></tr>
<tr><td rowspan="2">裂缝</td><td>最大单个宽度/mm</td><td rowspan="2">不允许</td><td>1
椴木 0.5
南方材 1.5</td><td>3
椴木 1.5
南方材 4</td><td>6</td></tr>
<tr><td>最大单个长度/mm</td><td>200
南方材 250</td><td>400
南方材 450</td><td>不要求</td></tr>
<tr><td rowspan="2">虫眼、排钉孔、孔洞</td><td>最大单个直径/mm</td><td rowspan="2">不允许</td><td>2</td><td>3</td><td>15</td></tr>
<tr><td>每平方米板面上总个数</td><td>4</td><td colspan="2">不呈筛孔状不要求</td></tr>
<tr><td rowspan="2">变色</td><td rowspan="2">不超过板面积%</td><td>不允许</td><td>5</td><td colspan="2">不要求</td></tr>
<tr><td colspan="4">1. 浅色斑条按变色计；
2. 一等品深色斑条宽度不允许超过 2mm，长度不允许超过 20mm；
3. 合格品深色斑条长度不允许超过 150mm，每平方米板面上不允许多于 3 处；
4. 桦木除优等品外，允许有伪心材，但一等品的色泽应调和；
5. 桦木一等品不允许有密集的褐色或黑色髓斑；
6. 优、一等品的异色边心材按变色计</td></tr>
<tr><td>腐朽</td><td>—</td><td colspan="2">不允许</td><td>可以有不影响强度的初腐现象，但面积不允许超过板面积的 1%</td><td>可以有初腐，但该部分单板不能剥落，也不能捻成粉末</td></tr>
<tr><td rowspan="3">表板拼接离缝</td><td>单个最大宽度/mm</td><td colspan="2" rowspan="3">不允许</td><td>1</td><td>2</td></tr>
<tr><td>单个最大长度为板长/%</td><td>30</td><td>50</td></tr>
<tr><td>每米板内条数</td><td>2</td><td>不要求</td></tr>
<tr><td rowspan="2">表板叠层</td><td>单个最大宽度/mm</td><td colspan="2" rowspan="2">不允许</td><td>8</td><td rowspan="2">不要求</td></tr>
<tr><td>单个最大长度为板长/%</td><td>20</td></tr>
<tr><td rowspan="2">芯板叠离</td><td>单个最大宽度/mm</td><td rowspan="2">不允许</td><td>2</td><td>8</td><td>10</td></tr>
<tr><td>每米板长内条数</td><td>2</td><td colspan="2">不要求</td></tr>
<tr><td>鼓泡、分层</td><td>—</td><td colspan="4">不允许</td></tr>
<tr><td rowspan="2">凹陷、压痕、鼓包</td><td>单个最大面积/mm²</td><td rowspan="2">不允许</td><td>50</td><td>3000</td><td rowspan="2">不要求</td></tr>
<tr><td>每平方米板面上个数</td><td>1</td><td>不要求</td></tr>
<tr><td rowspan="2">毛刺沟痕</td><td>不超过板面积/%</td><td rowspan="2">不允许</td><td>1</td><td>25</td><td>不要求</td></tr>
<tr><td>深度不超过/mm</td><td>0.4</td><td colspan="2">不穿透不要求</td></tr>
<tr><td>表板砂透</td><td>每平方米板面/ mm²</td><td colspan="2">不允许</td><td>1000</td><td>不要求</td></tr>
<tr><td>透胶及其他人为污染</td><td>不超过板面积 / %</td><td>不允许</td><td>0.5</td><td>30</td><td>不要求</td></tr>
</table>

续表

<table>
<tr><th rowspan="3">缺陷种类</th><th rowspan="3">检量项目</th><th colspan="3">面板</th><th rowspan="3">背板</th></tr>
<tr><th colspan="3">细木工板等级</th></tr>
<tr><th>优等品</th><th>一等品</th><th>合格品</th></tr>
<tr><td rowspan="3">补片、补条</td><td>单个最大面积不超过板面积/%</td><td colspan="2" rowspan="3">不允许</td><td>1</td><td>1.5</td></tr>
<tr><td>累计面积不超过板面积/%</td><td>3</td><td>不要求</td></tr>
<tr><td>缝隙不超过/mm</td><td>1</td><td>2</td></tr>
<tr><td>内含铅质书钉</td><td>—</td><td colspan="2">不允许</td><td colspan="2">不要求</td></tr>
<tr><td>半边缺损</td><td>自公称幅面内不超过/mm</td><td colspan="2">不允许</td><td colspan="2">10</td></tr>
<tr><td>其他缺陷</td><td>—</td><td>不允许</td><td colspan="3">按最类似缺陷考虑</td></tr>
</table>

② 以针叶树材单板为表板的细木工板外观分等允许缺陷，如附表 9 所示。

附表 9　　针叶树材细木工板外观分等的允许缺陷

<table>
<tr><th rowspan="3">缺陷种类</th><th colspan="2" rowspan="3">检量项目</th><th colspan="3">面板</th><th rowspan="3">背板</th></tr>
<tr><th colspan="3">细木工板等级</th></tr>
<tr><th>优等品</th><th>一等品</th><th>合格品</th></tr>
<tr><td>针节</td><td colspan="2">—</td><td colspan="4">允许</td></tr>
<tr><td rowspan="3">活节半活节、死节</td><td colspan="2">每平方米板面上总个数</td><td>不允许</td><td>5</td><td>10</td><td>不要求</td></tr>
<tr><td>活节</td><td>最大单个直径/mm</td><td>不允许</td><td>20</td><td colspan="2">不要求</td></tr>
<tr><td>半活节、死节</td><td>最大单个直径/mm</td><td>不允许</td><td>5</td><td>30</td><td>不要求</td></tr>
<tr><td>木材异常结构</td><td colspan="2">—</td><td colspan="4">允许</td></tr>
<tr><td rowspan="3">夹皮、树脂囊</td><td colspan="2">每平方米板面上总个数</td><td>不允许</td><td>3</td><td>10</td><td>不要求</td></tr>
<tr><td>夹皮</td><td>最大单个长度/mm</td><td rowspan="2">不允许</td><td>15</td><td colspan="2" rowspan="2">不要求</td></tr>
<tr><td>树脂囊</td><td>最大单个长度/mm</td><td>15</td></tr>
<tr><td rowspan="2">裂缝</td><td colspan="2">最大单个宽度/mm</td><td rowspan="2">不允许</td><td>1</td><td>3</td><td>6</td></tr>
<tr><td colspan="2">最大单个长度/mm</td><td>200</td><td>800</td><td>不要求</td></tr>
<tr><td rowspan="2">虫眼、排钉孔、孔洞</td><td colspan="2">最大单个直径/mm</td><td rowspan="2">不允许</td><td>2</td><td rowspan="2">10</td><td>15</td></tr>
<tr><td colspan="2">每平方米板面上总个数</td><td>2</td><td>不呈筛孔状不要求</td></tr>
<tr><td>变色</td><td colspan="2">不超过板面积%</td><td>不允许</td><td>浅色 10</td><td colspan="2">不要求</td></tr>
<tr><td>腐朽</td><td colspan="2">—</td><td colspan="2">不允许</td><td>可以有不影响强度的初腐现象，但面积不允许超过板面积的 1%</td><td>可以有初腐，但该部分单板不能剥落，也不能捻成粉末</td></tr>
<tr><td rowspan="3">树脂漏（树脂条）</td><td colspan="2">单个最大长度/mm</td><td rowspan="3">不允许</td><td>150</td><td colspan="2" rowspan="3">不要求</td></tr>
<tr><td colspan="2">单个最大宽度/mm</td><td>10</td></tr>
<tr><td colspan="2">每平方米板面上个数</td><td>4</td></tr>
</table>

续表

缺陷种类	检量项目	面板			背板
		细木工板等级			
		优等品	一等品	合格品	
表板拼接离缝	单个最大宽度/mm	不允许		1	2
	单个最大长度为板长/%			30	50
	每米板内条数			2	不要求
表板叠层	单个最大宽度/mm	不允许		8	不要求
	单个最大长度为板长/%			20	
芯板叠离	单个最大宽度/mm	不允许	2	8	10
	每米板长内条数		2	不要求	
鼓泡、分层	—	不允许			
凹陷、压痕、鼓包	单个最大面积/mm²	不允许	50	3000	不要求
	每平方米板面上个数		2	不要求	
毛刺沟痕	不超过板面积/%	不允许	5	60	不要求
	深度不超过/mm		0.5	不穿透不要求	
表板砂透	每平方米板面/mm²	不允许		1000	不要求
透胶及其他人为污染	不超过板面积/%	不允许	1	不要求	
补片、补条	单个最大面积不超过板面积/%	不允许		1	1.5
	累计面积补超过板面积/%			5	不要求
	缝隙不超过/mm			1	2
内含铅质书钉	—	不允许		不要求	
半边缺损	自公称幅面内不超过/mm	不允许		10	
其他缺陷	—	不允许	按最类似缺陷考虑		

③ 附表 8、附表 9 中允许缺陷的面积，除明确指出外均指累计面积。

④ 限制缺陷的数量、累计尺寸或范围应按整张板的平均每平方米或平均每米板长（板宽）上的数量计算，其结果应取最接近的整数。

⑤ 芯板和板芯带有的缺陷反映到表板上，应按表板上的足额先允许限度检量。

⑥ 节子或孔洞的直径是最大直径和最小直径的平均值。

⑦ 脱落节孔、严重腐朽节按孔洞缺陷计。

⑧ 公称幅面尺寸以外的各种缺陷不计。

3. 拼接要求

单板拼缝与板边大致平行，优等品面板以外的单板拼接条数不限。

4. 修补

可以对超过标准要求的缺陷进行修补，修补时应采用与制造细木工板相同或相近的胶黏剂。

附录 5　椅凳类家具力学性能检验

此检验用于家庭、宾馆和饭店等场合使用的各种椅凳类家具，不适用于转椅和陶瓷、柳藤等材料制作的家具。

一、强 度 试 验

1. 静载荷试验

静载荷试验是确定椅凳在遇到偶然重载情况下的情态强度。

（1）椅凳座面的静载荷试验

椅凳类座面的静载荷试验，如附表 10 所示，根据《GB/T 10357.3—2013 家具力学性能试验　第 3 部分：椅凳类强度和耐久性》编制。

附表 10　　椅凳座面的静载荷试验

试验方法	加载值		试验结果评定
	试验水平	载荷/N	
1. 按椅座面位置安装座面加载垫，其为表面光滑具自然形状的凸形刚性体如下图 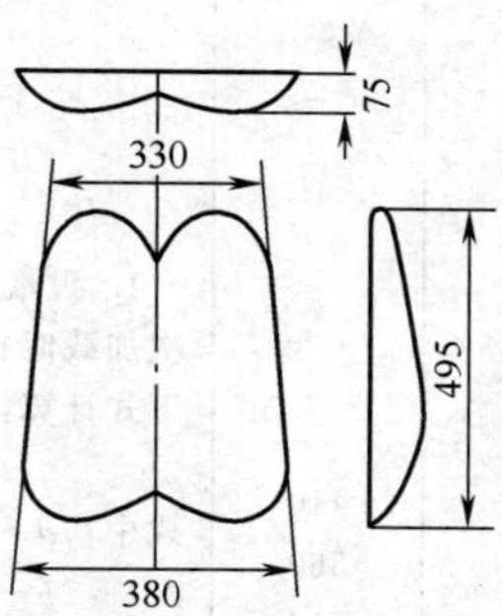 2. 按椅子加载模板确定座面加载点，加载模板形式如图 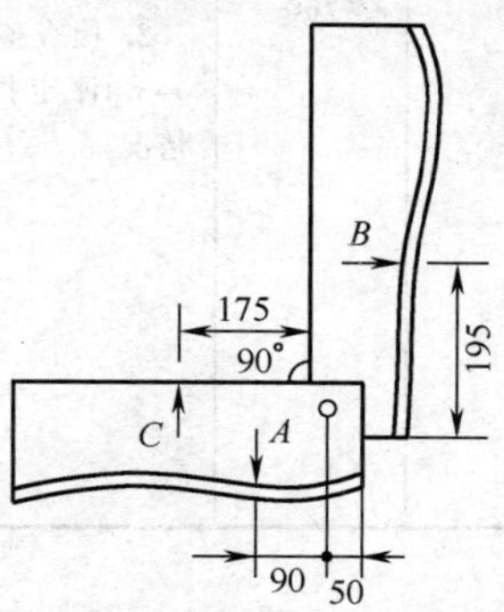 3. 在椅面中心线上，高座面前沿 100mm 处加载，加载 10 次，每次加力至少保持 10s	1 2 3 4 5	— 1100 1300 1600 2000	1. 检查椅凳的整体结构 2. 检查试验前后的变化，损坏及产生缺陷情况

续表

试验方法	加载值		试验结果评定
	试验水平	载荷/N	
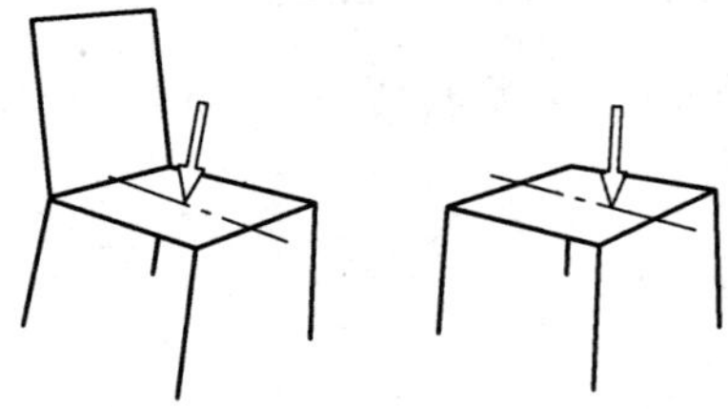 4. 凳子用小型座位加载垫（ϕ200mm 刚性体，凸形表面曲率半径为 300mm 周边倒圆）			

（2）椅背静载荷试验

椅背静载荷试验，如附表 11 所示，根据《GB/T 10357.3—2013 家具力学性能试验　第 3 部分：椅凳类强度和耐久性》编制。

附表 11　　椅背静载荷试验

试验方法	加载值		试验结果评定
	试验水平	载荷/N	
1. 椅子后腿靠住挡块； 2. 用椅背加载模块确定椅背加载点或在椅背纵向轴线上距离靠背上沿 100mm 处； 3. 在座面加载点上加平衡载荷； 4. 按规定的载荷值沿着与椅背，呈垂直方向，通过靠背加载垫，在上述椅子靠背两个位置中，一个较低的位置上重复加载 10 次，每次加力至少保持 10s； 5. 当椅背加力至 410N 后有倾翻趋势时，逐步增加座面上的平衡载荷直到这种倾翻趋势停止； 6. 矩形凳子应依次把力水平向后施加在矩形脚架相邻两边的每一边中点相对应的座面前沿各 5 次，三角形脚架凳子依次把力沿任意两边中线方向加载各 5 次； 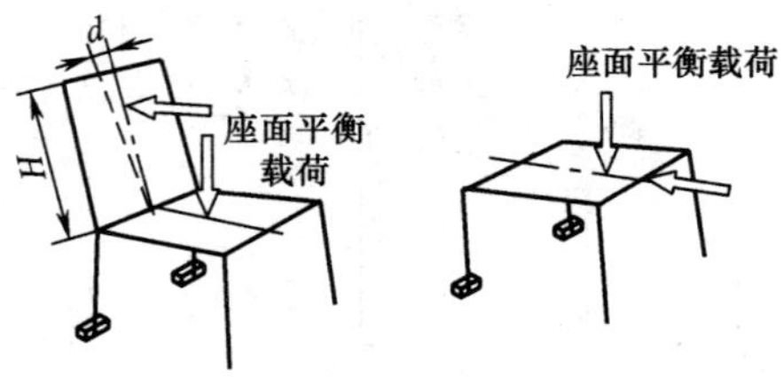 7. 椅背的角度可调节时，应调到背斜角为 100°～110°进行试验	1 2 3 4 5	— 410 560 750 760	1. 测量第一次和最后一次加载时椅背相对位移，按下式计算： d/h 式中　d—椅背顶端的位移 h—椅背中间部位的纵向长度（背长） 2. 检查整体结构； 3. 评定损坏及产生缺陷情况

（3）椅子扶手和枕靠侧向静载荷试验

椅子扶手和枕靠侧向静载荷试验，如附表 12 所示，根据《GB/T 10357.3—2013 家具力学性能试验　第 3 部分：椅凳类强度和耐久性》编制。

附表 12　椅子扶手和枕靠侧向静载荷试验

试验方法	试验指标			试验结果评定
	试验水平	扶手侧向载荷/N	枕靠侧向载荷/N	
1. 用ϕ100mm刚性圆柱体的小型加载垫在扶手最易损坏处加水平向外一对力； 2. 加载10次每次加力至少保持10s； 3. 带枕靠椅子也用同样方法按规定加载值加在两枕靠上作试验 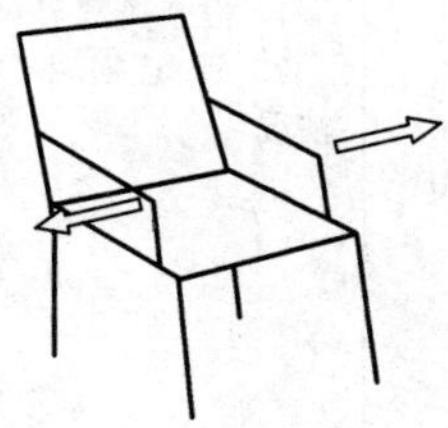	1	200	—	1. 检查椅子整体结构； 2. 评定损坏及产生缺陷情况
	2	300	200	
	3	400	300	
	4	600	400	
	5	900	500	

（4）椅凳腿向前静载荷试验

椅凳腿向前静载荷试验，如附表13所示，根据《GB/T 10357.3—2013 家具力学性能试验　第3部分：椅凳类强度和耐久性》编制。

附表 13　椅凳腿向前静载荷试验

试验方法	试验指标			试验结果评定
	试验水平	扶手侧向载荷/N	枕靠侧向载荷/N	
1. 前腿靠住挡块； 2. 用模板确定座面加载点，并在座面上加水平静载荷； 3. 用局部加载垫在座面后沿中间部位加一水平向前力； 4. 加载10次，每次加力至少保持10s； 5. 加力时椅凳发生倾翻，应将所加的力减少到刚好不使向前倾翻程度，记录实际所加的力 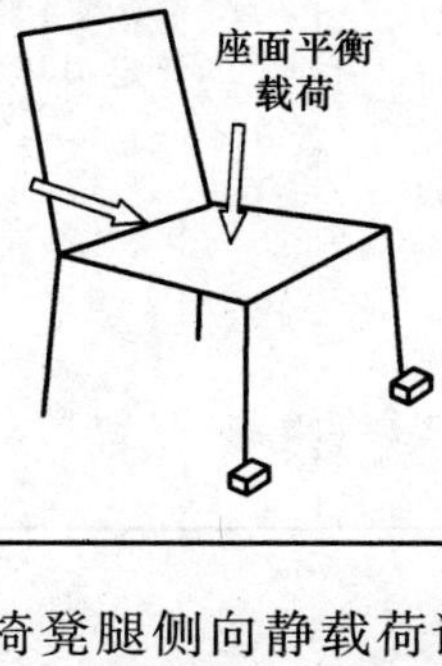	1	300	780	1. 检查椅凳整体结构； 2. 评定损坏及产生缺陷情况
	2	375	780	
	3	500	1000	
	4	620	1250	
	5	760	1800	

（5）椅凳腿侧向静载荷试验

椅凳腿侧向静载荷试验，如附表14所示，根据《GB/T 10357.3—2013 家具力学性能试验　第3部分：椅凳类强度和耐久性》编制。

附表 14　　**椅凳腿侧向静载荷试验**

试验方法	试验指标			试验结果评定
	试验水平	扶手侧向载荷/N	枕靠侧向载荷/N	
1. 将加力相对方向侧腿靠住挡块； 2. 座面上加垂直平衡载荷，此平衡载荷不能施加在离座面边缘 150mm 距离范围内； 3. 在座面上沿侧边中间部位水平方向加载； 4. 若把座面平衡载荷放于座面允许加载区域内最靠近加力一侧时仍发生倾翻应把加的力减少到刚好不使椅子倾翻程度，记录实际加力值； 5. 加载 10 次每次加力至少保持 10s； 6. 三腿凳，则把挡块靠住在凳子中心线上的腿和相邻一腿的外侧 	1 2 3 4 5	250 300 390 490 760	780 780 1000 1250 1800	1. 检查椅凳整体结构； 2. 评定损坏及产生缺陷情况

2. 冲击试验

(1) 椅凳座面冲击试验

椅凳座面冲击试验，如附表 15 所示，根据《GB/T 10357.3—2013 家具力学性能试验　第 3 部分：椅凳类强度和耐久性》编制。

附表 15　　**椅凳座面冲击试验**

试验方法	试验指标		试验结果评定
	试验水平	冲击高度/mm	
1. 将一块泡沫塑料放在座面上； 2. 利用座面冲击器(ϕ200mm 重块)从规定高度自由跌落到由模板确定的座面冲击部位及座面最易损坏的部位上各冲击 10 次； 3. 软座椅凳用小型座面加载垫对座面施加 20N 载荷，以加载下陷后表面作为调节冲击高度的起点，再按上述作试验 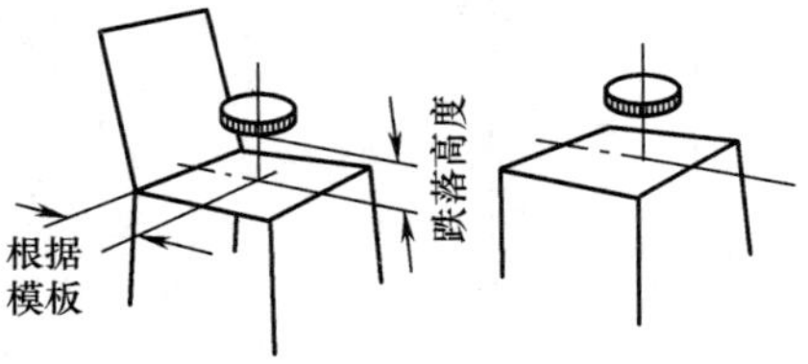	1 2 3 4 5	— 140 180 240 300	1. 检查桌子整体结构； 2. 评定损坏及产生缺陷情况

(2) 椅背冲击试验

椅背冲击试验，如附表 16 所示，根据《GB/T 10357.3—2013 家具力学性能试验　第 3 部分：椅凳类强度和耐久性》编制。

附表 16 **椅背冲击试验**

<table>
<tr><th rowspan="2">试验方法</th><th colspan="3">试验指标</th><th rowspan="2">试验结果评定</th></tr>
<tr><th>试验水平</th><th>载荷/N</th><th>冲击角度/(°)</th></tr>
<tr><td rowspan="5">1. 将椅凳前腿靠住挡块；
2. 确定冲击位置
(1)椅背顶沿外侧上端中部；
(2)无靠背凳子座面前沿中部；
(3)带枕靠椅应从枕靠顶部外侧表面呈直角方向最易损坏部位作冲击；
3. 冲击摆锤按规定高度自由跌落；
4. 冲击 10 次
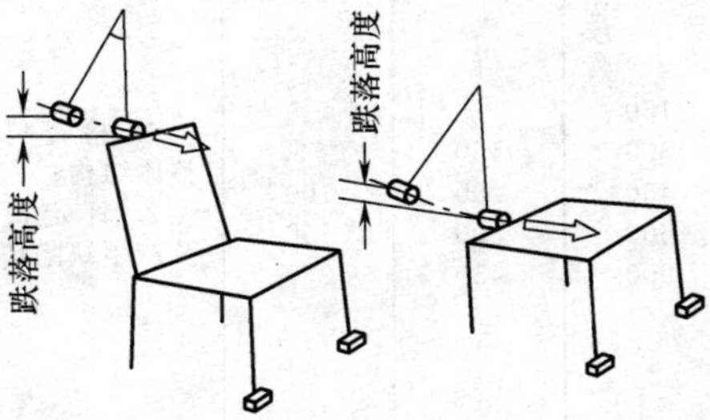</td><td>1</td><td>70</td><td>20</td><td rowspan="5">1. 检查椅凳整体结构；
2. 评定损坏及产生缺陷情况</td></tr>
<tr><td>2</td><td>120</td><td>28</td></tr>
<tr><td>3</td><td>210</td><td>38</td></tr>
<tr><td>4</td><td>330</td><td>48</td></tr>
<tr><td>5</td><td>520</td><td>68</td></tr>
</table>

（3）椅扶手冲击试验

椅扶手冲击试验，如附表 17 所示，根据《GB/T 10357.3—2013 家具力学性能试验 第 3 部分：椅凳类强度和耐久性》编制。

附表 17 **椅扶手冲击试验**

<table>
<tr><th rowspan="2">试验方法</th><th colspan="3">试验指标</th><th rowspan="2">试验结果评定</th></tr>
<tr><th>试验水平</th><th>冲击高度/mm</th><th>冲击角度/(°)</th></tr>
<tr><td rowspan="5">1. 椅子一侧靠住挡块；
2. 冲击点选在一侧扶手表面最易损坏的位置；
3. 冲击锤头由扶手外侧向内沿水平方向按规定高度或角度作自由跌落，冲击 10 次
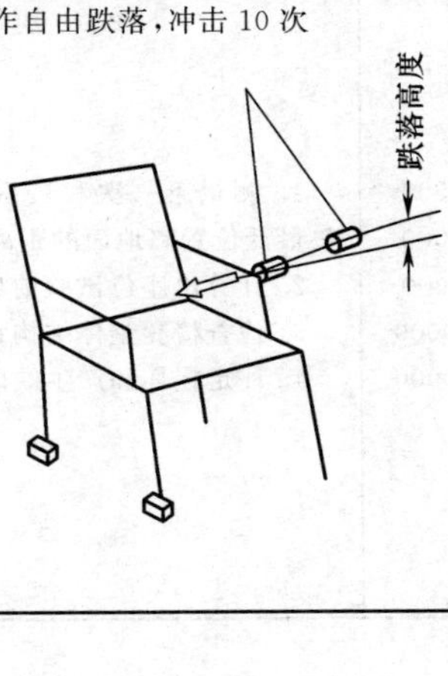</td><td>1</td><td>70</td><td>20</td><td rowspan="5">1. 检查椅凳整体结构；
2. 评定损坏及产生缺陷情况</td></tr>
<tr><td>2</td><td>120</td><td>28</td></tr>
<tr><td>3</td><td>230</td><td>38</td></tr>
<tr><td>4</td><td>330</td><td>48</td></tr>
<tr><td>5</td><td>620</td><td>68</td></tr>
</table>

（4）椅凳腿跌落试验

椅凳腿跌落试验，如附表18所示。根据《GB/T 10357.3—2013 家具力学性能试验 第3部分：椅凳类强度和耐久性》编制。

附表18　　椅凳腿跌落试验

试验方法	试验指标				试验结果评定
	试验水平	椅腿或基座大于200mm可叠放椅子	腿或基座大于200mm不可折叠转椅	腿或基座小于200mm椅、凳	
1. 将椅凳吊起，使受冲击腿的底端与其对角线相对一腿的底端连线与水平面成10°夹角，其余两条腿的连线成水平 2. 三腿凳时，两腿底端连线成水平使受冲击另一腿底端到此连线中点的连线与水平面成10°夹角 3. 对前后腿作跌落冲击各10次 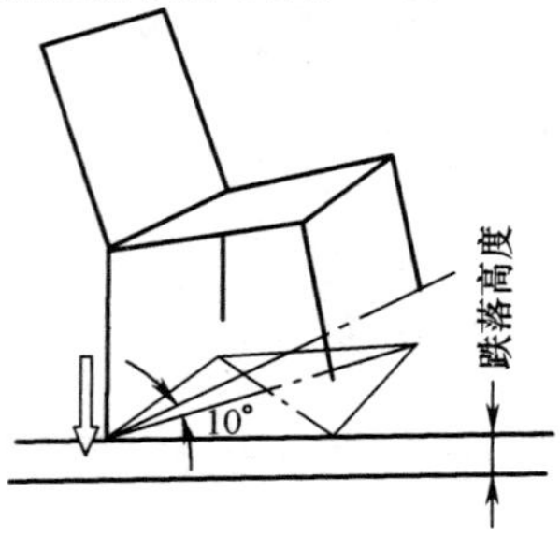 	1 2 3 4 5	150 300 450 600 900	— 150 200 300 450	— 75 100 150 250	1. 检查椅凳整体结构； 2. 评定损坏及产生缺陷情况

二、耐久性试验

1. 椅凳面耐久性试验

椅凳面耐久性试验，如附表19所示根据《GB/T 10357.3—2013 家具力学性能试验 第3部分：椅凳类强度和耐久性》编制。

附表19　　椅凳面耐久性试验

试验方法	试验指标		试验结果评定
	试验水平	循环次数	
1. 用椅类加载位置模板确定加载中心位置； 2. 用座位加载垫将950N力垂直向下往复施加在座面加载点上； 3. 加载速率不超过40次/min 	1 2 3 4 5	12500 25000 50000 100000 200000	1. 测量第一次和最后一次加载垫最低位置离地面的距离； 2. 计算出座位试验前后的位移； 3. 检查椅凳整体结构； 4. 评定损坏和产生缺陷情况

2. 椅背耐久性试验

椅背耐久性试验，如附表 20 所示，根据《GB/T 10357.3—2013 家具力学性能试验 第3 部分：椅凳类强度和耐久性》编制。

附表 20　椅背耐久性试验

试验方法	试验指标		试验结果评定
	试验水平	循环次数	
1. 椅子后腿靠住挡块； 2. 座面上加 950N 平衡载荷； 3. 通过椅背加载垫反复施加 330N 力于由模板确定的椅背加载点或椅背纵向轴线上距离椅背上沿 100mm 处，二者中取较低的一个部位； 4. 椅背施加 330N 力时，椅子发生倾翻应把加的力减少到刚好不使椅子倾翻程度； 5. 加力速率不超过 40 次/min； 6. 靠背很低的椅子或无靠背的凳子须将力加在座面前沿中点，座面纵横向不对称的四脚凳，以一半加载次数分别沿座面纵横两条对称轴线方向加载，三脚圆凳应沿二条主要对称轴线方向加载	1 2 3 4 5	12500 25000 50000 100000 200000	1. 检查椅凳整体结构； 2. 评定损坏和产生缺陷情况

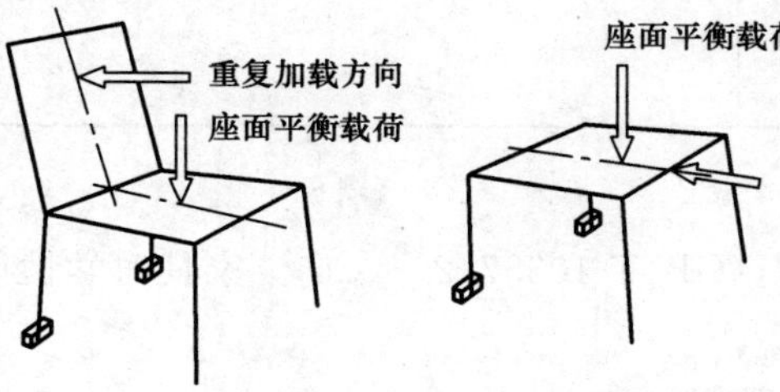

三、椅凳类家具稳定性试验

适用于家庭、宾馆、饭店等场合使用的各种直背椅、凳家具，也适用于可调节成直背椅状态的躺椅和靠背可倾斜式座椅。采用试验法和计算法确定椅凳的稳定性。此两种试验方法所规定的加载方法和加载部位是相同的，试验结果是等效的。试验方法是模拟椅、凳类家具在日常使用时承受载荷条件下，所具有的抗倾翻的能力。计算法不需使用座面加载垫对座面加载，而是根据经受约束腿的正反方向力矩相等原理，在实测空载稳定性的基础上计算出座面加载使稳定性增加后所需施加的倾翻力。计算法不适用于扶手软椅及加载时改变形状的椅子，如折椅和某些用金属材料、塑料制成的椅子等。

1. 椅子向前倾翻试验和无扶手椅侧向倾翻试验

椅子向前倾翻试验和无扶手椅侧向倾翻试验，如附表 21 所示，根据《GB/T 10357.2—2013 家具力学性能试验 第 2 部分：椅凳类稳定性》编制。

附表 21　　椅子向前倾翻试验和无扶手椅侧向倾翻试验

试验方法		加载方式
实验法	计算法	
1. 将椅子前腿和一侧两腿靠住挡块 2. 通过加载垫（ϕ200mm 刚性圆形体，加载球面曲率半径为 300mm）依次在座面中心线离前沿和边缘 50mm 部位上垂直施加 600N 力 3. 从加载垫接触座面的部位沿水平方向向外施加水平力 F 4. 记录椅子是否倾翻和实际施加的水平力	1. 将椅子前腿和一侧两腿靠紧挡块； 2. 先后沿座面于椅背交线的中点向前和沿椅座面与椅背交线朝侧向受约束腿方向水平施加一个递增力，直到与受约束腿相反方向的腿相反方向的椅腿刚好翘离地面为止； 3. 记录空载倾翻力 F_0 测量 h 和 a 距离； 4. 按下式计算，规定座面加载重 W＝600N 时倾翻椅子所需的力 F_c 为 $F_c=F_0(W\cdot a/b)$ 式中 h—外加水平倾翻作用力与放置椅子水平面间的垂直距离 a—按实验法规定座面载荷 W 至加载点的垂直投影线与约束腿的约束支点间的水平距离	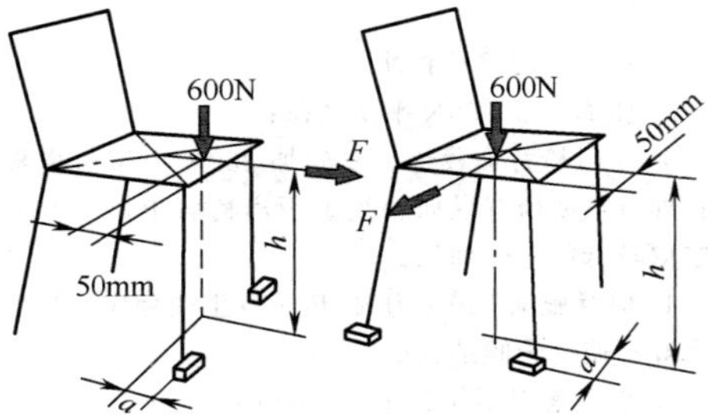

2. 椅子向后倾翻试验

椅子向后倾翻试验，如附表 22 所示，根据《GB/T 10357.2—2013　家具力学性能试验　第 2 部分：椅凳类稳定性》编制。

附表 22　　椅子向后倾翻试验

试验方法		加载方式
实验法	计算法	
1. 椅子后腿靠住挡块； 2. 通过加载垫在座面中心线上离该线与椅背中心线相交点 175mm 处垂直向下施加 600N 力； 3. 在椅背中心线上，离该线与座面中心线相交点 300mm 处，向后施加水平力 F，椅背高度低于 300mm 时水平力施加在椅背顶端边缘上； 4. 记录椅子是否倾翻和实际施加的水平力	1. 椅子后腿靠住挡块； 2. 在椅背中心线上，离未加载座面上方 300mm 处水平方向施加一递增力 F_0 至椅前腿刚好离地为止； 3. 记录 F_0 和测出 h 和 a 值； 4. 按下式计算，规定座面加载重 W＝600N 时倾翻椅子所需的力 F_c $F_c=F_0+(W\cdot a/b)$ 式中 h—外加水平倾翻作用力与放置椅子水平面间的垂直距离 a—按实验法规定座面载荷 W 至加载点的垂直投影线与约束腿的约束支点间的水平距离	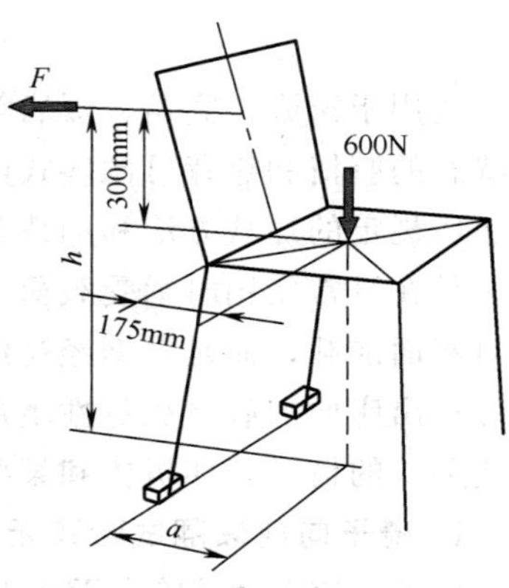

3. 扶手椅侧向倾翻试验

扶手椅侧向倾翻试验，如附表 23 所示，根据《GB/T 10357.2—2013　家具力学性能试验　第 2 部分：椅凳类稳定性》编制。

附表 23　　**扶手椅侧向倾翻试验**

试验方法		加载方式
实验法	计算法	
1. 椅子后腿退靠住挡块； 2. 在离座面中心线一侧 100mm 与离座面后沿 175～250mm 任何交点垂直施加 250N 力； 3. 用加载垫在离扶手外侧边沿 37.5mm 扶手上最不稳定的部位垂直向下施加 350N 力； 4. 从扶手垂直力和加载部位施加水平力 F； 5. 记录椅子是否倾翻和实际施加的水平力	1. 将椅子一侧两腿靠住挡块； 2. 在至滑一侧扶手上最易倾翻部位向外施加一递增水平力 F_0，此力与倾翻轴线应垂直； 3. 当另一侧两腿刚好翘离地面时记录实际施加水平力并测得 h 和 a、b 距离； b：扶手加载点与约束腿的约束支点间的水平距离； 4. 按下式计算，假定座面加载重 $W=600$N 时倾翻椅子所需的力 F_c $F_c=F_0+(250a/h+350b/h)$ 式中 h—外加水平倾翻作用力与放置椅子水平面间的垂直距离 a—按实验法规定座面载荷 W 至加载点的垂直投影线与约束腿的约束支点间的水平距离	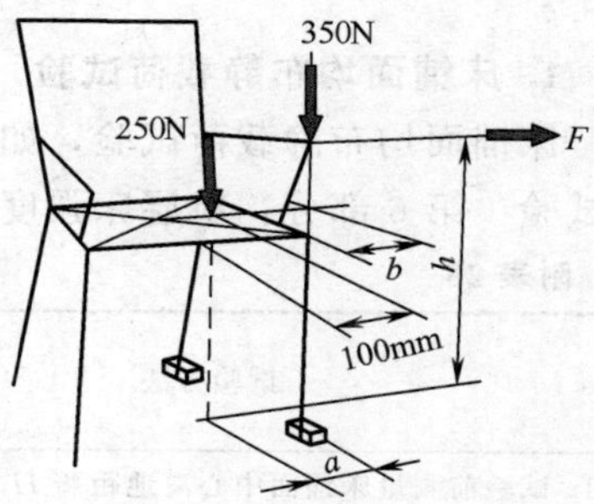

4. 椅子任意方向倾翻试验

椅子任意方向倾翻试验，如附表 24 所示，根据《GB/T 10357.2—2013　家具力学性能试验　第 2 部分：椅凳类稳定性》编制。

附表 24　　**椅子任意方向倾翻试验**

试验方法		加载方式
实验法	计算法	
1. 将椅子稳定性最差的一侧腿靠住挡块； 2. 通过加载垫在座面中心线上离边缘 50mm 部位垂直向下施加 600N 力； 3. 从凳面中心部位向至滑腿方向施加水平力 F； 4. 记录椅子是否倾翻和实际施加的水平力	1. 将椅子稳定性最差的一侧腿靠住挡块； 2. 沿座面中心线朝约束腿方向施加递增水平力 F_0 至相反方向的腿刚好离地为止； 3. 记录 F_0 和测出 h 和 a 值； 4. 按下式计算，假定座面加载重 $W=600$N 时倾翻椅子所需的力 F_c $F_c=F_0+(W\cdot a/b)$ 式中 h—外加水平倾翻作用力与放置椅子水平面间的垂直距离 a—按实验法规定座面载荷 W 至加载点的垂直投影线与约束腿的约束支点间的水平距离	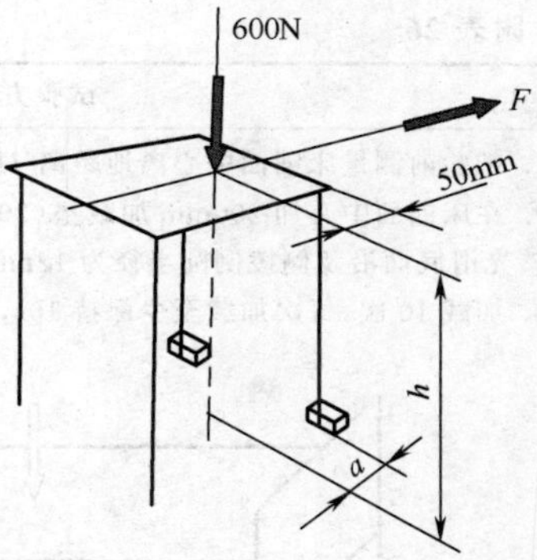

附录 6　单层床力学性能检验

此试验适用于家庭、旅馆等场合，供成人使用的硬铺面单层床。其他类型的床，根据其使用功能，也可参照。它是模拟单层床在正常使用和习惯性误用情况下，受到一次性和重复性载荷的条件下检验其强度和耐久性。

一、强 度 试 验

1. 床铺面均布静载荷试验

床铺面均布静载荷试验，如附表 25 所示，根据《GB/T 10357.6—2013　家具力学性能试验　第 6 部分：单层床强度和耐久性》编制。

附表 25　　床铺面均布静载荷试验

试验方法	加载值/N		试验结果评定
	单人床	双人床	
1. 试验前测量床铺面中心离地距离 H_1 和床宽 B； 2. 在床铺面均布载荷，载荷应离床边缘 50mm； 3. 加载 7 天 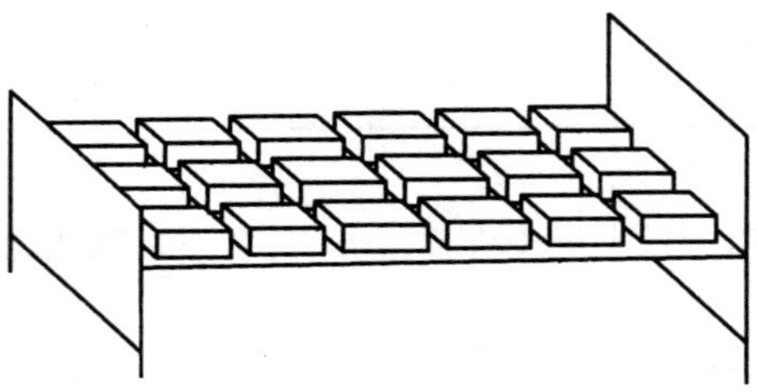	1200	1800	1. 卸载后测定铺面中心对地面距离 H_0； 2. 计算床铺面中心残余变形量 $\delta=H_1-H_0$ 3. 计算相对挠度 $P=\delta/B$

2. 床铺面集中静载荷试验

床铺面集中静载荷试验，如附表 26 所示，根据《GB/T 10357.6—2013　家具力学性能试验　第 6 部分：单层床强度和耐久性》编制。

附表 26　　床铺面集中静载荷试验

试验方法	单人床	试验结果评定
1. 试验前测量床铺面中心离地距离 H_2 和床宽 B； 2. 在床铺面中心加 200mm 加载垫（200mm×200mm 扁方形刚性物，底面平整光滑底面沿及侧棱倒圆半径为 12mm），垂直向下施加力； 3. 加载 10 次，每次加载至少保持 10s，前后两次加载时间不大于 30s 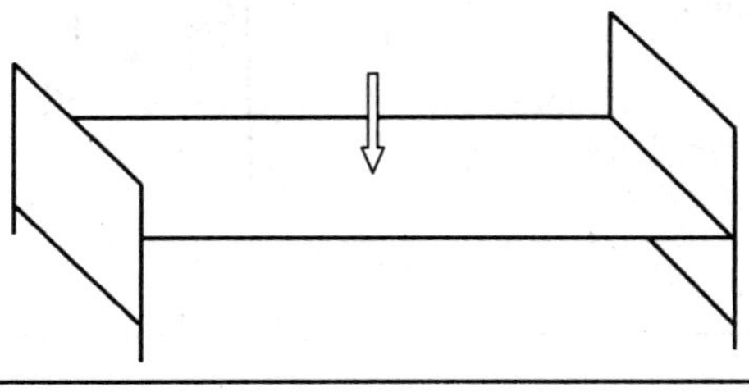	1200	1. 卸载后测定铺面中心对地面距离 H_0； 2. 计算床铺面中心残余变形量 $\delta=H_2-H_0$ 3. 计算相对挠度 $P=\delta/B$

3. 床屏加水平静载荷试验

如果床屏顶部离铺面高度小于300mm时，不进行此项试验。试验如附表27所示，根据《GB/T 10357.6—2013　家具力学性能试验　第6部分：单层床强度和耐久性》编制。

附表27　　床屏加水平静载荷试验

试验方法	床屏加载值/N	试验结果评定
1. 床腿用挡块挡住； 2. 在铺面上距离床屏175mm处作一条直线，将该线等分，单人床作三等分，双人床作四等分，在等分点上放350mm加载垫，通过加载垫单人床各放50kg、双人床各放60kg的平衡载荷（其中包括加载垫的重量）； 3. 垂直于床屏向外施加水平力，加力位置，先在床屏离铺面300mm处作一直线： （1）单人床在床屏宽度方向作中心线与直线交点即为加力点； （2）双人床将床铺面上两侧边等分线向床屏延长与其相交两点，即为加力点 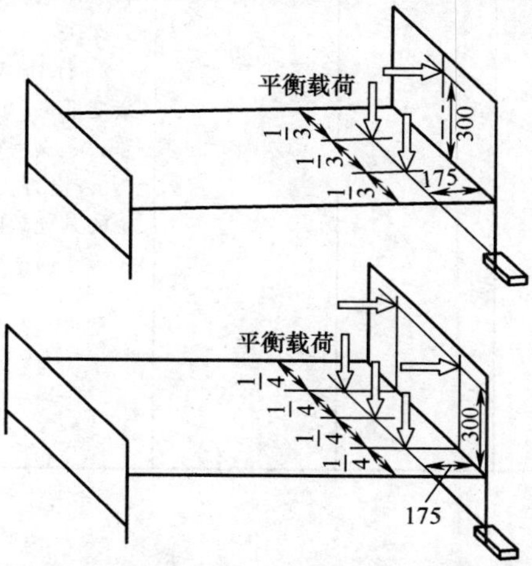 4. 加载10次，每次加载至少保持10s，前后两次加载间隔不大于30s； 5. 如果加载垫中心已超出300mm床屏顶部，应降低加载点高度，使加载垫上沿与床屏顶部相平； 6. 对另一床垫作同样试验	单人床 250 双人床 250×2	检查试件结合部位的牢固度和产生的缺陷

注：（1）350mm加载垫：为ϕ350mm扁圆形刚性物体，底面平整光滑，边沿倒圆半径为12mm；（2）250mm加载垫：250mm×200mm刚性矩形体，底面是半径为450mm，表面光滑的外凸圆柱面，底面边沿及倒棱圆半径为12mm。

二、冲击试验

冲击试验方法如附表28所示，根据《GB/T 10357.6—2013　家具力学性能试验　第6部分：单层床强度和耐久性》编制。

附表28　　冲击试验

试验方法	冲击体质量/kg	试验结果评定
1. 床铺面上无任何覆盖物和床垫； 2. 将冲击体调整到离床铺面高度140mm为冲击高度； 3. 在床铺面中心和床铺面最弱点各冲击10次，前后两次冲击间隔时间不大于30s	25±0.1	检查有否断裂及其他缺陷

三、耐久性试验

耐久性试验，如附表29所示，根据《GB/T 10357.6—2013　家具力学性能试验　第

6 部分：单层床强度和耐久性》编制。

附表 29　耐久性试验

<table>
<tr><th>试验方法</th><th>水平加载/N</th><th>加载循环次数</th><th>试验结果评定</th></tr>
<tr><td>1. 用挡块将床腿挡住防止其移动；
2. 在床铺面中心通过 350mm 加载垫加上 100kg 平衡载荷；
3. 床铺面长宽方向上各取 50mm 得 A、B、C、D 四个点位置进行加载；
4. 加载点高度和床铺面高度相同，如果床铺面是活动的，其加载高度与床挺相同；
5. 按 A、B、C、D 次序通过 50mm 加载垫垂直于床边加水平力为一次循环；
6. 每次循环时间为(10±1)s
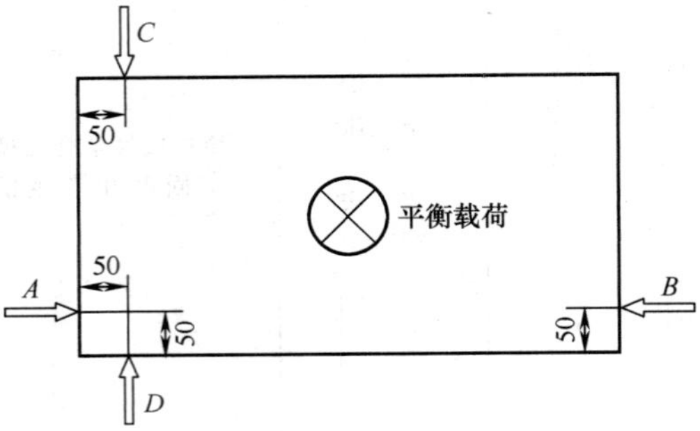
</td><td>300</td><td>10000</td><td>1. 试验前测 a 点与某一挡块的纵向水平距离，最后一次卸载后载测 A 点与该挡块的纵向水平距离 E；
2. 计算 A 点的纵向残余变形量
$\delta_4 = E - E_0$
3. 检查变形松动及产生的其他缺陷</td></tr>
</table>